마르크스 사상 비판

최 환 열

머 리 말

　세상에서는 지금 "자유 vs 평등"의 대립이 치열하다. 치열하다 못해 양자의 충돌로 인하여 세상이 종말을 향해 달려가고 있다. 자유의 종류는 종교, 사상, 집회, 결사, 표현의 자유 등 다양하다. 이때 자유 중에서 가장 상위에 있는 자유는 무엇일까? 그것은 소유의 자유이다.

　이 소유의 자유는 '정신'의 활동을 촉진시킨다. 헤겔 『법 철학』에 의하면, '정신'이 어떤 '대상'을 소유할 때, 여기에서 '정신'은 창의성을 발휘한다. 그리고 그 창의성의 다른 말은 기술이라고 말할 수 있다. 이 소유의 자유가 펼쳐진 곳이 바로 시장이다. 이 시장에서 마음껏 이윤추구 행위를 할 수 있는 것이 시장경제이고, 시장경제는 소유의 자유가 보장된 곳이다. 이것을 정리해 낸 학자가 애덤 스미스의 『국부론』이다. 이 소유의 자유가 있는 곳에 풍요로움이 넘쳐난다. 이러한 체제를 자유 민주주의 시장경제체제라고 한다. 이 산업혁명의 진원지인 영국은 이때 해가지지 않는 나라가 되었다. 그리고 그 정신을 미국이 이어받고 있다.

　평등에도 여러 종류의 평등이 존재한다. 그런데 그 중에서도 가장 으뜸 되는 평등은 소유의 평등이다. 이것이 오늘날에는 경제적 평등 혹은 경제 민주화라고 말하며, 이들이 주장하는 민주주의를 민중 민주주의라고 말한다. 이것의 다른 말이 곧 민중 민주주의이며, 그 이념은 공산주의이다. 이들이 완전히 평등이 실현된 공산주의를 꿈꾼다. 인류의 자유는 과학기술에 기반한 산업혁명으로 꽃피어났다. 인류를 괴롭히던 가난의 문제가 해결된 것이다. 그런데 필요악과 같이 빈부격차가 생겨난 것이다. 여기에 평등사상이 마치 지상낙원인 것처럼 비집고 들어왔는데, 그들은 가난한 노동자들의 편에 서서 경제민주주의를 부르짖는다. 그들이 믿는 구석은 부르주아지 보다 프롤레타리아의 숫자가 월등히 많다는 것이다. 이 양자를 분리시켜내면, 정권을 창출할 수 있다.

사회주의자들은 정권을 창출한 후, 그 다음의 작업은 법률을 바꾸고, 국가의 펀드를 이용하여 개인들이 가진 생산수단(기업)을 빼앗는 것인데, 처음에는 공동지배를 가장하지만 궁극의 목적은 기업을 빼앗는 것이다. 그리고 그것을 고착시키지, 공산주의로 가지 않는다. 이것이 중국과 러시아의 모습이다. 이러한 모델이 다른 나라에 적용될 경우, 그 나라의 경제는 큰 타격을 입는다. 국가가 이와 같이 개인의 소유의 자유를 침탈한 나라의 경제는 이렇게 해서 망가지는 것이다. 지금 세계의 모든 나라들이 이 공산주의의 공격을 받고 있다.

2025. 7. 27.

최 환 열 書

- 제 목 차 례 -

서   론
1장   마르크스의 생애
　　1. 성장과정 : 헤겔 좌파사상 5
　　2. 독일 〈라인신문〉 : 정의의 윤리 12
　　3. 파리 〈독일-프랑스 연보〉발행 : 공산사상의 출현 15
　　4. 브뤼셀에서의 생활 : 유물사관의 출현 22
　　5. 런던 망명과 국제노동자협회 활동 : 『자본론』의 출현 30

2장   마르크스의 사상 : 포이엘바하 등
　　1. 포이엘바하의 『기독교의 본질』 38
　　2. 슈트라우스의 『예수의 생애』 52
　　3. 바우어의 무신론 56
　　4. 자유주의신학 이단의 산물 : 마르크스 공산주의 60

3장   유물사관, 『독일 이데올로기』
　　1. 헤겔의 관념론 비판 : 유물사관의 출현 64
　　2. 역사 유물론 : 유물사관 73
　　3. 의식의 생산에 관하여 89
　　4. 생산수단에 의한 역사의 발전 97

4장   『국부론』, 자본주의 이론
　　1. 산업혁명과 국부론(1776)의 관계 114
　　2. 『도덕 감정론』 121
　　3. 『국부론』, 무엇이 '국부'인가? 127
　　4. 분업을 통한 기계화 133
　　5. 분업을 야기하는 시장경제 142
　　6. 자본의 축적과 산업의 발전 146

5장 마르크스『자본론』과『경철수고』
　1.『경제학·철학 수고』: 소외된 노동 163
　2. 자본과 자본의 이윤 169
　3. '사회 재산화'를 통한 '노동의 해방' 175
　4.『자 본 론』, 물신화 된 상품 180
　5. 경제시대 구분지표로서의 '생산수단' 192
　6. 노동가치설에서의 잉여가치 198
　7. 자　본 209

6장『공산당 선언』
　1. 부르주아와 프롤레타리아 221
　2. 프롤레타리아와 공산주의자 227
　3. 전세계의 프롤레타리아여, 단결하라! 236

7장『고타강령 비판』- 사회주의
　1. 노동이 부의 원천이 되기 위한 자연의 공동소유 245
　2. 초급단계의 공산주의와 고급단계의 공산주의 255
　3. 노동의 해방의 주체 261
　4. 복지국가 vs 공산주의 267
　5. 프롤레타리아 독재 사회주의의 출현 272

서 론

행동으로 정의를 추구한 자

아마 세상에서 가장 탁월하게 정의를 추구한 자들을 꼽으라면, 그 중에 마르크스도 포함될 것이다. 그는 대학을 졸업한 후 20대 때부터 신문사 편집주임을 하면서 핍박받는 하층민들을 위해서 싸웠다. 독일 〈라인신문〉에서 언론을 통한 지배세력과의 투쟁은 아무도 흉내 내기 어려운 정도의 투쟁력이었다.

그러면서 그에게는 노동자들이 눈에 보이기 시작하였고, 이들의 반대세력이 보이기 시작하였으며, 이 양자 간의 관계를 불공평한 관계로 보기 시작하였다. 그러는 가운데 당시에 공산주의 운동이 '의인동맹'을 비롯해서 일어나기 시작하자, 그 세계에서 투사가 되었다.

마르크스 철학에서 가장 돋보이는 부분이 행동중심의 철학이다. 그는 철학은 관념론적이어서는 안 되며 실천적이라야 한다고 말한다. 그래서 그는 공산주의를 위험을 무릅쓰고 실천을 하였다. 자기 자신이 정의라고 생각한 것을 행동으로 옮겼다.

마르크스의 정의 : 평등

마르크스의 정의는 "자유 vs 평등" 중에서 "평등"이었다. 그는 소년의 때 오늘날의 초등학교에 해당하는 김나지움에서 교장 비텐바흐로부터 원시 공산주의를 배웠는데, 그는 당시 원시 공산주의자였던 루소의 제자라고 자처하는 자였다. 이 원시 공산주의는 평등사회를 지상낙원으로 생각을 하였다. 루소는 원시사회를 이상적인 세계로 착각하고 아주 감성적인 글을 쓰는 사람이었다. 소년 마르크스는 여기에 젖어들었다.

마르크스는 '자유'의 개념을 알기도 전에 오직 '평등'만이 그의 최고의 가치가 되었다. 그의 정의감은 이 평등을 이 세계 속에 실현하는 것이 되었으며, 평등만이 절대적인 의로움이었다. 그는 이 평등의 사상을 평생토록 추구해 나갔다. 평등 중에서 최고의 평등은 그 무엇보다도 소유의 평등이다.

마르크스 사상 비판

오늘날 이 소유의 평등은 "경제 민주화"라는 이름으로 위장을 하고 있다.
 그런데 '소유의 자유'에서 모든 창의성과 과학과 기술이 나오며, 궁극적으로 기업체들이 탄생을 하고, 그 결과가 곧 산업혁명이었다. 그는 "경제적 자유"에서 이와 같은 산업혁명이 출현한다는 것을 인식하지 못했다. 그는 평등의 실현을 위해서 이 산업혁명을 부정하였다. 그의 사상 어디에도 "소유의 자유"는 존재하지 않는다.

마르크스의 학문적 한계 : 유물론

 마르크스는 17-18세에 대학을 가게 되었는데, 이때 만난 사람들이 헤겔 좌파철학자들이었다. 헤겔철학에서 가장 큰 오류는 『논리학』에서 '대상'을 '존재'로 인식한다는 것이다. 진정한 '존재'는 정신적 존재인데, 헤겔은 여기에서 치명적인 실수를 하고 있었다. 그의 철학이 어려운 이유는 그의 철학의 오류 때문이라고 말할 수 있다.
 이것은 여지없이 유물론 철학에 이용을 당하였다. 그 선두에 포이엘바하-슈트라우스-바우어 등이 있는데, 마르크스는 이들로부터 온갖 이단적인 사상들을 다 배웠다. 이들이 기독교의 대표적인 이단의 창시자들로서, 기독교 내에 자유주의신학 사상이 여기에서 출발하였다.
 유럽의 모든 사상은 '신'과 '정신'에 대한 연구였다. 그리스 철학과 중세철학이 신을 중심으로 철학을 전개하였다면, 근세철학은 과학의 출처로서의 '정신'에 대한 연구였다. 마르크스는 이 자유주의자들에 의해서 유물론이 주입되자, 아예 모든 선대들의 학문을 포기해 버린 것 같다.

『독일 이데올로기』의 유물사관

 마르크스의 글은 학문적 전통이 존재하지 않아서, 모두 현실적인 감각에 근거한 글들이다. 현실에 대한 비판에서 시작되다 보니, 나중에는 정신마저 물질에서 나왔다고 주장하기에 이른다. 그의 사상을 결정적으로 확정해 버린 것이 『독일 이데올로기』의 유물사관인데, 역사적 발전의 근원을 모두 생산수단의 변화에서 찾았다.

서 론

그런데, 그 생산수단의 변화의 핵심이 근세 과학의 출현이며, 모든 철학자들이 이 과학의 출처를 찾아 탐구하다가 정신의 존재를 발견한 것이다. 그리고 그 정신은 "소유의 자유" 속에서 창의성과 과학기술로 꽃피어 나왔다. 이것을 탐구한 철학이 데카르트-흄-칸트-헤겔을 통해 이어진 근세철학인데, 마르크스는 이 거대한 근세철학의 주제를 찾지 못했던 것이다. 마르크스의 글 중에서는 그의 앞선 철학자들의 글이 보이지 않는다.

『국부론』과 『자본론』

마르크스의 공산주의 투쟁은 결국 산업혁명과의 투쟁이 되었다. 산업혁명의 결과 대공업이 일어났으며, 자본가와 노동자의 층위가 극명하게 드러났기 때문이다. 이때 자본주의를 가장 잘 설명하는 글이 『국부론』이었다. 오히려 『국부론』이 자본주의를 꽃피어 나게 했을 수도 있을 정도였다.

마르크스의 후반부 인생은 온통 『국부론』을 뒤집기 위한 작업이었다. 그런데, 그것을 뒤집을 방법이 없었다. 그래서 그는 『국부론』의 중요한 부분을 대거 생략해 버리고, 오직 노동자와 관련한 분야만 추적하면서 『자본론』을 저술하였다. 그런데, 그것도 매우 감각적인 방법이 동원되었다. 예컨대, 우리 주변에 존재하는 많은 값 비싼 생산품들(예컨대, 비싼 자동차)이 존재한다. 마르크스는 그것을 누가 만들었느냐고 물으면서, 그것을 만든 자는 노동자인데 소유자는 자본가라고 말한다. 이것은 매우 감각적인 발언이다. 겉보기에는 노동자가 다 만들었는데, 그 이면을 들여다보면 그 이면에 자본과 기술이 들어갔다. 그런데, 마르크스는 오직 노동만을 말한다. 이것이 그의 노동가치설이다.

그래서 마르크스의 본질을 알려면 『국부론』을 먼저 알고, 여기에 비추어서 『자본론』을 평가하여야 한다. 그렇지 않으면 마르크스의 거짓을 알지 못한다.

공산주의에 의한 세계의 위기

성경에서는 이 세상의 종말을 말한다. 그리고 그 종말의 때에는 적그리스

마르크스 사상 비판

도가 출현하여 세상을 미혹하는데, 우리는 그 미혹은 공산주의의 '평등사상'이라고 본다. 공산주의의 '평등사상' 외에는 이러한 시대적인 미혹이 없다. 이 종말론적 예언에 의하면, 이 "적그리스도가 죽었다가 다시 살아난다"고 말한다. 소련이 붕괴되면서 공산주의가 죽은 것 같았다. 그런데 이 공산주의는 중국에서 다시 성공적으로 태어났다.

오늘날 중국은 세계 제조업 물량의 40%를 공급한다. 중국정부는 여기에서 나오는 무역흑자를 달러로 소유하게 되는데, 수십년 동안 매해 0.5조-08조 달러씩 발생하여 중국 공산당 정부의 자금으로 축적하고 있다. 그리고 중국 국유기업이 산출하는 이익이 발표된 적이 있는데, 중앙국유기업의 매해 이익이 540조원이었으며, 지방 국유기업의 이익은 약 320조원 정도였다. (2018년도 자료)

중국은 이러한 어마어마한 재원을 바탕으로 일대일로를 통해 개발도상국 각국의 경제와 기업들을 장악하며, 더 나아가 세계 각국에 공산주의자들을 지원하여 공산정부를 세우고자 한다. 온 세상을 향해 공산주의 혁명을 하고 있다. 공산주의라는 이름에 많은 사람들이 미혹을 당하고 있으며, 그들은 각국의 정부를 파괴하고 있다. 그리고 한 나라가 공산화되면, 그 나라의 경제는 그것으로 끝장이 나는 것이다.

1장 마르크스의 생애

1. 성장과정 : 헤겔 좌파사상

가. 1818년, 칼 마르크스의 출생

현대사 속에서 가장 큰 위대한 사건이라면, 먼저 1789년의 프랑스 대혁명이며, 1780년(혹은 18세기)의 산업혁명일 것이다. 이 둘은 혼재하여 발달을 하였는데, 프랑스 대혁명은 절대왕정의 종말을 고하는 사건으로서 자유와 평등을 기치로 한 부르주아 시민계급의 탄생이라고 볼 수 있다. 그리고 이들이 산업혁명의 주역이 되었다.

마르크스가 탄생하던 1818년은 뒤늦게 독일에서 산업혁명이 시작되는 시기였다. 마르크스가 목격하는 것은 이 급변하는 시기의 절대왕정과 부르주아 시민계급과 프롤레타리아트의 출현이었다. 그는 이러한 시대적인 급변을 헤겔 철학을 통해서 해석하려 하였다. 그는 어마어마한 시대의 변화를 감각적으로 목격을 하기는 하였지만, 그 시대가 어떻게 출현하였는지의 일반적인 역사나 철학에 대한 지식은 전무하였다. 이것이 그의 판단의 한계였다.

마르크스는 변호사의 집안에서 태어났는데, 아버지 하인리히 마르크스는 자유사상을 지닌 계몽주의파 출신의 변호사였고, 어머니는 네덜란드의 귀족 집안 출신이었다. 이들 양가 모두 오랜 기간 동안 유대교 율법학자였으며, 칼 마르크스의 탄생을 전후하여 기독교로 개종을 하였다.

① 마르크스의 선친들 : 유대교에서 개신교 개종
칼의 부친 하인리히 마르크스(1782-1838)는 유대교 율법학자로서 변호사를 생업으로 했고, 뒷날에는 트리어 법률고문을 지냈다. 칼의 조부도 유대교의 율법학자였다. 칼의 어머니 쪽도 수백 년을 이어온 유대교 율법학자 집안이었던 것 같다.
② 계몽주의자 부친, 하인리히 마르크스

지역성 때문이기도 하겠지만, 아버지 하인리히는 프랑스 계몽주의를 찬미했고, 존 로크·볼테르·디드로·루소 등에게 사숙했을 정도의 자유주의자였다. …
③ 기독교 개종
칼의 탄생을 전후하여 온 가족이 유대교에서 개신교로 개종하였다.… (김문현, 『경제학·철학 초고, (초역)자본론, 공산당 선언, 철학의 빈곤』, 636)

나. 1830-1835년(12-17세) 김나지움, 루소의 원시 공산사회 사상 흡수

1830년(12세) 프리드리히 빌헬름 김나지움(고등중학교)에 입학하고, 1835년(17세) 프리드리히 김나지움을 졸업하고, '직업선택'에 관한 작문 발표를 한다. 이 작문에 의하면, "인간은 하나님에 의하여 인류와 자기 자신을 향상시키도록 결정되어 있는데, 어떤 직업으로 그 목표를 이룩할 것인가 하는 선택은 인간의 몫이다. 우리는 자기 자신과 사회를 향상시킬 수 있는 직업을 선택해야 한다."고 말했다. 이때의 마르크스를 다음과 같이 소개한다.

① 김나지움 교장 비텐바흐 : 루소(원시 공산주의자)의 제자
마르크스는 이 김나지움에서도 학업이 우수한 학생이었다. 더구나 이곳 교육이 자유주의적이었음을 간과하지 말아야 한다. 이 김나지움은 자유주의의 온상이요 프랑스의 영향을 받은 중심지였다. 그리고 비텐바흐 교장은 장 자크 루소의 제자임을 자처하였다.…
② 졸업 작문 : 직업선택론
여기서 5년간 공부한 마르크스는 17세에 졸업한다. 졸업시험에서 여러 과목 가운데 중간성적인 물리학을 제외하고 나머지는 모두 뛰어났다. 여기에서 "직업 선택에 관한 한 젊은이의 고찰"이라는 제목의 독일어 작문을 통해 17세의 청년 마르크스가 무슨 생각을 했는지 알아보자. "동물은 자연에 따라 정해진 활동을 하며 별다른 활동 범위가 있을 거라고 깨닫지 못한다. 인간 또한 하나님에 의하여 인류와 자기 자신을 향상시키도록

결정되어 있다. 그런데 어떤 직업으로 그 목표를 이룩할 것인가 하는 선택은 인간의 몫이다. 우리는 자기 자신과 사회를 향상시킬 수 있는 직업을 선택해야 한다. 그 선택이야말로 우리 인간의 특권이자 의무이다. … 역사는 세상 전체를 위해 일하면서 자기 자신을 차원 높이 끌어올리는 사람을 최고의 위인이라고 부른다. …" 이것이 '직업선택론'의 줄거리이다. (김문현, 『경제학·철학 초고, (초역)자본론, 공산당 선언, 철학의 빈곤』, 638-639)

다. 1835년(17세), 본 대학 입학

마르크스는 1835년(17세)에 본 대학(법학부)에 입학하여 인문학 강의만 들었다. 1836년(18세)에 예니와 약혼을 하고, 같은 해에 다시 베를린 대학에 입학하여 법률·역사·철학을 공부한다.

1835년 마르크스는 본 대학(법학부)에 입학하여 인문학 강의만 듣는다. 1836년(18세) 베스트팔렌 집안의 예니와 약혼을 하였다.(김문현, 『경제학·철학 초고, (초역)자본론, 공산당 선언, 철학의 빈곤』-연보, 756)

라. 1836년(18세), 베를린 대학 입학과 헤겔좌파 박사클럽과의 조우

1836년, 마르크스는 베를린 대학(법학부)에 재입학하여 법률, 역사, 철학을 공부한다. 그는 이곳에서 학교의 정규과목 이수에는 소홀했으며, 먼저 사상적으로는 헤겔에 빠지고 그 다음에는 헤겔 좌파 모임에 빠졌다.

마르크스는 베를린 대학에 입학하면서 가장 먼저 헤겔(1770-1831년)철학과 조우하였다. 이때 그는 헤겔철학의 사변성과 난해함으로 인해 큰 갈등을 겪었다. 다음의 내용은 마르크스가 1937년 11월 10일(19세) 부친에게 보낸 매우 긴 편지의 내용인데, 그 내용을 김문현은 다음과 같이 정리한다.

① 당시 유행하던 관념론의 한계 피력
현재 존재하는 것과 틀림없이 존재해야 하는 것의 대립으로 사물을 생각

하는 사고방식으로는 진실을 파악할 수 없다. 칸트나 피히테 등의 이른바 관념론에 고유한 사고방식은 신과 지구를 갈라놓는 것이다.

② 헤겔철학의 문제점 발견

마르크스는 이와 같이 현실과 동떨어진 신을 빼고, 새로운 신을 가지지 않으면 안 되었다. 대립적으로 사물을 생각하는 관념론을 떠나 현실 그 자체에서 신적인 것(이념)을 찾으려 하였다. 이전에는 신들이 지구에서 떨어진 천상에서 살고 있었다면 지금은 신들이 지구의 중심이 된 것이다. 신은 어떻게 스스로를 드러낼까, 신은 어떤 방식으로 스스로를 종교로서, 자연으로서, 역사로서 나타낼까? 이것이야말로 바로 헤겔 철학의 문제점이다.

③ 헤겔 철학의 사변성

마르크스는 헤겔의 단편을 읽었다. 그러나 헤겔 철학의 괴이하고 딱딱한 논조가 마음에 들지 않았다. 그래서 마르크스는 스스로 이 일에 맞섰다.… 그러나 그런 공부는 진전이 없어 헛수고로 그치고 말았다.… "울화가 치밀어"라고 그는 적고 있다. "며칠간 전혀 생각을 할 수 없어… (베를린 시내를 흐르는) 저 슈프레의 오염된 강가에 있는 뜰을 미친 듯이 내닫곤 하였다." 그로부터 그는 실증적인 연구에 몰두하게 되었다. 아무튼 이와 같이 이것저것 손을 대며 며칠 밤을 지새워 몇 날 밤을 공부하였다.…

④ 피히테 슈트라로 요양원

결국 공부는 헛수고로 끝이 나고 설상가상으로 예니가 앓아누웠다는 소식을 듣게 된다. 이와 같은 과로와 걱정에 몸이 성할 리가 없었다. 그는 의사의 권유로 교외의 피히테 슈트라로 요양원으로 전지요양을 떠났다.

⑤ 헤겔 좌파 박사클럽 조우

이 요양기간 중에 그는 헤겔과 헤겔 학파를 계속 공부하여 대강의 내용을 터득하게 된다. 슈트라로에서 가끔 모임을 가진 것이 인연이 되어 '박사클럽'이라는 클럽에 입회하게 된다. 클럽에는 대학강사라든가 베를린에서 사귄 가장 친한 벗, 루텐베르크 박사 등도 있었다. 상반된 견해를 펼치는 활발한 논쟁은 마르크스를 매료시켰다. 그는 차츰 현대의 세계 철학에 강하게 이끌려 여기에 푹 빠지게 된다. (김문현, 『경제학·철학 초고 외』, 644-645)

마. '박사클럽'에 의한 마르크스 사상의 형성
마르크스의 사상은 일반적인 학교의 교과과정을 통해 형성된 것이 아니었다. 베를린 대학교의 헤겔 좌파모임인 바우어 중심의 '박사클럽'에서 선배들과 진보적 자유주의 토론 모임을 통해서 형성되었다. 그는 일반 강의는 거의 듣지 않고, 오직 이 좌파모임을 통해서 헤겔 철학을 재해석하여 자신의 철학으로 재구성하였다.

① 학기당 하나 반 정도의 청강
베를린 대학 재학 시절 마르크스는 강의는 별로 청강하지 않았다. 대체로 독일 대학은 연한이 정해져 있지 않기 때문에 학생들은 유유자적하며 좋아하는 강의를 듣거나 세미나에 참석하는 것이 보통이다.… 그렇다고 하더라도 마르크스의 청강은 지나치게 적은 것 같다. 그는 1836년 10월(18세)부터 1841년 4월 중순(23세)에 겨울 학기가 끝날 즈음까지 약 4년 반을 재학하였다.… 그중 4학기는 각각 한 장의 청강 카드 밖에 제출하지 않았다. 9학기 동안 제출한 청강 카드가 모두 13개 정도 밖에 안 되니까 평균 한 학기에 하나 반 정도의 강의를 들은 것에 지나지 않는다.…

② 헤겔 좌파철학에 빠진 마르크스
강의는 듣지 않았다. 그러나 마르크스는 재능을 믿고 놀고 있었던 것은 아니고 병에 걸릴 정도로 맹렬히 공부했다. 그 중심이 철학, 그 중에서도 헤겔 철학이었다. 그는 헤겔에 푹 빠져 있었다. 다만 하나 걸리는 것은 부친에게 보낸 편지에도 쓰여 있듯이 '괴이하고 딱딱한' 헤겔 철학의 논조였다. 그래서 그는 스스로 헤겔 학파처럼 신의 지상에서의 전개(운동) 양상을 논술해 보려고까지 하였다. 실패로 끝이 났지만 마르크스는 뒤에

마르크스 사상 비판

가서 주요 저서인 『자본론』의 후기에 자신이 위대한 사상가 헤겔의 제자라고 고백한다. 마르크스가 공공연하게 스스로 누구의 제자라고 내세운 사상가는 헤겔 밖에 없다.

③ 헤겔을 극복하려고 한 마르크스

그러나 마르크스는 헤겔에 머물지 않았다. 마르크스는 헤겔 철학이 거꾸로 서 있다는 것, 따라서 거꾸로 선 이 철학을 다시 한번 뒤집지 않으면 안 된다는 것을 깨닫게 된다.… 이와 같이 사상의 일대 혁명으로 가는 길목에서 무엇보다 마르크스에게 커다란 영향을 준 것이 '박사클럽'이라고 하는 교우 관계였다.(김문현, 『경제학·철학 초고 외』, 647-648)

그는 당시 젊은 신학 강사였던 브루노 바우어[1]가 이끄는 '박사클럽'에 속하면서 차츰 무신론적 급진 자유주의자가 되어간다.

바. 박사클럽에서 형성된 극단적 좌파사상

이후의 '박사클럽'에서의 활동을 김문현은 다음과 같이 소개한다. 이 클럽은 헤겔 좌파들의 모임으로서 기독교 역사에서 출현한 가장 큰 이단이었다.

① 학문적 동료 : 바우어, 루텐베르크, 쾨펜 등

과도한 공부로 교외인 슈트라로에서 요양 중이던 마르크스가 얼마 뒤 박

---

1) 브루노 바우어(1809.9.6.~1882.4.13.)는 독일 출신의 신학자이자, 철학자이자, 역사학자이다. 그는 청년 헤겔파(헤겔 좌파)의 대표적인 존재로서,… 청년 헤겔파의 주도적 역할을 해낸 인물이다. 젊은 시절의 카를 마르크스도 바우어의 영향 아래에서 헤겔 철학을 배웠다.…
1839년에는 본 대학으로 이적한 후에는 사강사로서 강의했으며, 1840년에는 "요한의 복음사 비판"을, 1841년에는 "공관복음의 복음사 비판"을 발표했다. 이때부터 바우어는 헤겔 우파에서 결별하고 헤겔 좌파로 입장을 바꾼다. 이 책에서 바우어는, 같은 헤겔 좌파 다비드 슈트라우스가 『예수의 생애』(1835년)에서 복음을 '신화'라고 하는 입장을 더 진행시켜, 기독교 복음의 내용은 공관복음 사가에 의한 자기 의식(혹은 헤겔에서 말하는 '주체적 정신')에 따라 '창작'한 결과라고 했다. 즉, 바우어는 슈트라우스의 입장보다도 더욱 기독교를 인간 주체의 산물로 간주했다고 할 수 있다. 이 초월적인 하나님의 부정과 인간주의적 입장에 기반한 저작으로 인해 바우어는 대학에서 쫓겨나게 된다.(『위키백과』, 브루노 바우어)

사클럽에 입회한 동기는 앞의 편지 속에 적혀 있다. 진보적 지도자이자 아홉 살 정도 손위인 바우어 이외에, 벗인 루텐베르크, 그리고 열 살 정도 손위이고 역사에 밝은 동향의 벗 쾨펜 등도 이 클럽에 있었다.
② 바우어와 마르크스
하지만 마르크스는 이 클럽에서 금방 두각을 나타내어 모임에 활기를 불어넣게 된다. 클럽은 오래지 않아 바우어와 마르크스의 손에 이끌리게 되었다.
③ 슈트라우스, 바우어, 포이엘바하, 루게, 슈티르너 등
박사클럽의 리더 마르크스는 오래지 않아 헤겔 좌파의 준재(슈트라우스, 바우어, 포이엘바하, 루게, 슈티르너 등)들을 제치고 거꾸로 된 헤겔을 바로잡는 길을 걷게 된다. (김문현, 『경제학·철학 초고 외』, 649)

이 좌파들의 전통에 의하면, 슈트라우스는 예수의 신성을 부인하였으며, 바우어는 심지어 예수 그리스도의 존재마저 만들어진 신화였다고 말하였고, 포이엘바하는 훗날(1842년) 기독교는 인간이 만들어낸 종교라고까지 말하였다. 마르크스는 이러한 사상들을 고스란히 수용하였다.

사. 1841년(23세), 예나대학에서 박사학위
1841년(23세) 마르크스는 베를린대학에서는 그의 논문을 받아주질 않아서, 예나 대학에서 에피쿠로스의 철학에 대한 논문으로 박사학위를 받았다. 이 논문은 유물론 사상을 말하고 있다.
그의 헤겔 좌파철학은 당시에 받아들일 수 없는 이단철학이 되어서 졸업 후 대학 강사의 꿈을 포기하고 언론활동을 시작한다. 마르크스는 전통철학을 떠난 것이다. 그에게는 전통철학이 존재하지 않는다.
한편, 엥겔스는 이 해에 포병 지원병으로 복무하면서 베를린 대학에 청강하였고 헤겔 좌파의 인물들과 교우한다.

2. 독일 〈라인신문〉 : 정의의 윤리

가. 1842-1843년(24-25세), 독일 〈라인신문〉에서의 편집주임

마르크스의 스승이며 벗이자 동지이기도 한 브루노 바우어는 그의 급진적인 성서비판 때문에 마침내 본 대학 강사 자리에서 쫓겨났다. 일찍이 대학교수가 되길 원하며 학위 논문을 준비하고 통과했던 마르크스도 대학 강단에 서는 것을 단념하여야 했다. 그는 1842년(24세)에 졸업하자마자 라인지방의 신흥 부르주아가 〈라인신문〉을 발행하자 여기의 편집주임이 되었다.

이곳에서 마르크스는 헤겔 좌파의 철학을 도구로 삼아 언론활동을 하였다. 그것은 이성에 의해 현실을 개혁하려는 프랑스 계몽주의적 의욕이었다. 그런데, 이러한 비판적 무기는 차츰 그 무력함을 드러낼 수밖에 없었다. 현실의 경제문제에 대해서는 자신이 부족하다는 것을 뼈저리게 느꼈다.

① 1842년(24세), 〈라인신문〉 기고 시작
1842년(24세) 마르크스는 급진적 반정부 신문인 〈라인신문〉에 기고하기 시작하며, 같은 해 10월 이 신문의 편집주임이 된다. (이 시기에 엥겔스는 가업을 잇기 위해 맨체스터로 가던 도중 〈라인신문〉 편집실에 들러 처음으로 마르크스를 만나게 된다.)
② 급진적 청년 좌파헤겔파가 된 마르크스
청년 헤겔파는 현실 정치나 국가, 헤겔 철학 등의 배경 내지 기둥이 되는 그리스도교에 비판의 표적을 맞췄다. 프랑스 계몽주의적·급진 자유주의적인 이성 또는 자기의식이라는 칼끝을 들이댔다. 그리고 이제 급진적 청년 헤겔파의 중심인 마르크스는 이 무기를 가지고 현실과의 대결에 임했다. 그것도 직접 생생한 정치나 의회나 출판의 자유라는 문제와 맞부딪힌 것이다.… 그러나 이와 같은 비판적 무기는 차츰 그 무력함을 드러낼 수밖에 없었다. 마르크스는 〈라인신문〉 집필과 편집을 해 나가며 그런 무력함에 부딪혀야 했다. 그는 좀더 생생한 지상의 현실 속에서 좀더 생생한 이해관계 대립이나 모순에 부딪혀야 했다.…(김문현, 『경제학·철학

초고 외』, 665)

나. '목재절도단속법'에 대한 항의

'목재절도단속법'에 대한 항의는 마르크스에게 사유재산제도의 문제에 결정적 영향을 미친 사건이었다.

약 120년 전 라인 주의회(제6차 회의)는 관행에 따라 목재(고목이나 마른 가지를 포함)를 채취한 자에 대한 단속이나 벌칙에 대해 토론을 했다. 마르크스는 그 토론과 의결에 대해 또한 비판과 반론을 하지 않을 수 없었다. 그야말로 가난한 사람들의 권리를 지키기 위해서였다. 이것이 〈라인신문〉에서 1842년 10월 25일자 제298호로부터 몇 차례에 걸쳐 게재된 세 번째 논설 '목재절도 단속법에 관한 토론'이었다. 의회는 관행상 고목이나 마른 가지를 주운 사람까지 '절도범'으로 엄벌에 처한다고 의결했다. 그래서 마르크스는 이제 가난한 사람들을 위해, 국민 대중을 위해, 인간 권리를 위해, 과감히 다음과 같이 비판하고 항의한다.

"도대체 인간이 소중한가 나무가 소중한가. 인간의 권리는 나무의 권리 앞에 굴복해서는 안 되며 인간이 나무라는 우상 앞에 패하여 그 희생물이 되어서는 안 된다. 그런데 이 법에 있어서는 모든 것이 왜곡되어 거꾸로 되어 있다. 인간의 권리가 어린 나무의 권리 앞에 굴복했다. 나무라는 우상이 승리하고 인간은 패하여 산 제물이 되었다. 목재가 그야말로 라인주 사람의 물신이 되었다.… 참으로 이 법률 속 원리는 삼림소유자의 사적 이익의 보호 말고는 아무것도 아니다. 이런 사적 이해야말로 궁극 목적이다.… 여기서는 올바른 법률 같은 것은 도저히 기대할 수가 없다.… 그러므로 우리들은 요구한다. 정치적으로나 사회적으로나 아무것도 지니지 않은 가난한 대중을 위해 다음과 같이 요구한다. 가난한 최하층 대중의 권리 그 자체인 관습법을 그들의 손에 넘기라고. 빈민은 이 자연의 산물 덕택에 살고 그것에 의지해서 살아가야 한다.… 여기에 관습의 올바른 근거가 있다.…"

여기에서 마르크스는 생생한 지상의 문제, 생존이라는 문제에 부딪혔다. 그는 물건(목재)과 물건이 얽힌 이해가 신이 되고, 군주가 되며, 인간이 수단이 되고, 노예가 되어 인간다움을 잃는 가치 전도에 눈을 뜨게 되었다. 그러나 왜 이런 모순이 생기는 것일까? 실제 현실에서 이런 가치 전도가 일어나는 조직구조나 원리는 무엇일까? 마르크스는 아직 그것을 알지 못했다.… 마르크스는 "토지 소유의 세분화", "자유무역과 보호관세" 등 물질적 이해관계에 관한 논쟁에 참가해야만 했다. 그러면서 더욱더 현실문제에 관한 경제적 공부의 부족을 통감할 수 밖에 없었다.(김문현, 『경제학·철학 초고 외』, 667-668)

이 사건은 마르크스가 "헤겔 법철학 비판, 서문"을 작성하게 된 계기가 되었다. 왜냐면, 헤겔의 『법철학 강요』가 정신의 본능으로서 '소유'를 인정해고 있으며, 이것을 기반으로 '법률'과 '국가'의 정당성을 말하고 있기 때문이다. "헤겔 법철학 비판, 서문"은 7페이지 분량의 글이다. 마르크스는 여기에서 헤겔을 논하지는 못하고, 다만 "정신-소유-법률-윤리-국가"의 관계를 거꾸로 보아야 한다고만 말할 뿐이다. 왜냐면 포이엘바하의 말처럼 종교는 인간이 만들어 낸 것이기 때문이다.

다. 1843년, 〈라인신문〉 발행금지 결정

모젤 농민의 궁핍한 사정을 보도하고 그 궁한 상태에 대처하는 정책을 비판하는 데서 시작하여 〈라인신문〉이 취한 비판적 태도, 그리고 이 신문의 보급, 이런 일들이 당국의 감시의 눈을 번쩍이게 했다. 특히 제정 러시아의 반동성을 공격한 기사가 정부를 경직화시켰다. 프로이센 정부는 1843년 정월 하순의 내각회의에서 〈라인신문〉의 발행금지를 결정했다.(김문현, 『경제학·철학 초고 외』, 670)

라. 1843년 10월, 프랑스 파리 이주

한편, 〈라인신문〉이 경찰에 의해 폐간 당하자, 1843년 5월 하순에 크로

이츠나흐로 옮겨와 예니와 결혼하고, 1843년 10월 하순 파리로 이주하여 프랑스 사회주의와 경제학을 연구한다.

3. 파리 〈독일-프랑스 연보〉발행 : 공산사상의 출현

가. 1844-1845년(26-27세), 파리〈독일-프랑스 연보〉발행

1844년(26세) 2월에 그는 프랑스에 와서 루게와 함께 〈독일-프랑스 연보〉를 발행했는데, 여기에 "유대인 문제에 붙여서"와 "헤겔 법철학 비판서설" 등을 발표한다. 그는 이때부터 경제학을 연구하며 『경제학·철학 초고』를 집필하고, 엥겔스와 공동으로 『신성가족』을 집필한다.

1844년(26세) 마르크스는 루게와 〈독일-프랑스 연보〉를 발행한다. 그리고 여기에 『유대인 문제에 붙여서』와 『헤겔 법철학 비판 서설』 등을 발표한다. 경제학을 연구하고, 그 성과가 『경제학·철학 초고』이다. 마르크스와 엥겔스는 공동 저술활동을 시작하여 첫 작품으로 『신성가족』을 집필한다. 맏딸 제니가 태어난다.(김문현, 『경제학·철학 초고 외』-연보, 756)

나. 1844년, "유대인 문제에 붙여서" - 사유재산제도로부터 인간 해방

이때 『유대인 문제에 붙여서』는 바우어의 유대인 해방론에 대한 비판서인데, 그 비판은 마르크스의 '인간 해방론'으로 나타난다. 바우어는 유대인으로서 유대교를 버리면 정치적으로 자유로워지며, 더 나아가 인간이 종교를 버리면, 종교를 근거로 한 인간의 대립이나 차별은 없어진다고 말한다. 이에 대해 마르크스에 의하면, 바우어는 정치적 해방과 일반적인 인간해방을 혼동했다고 말하며, 오히려 사유재산 제도로부터의 해방이 인간의 참된 해방이라고 말한다.

바우어는 정치적 해방과 일반적인 인간해방을 혼동했다. 인간이 이기적이어서 모든 사람이 저마다 따로 따로 영리와 금전을 추구하는 한 그것에는 대립이나 모순, 투쟁이나 불평등이 일어나는 것은 당연하다. 그러므로 문제는 이런 이기적·개인적 욕망 그 자체의 싸움이라고도 할 이런 사유재산제도에 근거한 시민사회 자체에 있다.… 이런 사유제도 위에 서는 사회, 대립·모순·투쟁·이기심이 지배하는 시민사회로부터 인간을 해방시킴으로써 비로소 인간의 참된 해방이 실현된다.(김문현, 『경제학·철학 초고 외』, 679-680)

다. "헤겔 법철학비판 서설" (1844) - 현실에서 나오는 종교
마르크스는 『헤겔 법철학비판 서설』에서 포이엘바하를 좇아 "인간이 종교를 만드는 것이지 종교가 인간을 만드는 것이 아니다"고 말한다. 그리고 "종교는 민중의 아편이다"고 말한다. 인간의 것이 되어야할 이 현실이 그 반대가 되어 있는데, 여기에 위안을 주고 있기 때문이다.

① 포이엘바하로부터 비롯한 종교비판의 수용
포이엘바하로부터 비롯한 종교비판은 인간이 종교를 만드는 것이지 종교가 인간을 민드는 것이 아니라는 것을 분명히 밝혔다. 그리고 인간은, 인간이 참된 인간이 아닌 때, 인간이 참으로 해방되지 않은 때에 스스로의 행복한 이상향을 종교적인 천국이라는 공상으로 그려낸다.
② 종교는 아편
그러므로 종교는 인간이 인간답지 않게 된 현실, 인간이 스스로를 잃고 허덕이는 현실의 모습이라고도 할 수 있다. 현실이 괴롭고 불행하기 때문에 사람은 종교 안에서 위안을 구하며 천국이라는 공상을 하고 황홀경에 드는 것이다. 그러므로 종교는 고뇌하는 자의 한숨이고 불행한 민중의 아편과 같은 것이다. 그것을 거꾸로 말하자면 괴로움 많은 현실을 호소하는 것이라고도 할 수 있다.
③ 참된 철학 : 현실비판
그런데 문제는 그 현실이 된다. 현실이란 이 국가이고, 이 사회 자체이

다. 본디 인간의 것이어야 할 이 현실·세상·나라·사회가 그렇게 되어 있지 않다. 반대로 인간을 속박하고, 인간을 불행하게 만들고, 인간을 대립시키고 투쟁시키고 괴롭히는 것이 되어 있다. 요컨대 거꾸로 되어 있다. 요컨대 거꾸로 된 현실에 위안을 주고 이 거꾸로 된 현실을 승인하도록 하는 것이다. 그러므로 종교비판은 환상적인 종교를 낳는 이 괴로움의 세계, 이 국가·사회·정치에 대한 비판을 향해 칼끝을 세워야 한다.… 그것이 참된 철학의 임무이다.
④ 독일철학 비판
…그렇다고 한다면 뒤처진 독일은 두 가지 뜻에서 비판과 탄핵을 당해야 한다. 즉 이 뒤떨어진 앙시앵레짐의 사회·정치·국가 뿐만 아니라 이렇게 뒤처진 상태에 영합하는 공상적 근대 의식 즉 '독일 법철학·국가 철학'도 함께 비판 받고 부정되어야 한다.(김문현, 『경제학·철학 초고 외』, 680-682)

[비판] 종교는 만들어진 것인가?
포이엘바하는 기독교인들에게 주어지는 신에 대한 '믿음'이 스스로 만들어 낸 것이라고 한다. 그런데, 기독교인들에게는 이 신에 대한 '믿음'에 표적이 따라온다. 이 표적이 신의 존재를 증거한다. 예수 그리스도의 생애 속에는 이것이 가득하였다.

라. 『신성가족』 - 사유재산제의 폐지

마르크스는 『신성가족』을 통해 바우어를 비판한다. 바우어 일파는 정치·경제 등의 현실에 비판의 화살을 던지는 마르크스를 따라갈 수 없었다. 마르크스는 그들의 사변철학의 망상을 용인할 수 없었다. 여기에서 그는 프롤레타리아트와 재물 또는 재물의 소유자는 대립하여있다고 한다. 프롤레타리아트는 비인간화의 극에 놓여 있으므로 스스로를 해방시켜야 한다. 그런 해방을 위해서는 스스로의 생활 상황을 폐지해야 한다. 요컨대 비인간화의 집중이라고 할 프롤레타리아트를 만들어 내는 비인간적 생활조건(사유제적 시

마르크스 사상 비판

민사회)을 폐지해야 한다. 그것 없이는 프롤레타리아트의 해방(이것은 동시에 인간해방)은 있을 수 없다. 사유재산제의 폐지가 인간해방이라고 말한다. 이것이 고전 경제학과 공상적 사회주의를 극복하는 길이라고 말한다. 다음의 내용은 『신성가족』의 내용이다.

① 재물을 만드는 프롤레타리아트
프롤레타리아트와 재물 또는 재물의 소유자는 대립한다. 그렇지만 유산자가 계속해서 살아남으려면 대립하는 프롤레타리아트 또한 존속해야 한다. 재물은 이 프롤레타리아트가 만들기 때문이다.
② 프롤레타리아트의 궁핍
그런데, 프롤레타리아트 쪽은 언제 목이 잘려 실업자가 될지 모른다. 이런 불안한 예속은 피하고 싶다. 그러나 재물이 만들어짐과 동시에 프롤레타리아트의 정신적·육체적 가난과 비인간화가 만들어진다. 프롤레타리아트는 남의 재물과 함께 스스로의 궁핍을 만든다. 물론 유산계급도 프롤레타리아트와 마찬가지로 인간다움을 잃고 인간으로서의 참모습에서 소외되어 있다. 다만 유산자는 이와 같은 자기 소외 속에서 (시민사회 속에서) 안락과 쾌적을 느낀다. 그런데 프롤레타리아트는 여기서 무기력·가난·비인간적 생존·버림받은 모습을 느낀다. 그래서 유산자는 이 현상, 이 대립을 보존하고 유지하려고 든다. 반대로 프롤레타리아트는 이것을 근절하려 한다.
③ 사유재산의 재물로부터의 해방
사유재산으로서의 재물을 만들어 내는 시민사회는 이렇게 하여 스스로의 내부에 시민사회 자신에게 반역하고 시민사회를 부정하는 것을 만들어낸다. 또한 만들지 않을 수 없다. 무조건적인 가난 - 육체적·정신적 궁핍 - 속으로 몰려있기 때문에 프롤레타리아트는 반역하지 않을 수 없다. 비인간화의 극에 놓여 있으므로 스스로를 해방시켜야 한다. 그런 해방을 위해서는 스스로의 생활 상황을 폐지해야 한다. 요컨대 비인간화의 집중이라고 할 프롤레타리아트를 만들어 내는 비인간적 생활조건(사유재적 시민

사회)을 폐지해야 한다. 그것 없이는 프롤레타리아트의 해방(이것은 동시에 인간해방)은 있을 수 없다. 모든 인간다움을 빼앗기고, 비인간화의 정점에 놓인 프롤레타리아트에게는 이런 인간해방이라는 세계사적 사명이 주어져 있다.

④ 어리석은 바우어의 신성가족

그런데 바우어 일파는 자기들만이 역사창조의 요소이며 역사적 대립을 폐지할 수 있다고 생각한다. 참으로 어리석은 신성가족이라 할 것이다. (김문현, 『경제학·철학 초고, (초역)자본론, 공산당 선언, 철학의 빈곤』, 690)

한편 독일에서 온 망명자들에 의해 발행된 〈포어바르츠〉지 2호는 한창 프로이센을 비판하고 공격 중이었다. 이 신문에서 마르크스는 슐레지엔의 직조공 폭동을 찬양했다. 이에 프로이센 정부는 프랑스 정부에 단속과 처벌을 요구했으며, 이로 인해 파리로부터 1845년 2월 3일 퇴거령을 받고, 브뤼셀로 이전하였다.

[비판] 사유재산제도 : 소유의 자유에서 나오는 국부

우리는 사유재산제도에 대한 비판이 서는 곳에서 항상 기억해야 할 것이 있다. 그것은 헤겔 『법 철학』의 주제라고 말할 수 있는 "자기의식이 대상의식을 소유할 때 나타나는 창의성과 기술"이다. 더 나아가 애덤 스미스가 『국부론』에서 말하는 "선한 이기심이 만들어내는 진정한 부가가치들"이다. 여기에서 국민들의 일자리가 나오고 소득이 나온다. 이것이 "소유의 자유에서 나오는 유익"이며 "진정한 국가의 부"이다. 사유재산제도가 폐지되면, 즉 평등이라는 이데올로기를 위해 소유의 자유가 폐지되면, 사회는 원시사회의 가난함으로 돌아가 버린다.

마. 『경제학·철학 초고』 (1845) – 노동의 소외

마르크스의 『경제학·철학 초고』는 먼 훗날 1932년도에 나왔는데, 여기에

마르크스 사상 비판

서 '소외'라는 용어를 처음 사용한다. 그는 시민사회의 사유재산제도 속에서 노동자의 예종·가난·비인간화의 원인을 보았다. 시민사회에서의 노동은 고난이자 자기희생이고 남의 것이 되었다. 노동자의 생산활동은 자기활동·자기실현이 아니라 남의 소유로 돌아갔다.

① 노동의 신성성
요컨대 노동에 의해서 자기 자신을, 자기의 본질을, 인간이라는 유의 본질을 실현해 나갈 수가 없다.
② 노동으로 인한 소외
노동에 의하여 물건을 만들고 그것으로서 자신을 풍요롭게 해 간다는 인간다움에서 버림을 받게 된다. 이것이 '소외'라고 하는 현상이다.… 그러므로 노동자는 노동하고 있는 것에 스스로의 창조적 기쁨이나 행복을 느끼지 않고 괴로움이나 불행을 느낀다.… 시민사회에서의 노동은 고난이자 자기희생이고 남의 것이 되었다.
③ 남의 것이 되는 생산활동
노동자의 생산활동은 자기활동·자기실현이 아니라 남의 소유로 돌아갔다.…
④ 소유를 사회의 재산으로
그래서 우리들은 이 소외라고 하는 거꾸로 된 상황을 자유로운 참된 것으로 되돌려야 한다. 그러기 위하여는 사유재산을 참된 인간적인 것으로 하여 사회재산으로 만들어야 한다. 여기에 사회주의 또는 공산주의의 문제가 있다. 그리고 그것은 소외나 예속의 극단에 있는 노동자의 해방을 통하여서만 가능해진다. 노동자계급의 해방은 동시에 인간의 해방이다.
(김문현, 『경제학·철학 초고 외』, 688-689)

[비판] 소유의 사회화, 소유의 자유 박탈
소유를 사회의 재산으로 한다는 것은 소유의 자유를 빼앗는 것이다. 그러면 모든 창의성·기술·사업장이 사라지고, 모두가 가난에 빠지게 된다. 마

르크스는 이러한 측면을 인식하지 못하였고, 따라서 말하지 않고 있다.

바. 『포이엘바하에 관한 테제』 (1845)

포이엘바하는 1841년 『기독교 본질』에서 그의 '유물론'을 제창하였다. 그는 헤겔철학을 교묘하게 원용하여 종교는 인간이 자아가 자기 안에 있는 자기의식을 대상 의식화하여 만들어낸 것이라고 설명하였다. 마르크스는 이에 대해 열광하였다. 그는 1843년 10월 3일 포이엘바하에게 쓴 편지에서 그 책의 2판 머리말을 찬양하였다. 헤겔 철학이 여러 신들의 싸움이라고 할 수 있는 정신의 변증법을 절멸시킨 것은 포이엘바하라고 말했다. 그런데, 이제 『포이엘바하에 관한 테제』에서 그를 넘어서고자 한다. 그 철학은 자연과 세상에 대해 유물론적 해설만 있을 뿐이다. 마르크스는 여기에 인간의 역사적, 사회적 실천의 입장을 도입해야 한다고 말한다. 여기에서 유물사관의 빛이 보인다. 이에 대해 김문현은 다음과 같이 말한다.

① 포이엘바하 : 소외의 원인이나 탈출방법의 미제시
거기에 따르면 포이엘바하는 현실의 감성적 인간을 단순히 자연의 일부로 파악했다. 물론 인간은 의식하는 자연이다. 그러나 왜 인간은 스스로의 본질을 잃고 신이라든가 절대정신 따위를 꿈꾸는가? 그런 자기상실, 이른바 인간의 자기소외는 왜 일어나며 어떻게 하면 치료할 수 있을까? 포이엘바하에서는 그것이 분명하지 않다. … 문제는 인간에게 꿈을 꾸게 해서 인간을 소외시키는 현실이며 정치가 아니겠는가? 왜 인간은 신을 꿈꾸고 절대정신을 동경하는가? 문제는 바로 이것이다. 포이엘바하는 이런 점에 눈을 돌려 소외의 원인이나 그로부터의 탈출방법을 충분히 해명해 내지 못했다. …
② 마르크스 : 인간은 자연을 바꾸어가는 존재
인간은 만들어져 가면서 실천적으로 스스로를 변혁해 가는 존재이다. 의식을 가진 인간은 자연의 일부로서 자연 속에 묻혀 있는 것이 아니라 자연의 대상으로서 작동하고 실천하여 자연을 바꾸어 간다. …

③ 현실변혁을 위한 인간의 본질파악으로 나아가는 마르크스 : 유물사관
우리는 자연에 눈을 돌리는 일에서부터 나아가 정치적 현실, 물질적 이해관계, 경제문제로 눈을 돌려야 한다. 현실을 변혁시키기 위해서. 포이엘바하적 유물론은 세상을 바라보고 여러 가지 해석을 내렸다. 다만 그 뿐이다. 바라보고 해석을 내렸을 뿐, 인간의 사회적·실천적 본질을 파악하지 못했다.… 더 이상 단순한 관찰자나 해설자나 비판가에 머물 수 없었다. 그는 헤겔 철학을 뒤엎은 포이엘바하적 유물론에 인간의 역사적·사회적 실천의 입장을 도입하여 포이엘바하를 뛰어넘는다. 그것은 이윽고 성립되는 유물변증법 내지는 유물사관으로 가는 방향을 가리킬 것이다. (김문현, 『경제학·철학 초고 외』, 676-678)

4. 브뤼셀에서의 생활 : 유물사관의 출현

가. 1845-1847년(27-29세), 브뤼셀 생활

1845년 4월에 엥겔스도 바르멘에서 브뤼셀로 옮겨왔다. 두 사람은 파리에서 직접 만난 이후 끊임없이 편지를 통해 사상을 교환해왔다. 이때 이 둘은 직접 만나서 대화를 하며, '유물사관'이라고 하는 새로운 세계관의 큰 줄거리에 이르러 있었다. 이 시기를 김문현은 다음과 같이 설명한다.

① 1845년, 『신성가족』 출판
1845년(27세) 마르크스는 파리에서 추방되어 브뤼셀로 이주하고 『신성가족』을 출판한다.
② 엥겔스와 공동으로 『독일 이데올로기』 착수
그리고 엥겔스와 공동으로 『독일 이데올로기』에 착수하여 마르크스 주의의 철학적 기초를 확립한다. 둘째 딸 라우라가 태어난다.
③ 1847년, 『철학의 빈곤』 출판
1846년(28세) 맏아들 에드거가 태어난다. 한편, 이 시기에 『철학의 빈곤』 (1847년)도 출판한다. (김문현, 『경제학·철학 초고 외』-연보, 756-757)

나. 1846년, 『독일 이데올로기』 - 유물사관

마르크스는 엥겔스와 함께 『독일 이데올로기』를 저술하고 훗날 1932년도에 발표하였다. 여기에서 마르크스와 엥겔스는 헤겔의 '관념론'을 벗어난 '유물론'에 근거한 역사관을 제시한다. 그리고 생산양식에서 나타나는 생활양식의 변화를 말한다.

① 새로운 생산력에 의해 바뀌는 사회생활 양식
새로운 생산력을 획득하면 인간은 그들의 생산양식을 바꾼다. 생산양식을 바꿈과 동시에 그들의 사회생활 양식을 바꾼다. 손절구가 봉건군주 사회를 낳고 증기로 움직이는 절구가 산업자본가 사회를 낳듯이. 물질적 생산력에 상응하도록 사회관계를 정립하는 인간은 또한 이 사회관계에 따라서 갖가지의 사상을 만든다. 이렇게 증대해가는 생산력 운동에 맞추어서 사회관계나 사상도 역사적으로 변천하고 운동해 간다.
② 프롤레타리아와 부르주아지의 계급투쟁
그런데 산업자본가인 부르주아지가 발달함에 따라서 그 태내에는 하나의 새로운 적대계급, 프롤레타리아가 발달한다. 부르주아지의 부가 생산되는 부르주아 시민사회 안에서 프롤레타리아의 가난 또한 생산된다. 여기에서 돈 많은 부르주아 계급과의 사이에 투쟁이 발전한다. 부르주아 사회 안에서 이 사회를 퇴보시키고 타파하려는 하나의 힘이 길러진다.(김문현, 『경제학·철학 초고 외』, 698-699)

[비판] 마르크스의 유물사관은 생산력(물질세계)의 변천이 사회(정신세계)의 변천을 가져왔다고 말한다. 그래서 정신은 물질에서 나왔다는 유물론을 전개한다. 그런데, 생산력의 변천은 과학의 발견을 통해서 이루어진다. 그리고 이 과학의 발견은 정신의 산물이다. 그리고 사회의 변천은 정신적인 것이 출현한 것이다. 따라서 "정신의 발견(과학 기술) → 생산력 변천 → 정신적인 것(사회·문화)의 출현"이다. 정신에서 물질이 출현하는 것이다.

마르크스 사상 비판

마르크스의 유물사관은 틀린 이론이다.

다. 『철학의 빈곤』(1847) - 잉여가치론

프루동은 리카도의 노동가치설이나 헤겔 변증법의 영향으로 1846년 말에 『빈곤의 철학』을 세상에 내놓았다.[2] 그것은 경제현상의 좋은 면만 남기고 나쁜 면을 제거하라고 한다. 다시 말하면 이 일그러진 사회의 혁명을 일으키지 말고 나쁜 면만 제거하면 된다는 일종의 '개량주의'이다. 더구나 이런 설은 프랑스나 독일의 소시민들에게는 꽤나 인기가 있었다. 사회변혁을 꾀하는 마르크스는 정면으로 여기에 맞서 반박하며 그 영향을 제거해야 했다. 이런 형태로 모순이나 빈곤이 제거될 것으로 생각하는 『빈곤의 철학』에 대해 그 철학의 빈곤함을 폭로해야 한다. 그것이 곧 마르크스의 『철학의 빈곤』이다. (김문현, 『경제학·철학 초고, (초역)자본론, 공산당 선언, 철학의 빈곤』, 697-698)

프루동이 "노동자의 임금과 그 임금에 의한 노동으로 생산된 생산물의 가치가 같다"고 말하는 것을 터무니없는 이야기이다고 말한다. 마르크스는 잉여가치가 모두 자본가에게 이전되었다고 말한다. 김문현은 그 주제를 다음과 같이 요약한다.

① 프루동 비판

---

[2] 프루동은 프랑스의 양조업자의 집에서 태어나 아버지가 파산한 후 인쇄공이 되어서 공부를 열심히 했다. 가난하고 머리 좋은 이 젊은이는, 세상의 불평 등에 대해 날카로운 비판을 하며 사유재산에 의문을 품었다. 1840년 『재산은 무엇인가』를 써서 "재산, 그것은 훔친 것이다"라고 결론 지어 큰 파문을 일으켰다. 그러나 그는 사유재산 자체를 모두 부정한 것은 아니었다. 훔친 것이라고 부정한 것은 이마에 땀 흘리는 노동에 기반하지 않은 불로소득(소작료, 집세, 지대, 이자, 이윤 등)이다. 그래서 그가 목표 삼은 사회는 일하는 사람들(노동자)이 모두가 응당한 저축을 하고, 그것으로 공장을 사고, 작은 재산을 소유해서 행복해지는 상태였다. 따라서 사유재산을 폐지하고 공유한다는 것이 아니었다. 이런 생각은 중산층이나 노동자 등 이른바 소시민에게는 매력이 있었다. 마르크스도 이 책을 읽고 크게 감동했다. 파리 시절 마르크스는 이 프루동과 친하게 지냈다. (김문현, 『경제학·철학 초고, (초역)자본론, 공산당 선언, 철학의 빈곤』, 697-698)

프루동이 노동자의 임금과 그 임금에 의한 노동으로 생산된 생산물의 가치가 같다고 하는 것을 터무니없는 이야기이다. 이 임금과 이 임금 아래 노동자에 의해서 생산된 물건의 가치는 결코 같지 않다. 이것이 같다고 하는 프루동은 터무니없는 오해를 하고 있다. 똑같지 않으므로 임금을 가지고 자기 생산물의 가치와 대등한 물건, 다시 말해서 자기의 노동시간에 상당하는 가치의 것을 손에 넣을 수 없다. 반대로 노동자는 일해서 재물을 만들면 만들수록 차츰 더 그 재물로부터 버림받아 가난해진다.

② 잉여가치론의 태동

임금은 프롤레타리아트를 해방시키기는 커녕 숙명적으로 그들을 노예로 만드는 공식이다. 거기에는 이미 노동자가 임금에 상당하는 시간보다 더 일을 해서 무상의, 이른바 무임노동을 낳는다는 잉여가치이론이 암시되어 있다. (김문현, 『경제학·철학 초고, (초역)자본론, 공산당 선언, 철학의 빈곤』, 698)

[비판] 위의 사상이 마르크스의 『경철수고』와 『자본론』의 핵심이다. 그러나 『국부론』에 의하면, 잉여가치에는 자본가의 투자자본에 대한 몫과 경영자의 기술에 대한 몫이 있다. 이것이 있어서 그 사업장이 태동하여 노동자의 일자리가 마련 된 것이며, 그것이 진정한 국부(국가의 부)이다. 따라서 자본가의 투자와 경영자의 기술이 인정되어야 한다. 마르크스는 이런 측면을 전혀 공개하지 않고 있다.

라. 1847-1848년(29-30세), 공산주의자 동맹 가입 및 『공산당 선언』

마르크스와 엥겔스는 "문제는 실천이고 혁명이다"는 자신의 이론에 따라 브뤼셀에서 1846년 2월 '공산주의자 연락위원회'를 세웠으며, 1847년(29세)에는 런던에서 '공산주의자동맹'이 결성되자 마르크스는 엥겔스와 함께 이에 가입하여 이 동맹의 강령인 『공산당선언』을 공동명의로 저술하며, 이 선언은 1848년 2월에 발표된다. (김문현, 『경제학·철학 초고 외』-연보, 757)

마르크스 사상 비판

① 1846년 2월, 엥겔스와 함께 '공산주의자 연락위원회' 설립

마르크스와 엥겔스는 "문제는 실천이고 혁명이다"는 자신의 이론에 따라 브뤼셀에서 1846년 2월 '공산주의자 연락위원회'를 세웠는데, 이 위원회는 각국 각지의 공산주의자들에게 호소하며 연락망과 찬성자를 넓혀 나갔다. 그들 가운데에는 정의자동맹 회원이 많았던 것 같다. 그리고 파리와 런던에 있는 동지들에게 협력을 부탁했다. 8월 중순에는 엥겔스가 선전과 조직 활동에 종사하기 위해 파리로 옮겨왔다.

② 1847년 6월, 공산주의자 동맹 가입

1847년 2월 런던에서 '의인 동맹'을 대표해 몰이 브뤼셀을 방문했다. 그리고 이때 이 위원회는 위의 '의인 동맹'에 가입하였으며, 이 조직은 1847년 6월 '공산주의자동맹'으로 발전하였다.3)

③ 1848년 2월, 엥겔스와 함께 『공산당 선언』 발표

이 과정에서 마르크스와 엥겔스가 작성한 것이 『공산당 선언』으로서

---

3) 〈의인동맹〉 공산주의자동맹의 전신은 1836년에 조직된 의인동맹이었다. "의인동맹"은 프랑스 혁명당시 혁명정부에 의해 처형된 공산주의자 그라쿠스 바브프의 사상을 따르는 공상적 사회주의자들과 기독교 공산주의자들이 만든 단체로 카를 마르크스와 프리드리히 엥겔스는 나중에 가입하였다. "의인동맹"이 내건 구호는 《모든 사람은 형제이다!》였으며, "평등과 정의 그리고 이웃에 대한 사랑이라는 이상에 기초하여, 지상에 (복음서에 나오는)하나님의 나라를 건설한다"는 것을 목표로 하고 있었다.
〈공산주의자 동맹〉 1847년 6월 런던에서 의인동맹 제1차대회에서 이 동맹은 공산주의자동맹으로 개편되었다. 공산주의자동맹은 민주주의중앙집권제원칙에 따라 조직되었으며 부르주아 타도, 프롤레타리아의 지배, 낡은 부르주아 사회 폐절 등을 목적으로 하였다. 1847년 11월 말~12월 초에 소집된 공산주의자동맹 제2차대회에서는 카를 마르크스가 작성한 동맹의 규약을 채택하였으며 또한 카를 마르크스와 프리드리히 엥겔스가 강령을 작성하도록 했다. 이렇게 만들어진 것이 노동계급 당의 첫 강령인 《공산당 선언》(1848년)이다.
〈공산주의자 동맹의 이념〉 공산주의자동맹은 "모든 사람은 형제이다!"라는 의인동맹의 구호 대신에 "만국의 노동자는 단결하라!"라는 새로운 구호를 만들었다. 또 기회주의자들을 반대하고 공산주의를 선전하며 국제 프롤레타리아 운동을 발전시키기 위하여 활동하였다. 공산주의자동맹은 각국에 지부를 두었으며 유럽에서 일어난 1848-1849년 혁명에 적극적으로 참가하였다. 1851-1852년 프로이센 정부는 공산주의자들에 대한 탄압을 강화, 많은 동맹원들을 체포하였다. 이 '쾰른 재판'을 전후로 하여 조직이 파괴되고 일시적으로 칼 마르크스와 프리드리히 엥겔스사이의 연계도 끊어졌다. 이러한 정세에서 1852년 11월 마르크스의 제의에 따라 동맹이 해산되었다. (『위키백과』 공산주의자 동맹)

1848년 2월에 발표되었다.
④ 1848년 8월, 독일인 노동자 협회 설립
이때 8월에는 공산주의자 동맹 브뤼셀 지부 및 지구 위원회가 결성되어 마르크스가 지부장으로 추천되었다. 이 지부의 지도 아래 '독일인 노동자 협회'가 설립되었다.(김문현,『경제학·철학 초고 외』, 706-708)

마. 1848년(30세) 2월, 브뤼셀에서의 추방

『공산당선언』(1848년 2월)이 발표될 즈음 프랑스에서는 1848년 2월 프랑스 혁명이 일어났다. 이때 사회주의자들도 정부에 들어갔다. 그런데, 4월 보통선거에서 부르주아지가 승리하여 제2공화정을 수립하고, 새 정부는 사회주의자들을 몰아내었다. 6월에 폭동을 일으켰지만, 정부군에 의해 진압되었다. 12월 대통령 선거에서는 루이 나폴레옹이 당선되었다.(김문현,『경제학·철학 초고 외』, 716)

1848년 2월 프랑스 혁명은 순식간에 유럽 여러 나라에 파급되었다. 1848년 3월 빈과 베를린에서 3월 혁명이 일어나 메테르니히는 영국으로 망명하고 프로이센에서는 헌법이 제정되었다. 영국에서는 차티스트 대시위운동이 전개되어 나갔다. 헝가리·보헤미아·이탈리아 여러 나라에도 혁명의 영향으로 자치 정부의 결성과 민중봉기 등이 있었다. 그러나 파리 6월 폭동의 실패를 계기로 또 다시 각국의 반동세력이 되돌아왔다. 10월에서 12월에 걸쳐 빈과 베를린 혁명도 패배하였고, 프랑크푸르트의 국민의회는 해산되었다. 헝가리와 이탈리아도 모두 실패하여 결국 1849년 무렵에는 반혁명이 승리를 거두게 되었다.(김문현,『경제학·철학 초고 외』, 716-717)

이런 상황 속에서 브뤼셀에서도 공산주의자의 무장봉기를 위한 준비가 진행되었다. 이런 정세에 겁먹은 벨기에 국왕은 1848년 3월 3일 마르크스에게 24시간 이내에 국외로 떠날 것을 명령하였던 것이다.

바. 1848-1849년(30-31세), 독일 쾰른에서 〈새라인신문〉 발행

마르크스는 브뤼셀에서 파리로 갔는데, 그곳에서 공산주의자 동맹 본부가

마르크스 사상 비판

세워졌다. 이때 의장은 마르크스였다. 마르크스는 이때 곧바로 '독일 노동자 클럽'을 만들었는데, 공산주의 운동을 위해 그들을 독일로 보내기 위해서였다.

1848년 4월 1일 수백 명의 노동자들이 독일로 향했는데, 마르크스도 동지들과 함께 쾰른에 뛰어들었다. 한편 독일에서는 '공산주의자 동맹'이 불법이기 때문에 하부 조직으로서 '노동자 협회' 또는 '노동자 교육협회'를 각지에 세워 운동을 확대시켜 나가려고 하였다. 더 나아가 마르크스는 이 운동의 성공을 위해 '민주주의 협회'와 손을 잡는 것도 마다하지 않았다.(김문현, 『경제학·철학 초고 외』, 719) 마르크스 등은 여기서 〈새 라인 신문〉이라는 새로운 일간지를 내고, 공산주의 운동을 진행시켜 나갔다.

① 1848년 6월, 독일에서 〈새 라인신문〉 발행
1848년 6월 〈새 라인신문〉을 발행하고, 1849년(31세) 〈새 라인신문〉에 『임금노동과 자본』을 싣는다. 둘째 아들 하인리히가 태어난다. 그리고 〈새 라인신문, 정치경제평론〉을 발행한다. (김문현, 『경제학·철학 초고 외』-연보, 757)

② 『공산당 선언』에 입각한 신문
1848년 6월 1일 창간호를 낸 〈새 라인신문〉은 1828년의 〈라인신문〉과는 질적으로 달랐다.…그 전의 입장은 아직 프랑스 계몽주의자이자 청년 헤겔파였다고 할 수 있을 것이다. 그러나 지금은 유물사관이나 잉여가치론을 발견한 『공산당 선언』의 입장이자 과학적 사회주의에 입각한 것이다.

③ '민주주의 기관지'라는 이름 차용
그런데, 〈새 라인신문〉은 '민주주의 기관지'라는 부제목이 붙어 있다. 『공산당 선언』에서 분명히 밝혔듯이 공산주의의 원리·원칙은 확실히 정해져 있었다. 그러나 이것을 실행하고 실현시켜 나가는 운동에 있어서는 상황과 정세에 따른 방책을 취해야만 했다. 마르크스가 제1의 목표로 한 독일은 프랑스 영국과는 달리 아직은 부르주아 혁명이 시작되지 않았다. 따라서 여기에서는 우선 부르주아 혁명을 실현시키는 일이 중요했다. 그러기

위해서 마르크스는 프롤레타리아가 진보적 부르주아와 함께 절대주의나 봉건적 토지 소유자 그리고 소시민을 향해 투쟁해야만 하는 것을 강조했다. 그리고 부르주아 혁명에 성공하여 부르주아지가 지배자의 자리에 오르면 바로 부르주아 계급에 대항하는 프롤레타리아 계급의 투쟁이 시작되어야 한다는 것이었다. 마르크스는 독일에 관한 한 이와 같은 2단계의 혁명을 주장한 것이다. 지금 독일은 민주주의(부르주아 민주주의)를 지향할 필요가 있다. 최후의 목표인 프롤레타리아 혁명에 이르기 위한 방책 또는 단계로서.(김문현,『경제학·철학 초고 외』, 719)

④ 1849년,『임금노동과 자본』저술

이런 식으로 마르크스는 바빴다. 그러면서도 그는 시간을 아껴가며 지속적인 집필 작업을 계속하였다. 1849년(31세)『임금노동과 자본』을 저술하였다.

사. 1849년(31세) 8월, 퀼른 추방과 영국망명

〈새 라인신문〉은 전인민이 투쟁에 나서도록 선동하는 것만이 봉기의 시기를 도래시킬 수 있다고 표명했다. 그리고 이탈리아 독립전쟁을 지지했으며, 파리의 6월 봉기를 부르주아지에 대한 프롤레타리아트의 혁명이라고 특징짓고 이를 옹호하였다. 이와 같은 통렬한 비판에 대해 관헌 당국은 날카로운 시선을 가지게 되었으며, 주주들은 하나둘 빠져 나갔다. 편집장은 마르크스였으며 편집 진영은 뷔르거스, 드롱케, 엥겔스, 빌헬름 볼프, 페르디난트 볼프, 프라일리그라트 등이었는데, 1848년 7월 당국에 의해 고트샬크와 안네케 등이 체포되면서 다들 퀼른을 떠나 망명하고, 마르크스도 퀼른 당국에 의해 1849년 5월 11일 추방된다.〈새 라인신문〉도 5월 18일 종간한다. 1849년 8월 24일 마지막 망명지인 런던으로 향했다. 마르크스는 이때 돈이 없어서 개인 소유인 인쇄기도 모두 팔아서 경비에 충당을 하였는데, 마르크스에게 가난은 투쟁과 공부와 함께 언제나 그를 따라 다녔다.(김문현,『경제학·철학 초고 외』, 720-722)

마르크스 사상 비판

5. 런던 망명과 국제노동자협회 활동 : 『자본론』의 출현

가. 1850-1863년(32-45세), 런던(영국) 망명생활의 시작

결국 마르크스와 그의 동료들은 혁명을 의도하였으나, 그것은 시도도 제대로 되지 못하고 패배하였다. 이제 마르크스의 머물 곳은 영국 밖에 없었다. 스위스에 망명 중이던 엥겔스도 런던으로 왔다. 런던에는 이런 망명객들이 여럿 모였는데, 혁명에 패배한 안타까움을 술집에서 말다툼이나 싸움으로 폭발시켰다. 이것을 본 마르크스는 엥겔스와 함께 곧바로 새로운 잡지 발행에 착수하였다. 그러나 이 잡지 발행도 자금부족으로 이내 중단되었다. 그리고 이어서 대륙 공산주의자 동맹도 해산되었다.

① 공산주의자 동맹의 분열
마르크스는 엥겔스와 함께 당장 새로운 잡지 발행에 착수하였다. 이론적 훈련과 대중 계몽의 필요성을 통감했기 때문이다. 새로운 월간 평론 잡지 〈새 라인신문, 정치경제 평론〉이 1850년 3월 상순, 함부르크에서 나왔다. 여기에 마르크스는 〈1848년 6월의 패배〉를 엥겔스는 〈독일 제국헌법 전쟁〉을 각각 실었다. 가까이서 체험한 사건을, 유물사관의 입장에서 분석하고 반성한 내용이다. 그러나 이 잡지도 6호까지 내고 자금난으로 폐간하였다.
마르크스·엥겔스는 공산주의자 동맹의 재건을 꾀하였으나, 주변 정세가 나빠 생각대로 되지 않는 데다 재정까지 어려워지자,… 드디어 동맹은 마르크스·엥겔스파와 빌리히·샤퍼파로 분열되었다.
② 마르크스 『자본론』 집필시작
마르크스는 전부터의 경제학 연구를 완성해 보려고 가까이에 있는 대영박물관에 드나들기 시작하였다.
③ 엥겔스는 맨체스터로 가서 장사
엥겔스는 생활자금을 구하려고 런던을 떠나 맨체스터로 가서 장사를 시작했다. 이후 엥겔스는 생활적인 면에서도 마르크스에게 큰 도움을 주었

1장 마르크스의 생애

다.(김문현, 『경제학·철학 초고 외』, 721-722)

나. 1852년 11월, 대륙 공산주의자 동맹의 해산

이 무렵만큼 마르크스 일가가 가난과 불행(자식의 죽음)으로 슬퍼한 것은 없었다. 그런 가난 속에서도 마르크스는 박물관 도서관에서 연구를 계속하는 한편으로 공산주의 동맹의 지구위원회 의장으로 활약한다. 그러나 동맹 본부가 있는 쾰른에서도 지도자격인 공산주의자들이 차례로 체포되었다(1851년 5월 중순에서 6월까지). 대륙의 공산주의자 동맹은 사실상 소멸되고 말았다. 마르크스는 동맹을 존속시키기에는 때가 늦었다고 판단해 동맹의 해산을 제안했고, 결국 1852년 11월 17일 대륙 공산주의자 동맹은 해산되었다.(김문현, 『경제학·철학 초고 외』, 722-723) 이 시기를 김문현은 다음과 같이 정리한다.

당시 1850년(32세) 마르크스는 런던으로 망명하여 정신적인 괴로움과 물질적인 빈궁 속에서도 경제학 연구에 힘썼다. 그는 대영박물관에 다니며 연구 활동에 몰두한다. 둘째 아들 하인리히가 죽는다. 1851년(33세) 마르크스는 미국〈뉴욕 트리뷰지〉지의 유럽 통신원으로 활동하며 생계를 꾸려 나간다. (엥겔스는 맨체스터에서 다시 사업에 종사하여 마르크스의 이론적·실천적 활동을 경제적으로 지원한다.) 셋째 딸 프란체스카가 태어난다. 1852년(34세) 공산주의자 동맹은 해산을 성명한다. 셋째 딸 프란체스카가 죽는다. 1855년(37세) 넷째 딸 엘리나가 태어난다. 맏아들 에드거가 죽는다. (김문현, 『경제학·철학 초고 외』-연보, 757-758)

나. 1859년-1867년(41-49세),『경제학비판』과『자본론』저술

가난과 불행의 극치인 상황에서도 마르크스는 굽히지 않고 투쟁과 연구를 계속했다. 그것은 또한 주변 사람들의 사랑과 신뢰에 의한 것이기도 했다. 많은 사람들이 말하듯이 마르크스 부부는 기지와 유머가 풍부했다. 그리고 같은 공산주의를 추종하는 사람들이 마르크스를 방문하였으며, 또한

마르크스 사상 비판

도움을 주었다. 마르크스는 1850년 9월 무렵부터 이론경제학을 마무리하는 작업을 시작하였다. 대영 박물관 도서관 왕래를 시작하였는데, 실천운동에도 바빴고, 또 생활자금을 벌기위해 저널리스틱한 일에도 손을 대야 했다. 그 결과 1859년 『경제학 비판』이 나왔으며, 1867년에 『자본론』1권이 나왔다. 이에 대해 김문현은 다음과 같이 말한다.

① 1859년, 『경제학 비판』
『경제학 비판』이 세상에 나온 1859년(41세)은 묘하게도 다윈의 『종의 기원』이 나온 해이다.… 앞서의 『공산당 선언』은 공산주의자 동맹의 선언이고 실천강령이었다. 그것은 또한 그 뒷받침이 될 냉정한 이론을 필요로 한다. 자본주의의 구조·모순·몰락의 필연성, 부르주아 경제학이 지닌 문제·모순·거짓, 자본주의의 필연성을 실천에 옮기는 프롤레타리아트 계급의 출현·운명·투쟁…… 이것들이 이론적으로 밝혀져야만 했다. 프롤레타리아트를 위한 이런 이론적 무기, 마르크스는 이런 무기의 필요를 통감하여 책상 앞에 앉아 이 무기의 제작에 몰두한 것이다. 그것이 바로 『경제학 비판』이고, 『자본론』이었다.…(김문현, 『경제학·철학 초고 외』, 730)

② 1866년, 『자본론』1권
이러는 가운데 경제학을 완성하기 위한 연구가 계속 되었다. 그러기 위한 노트는 요즘 같은 전집으로 만들면 수십 권이나 될 정도였다고 한다. 『경제학 비판』이 세상에 나온 지 만 7년 뒤인 1866년 11월, 『자본론 1권』 한 묶음의 원고가 함부르크의 오토 마이스넬 서점에 보내졌다.… 엥겔스를 비롯한 사람들의 우정과 마르크스의 뼈를 깍는 노력으로 1867년 생명을 내건 대저작, 참으로 질적으로도 양적으로도 대저작이 된 『자본론』의 1권이 세상에 나오게 되었다. 『자본론』의 정확한 명칭은 『자본론-경제학 비판』이다. 머리말의 첫 부분에서 마르크스는 이렇게 자기 입장을 밝히고 있다. "내가 제1권을 세상에 전하려고 한 이 일은 1859년에 공개한 나의 저서 『경제학 비판』을 이른 것이다.… 그런데, 제2권(1885), 제3권(1894)

의 출판은 동지인 엥겔스의 손을 거치지 않으면 안 되었다.…(김문현, 『경제학·철학 초고 외』, 731-733)

[비판] 마르크스의 『자본론』은 애덤 스미스의 『국부론』을 연구하면서, 자신의 이론을 만들어 낸 것이다. 그런데, 『자본론』에는 매우 중대한 오류가 존재하는데, 『국부론』의 선한 효과는 모두 은폐시켜 버리고, 지극히 일부분만 발췌하여 자신의 논리를 전개하였다는 것이다. 『국부론』은 과학기술의 출현과 이 과학기술이 어떻게 산업혁명으로 전개되는 지의 상황을 기술한 책이라고 보아도 된다. 마르크스는 이러한 내용을 모두 은폐해 버린다. 산업혁명으로 급격한 사회발전이 이루어지자 빈부의 격차가 나오게 되었다. 이것은 필요악이라고 볼 수 있다. 그런데, 마르크스는 앞에 있는 것은 모두 감추어버리고, 오직 이 빈부의 격차부분만을 전체로 간주하여 이론화한다. 그래서 마르크스 주의를 따라가면, 앞에 있는 부분인 창의성(과학기술)과 산업이 무너진다.

다. 1864년(46세), '제1인터내셔널'(국제노동자협회) 창립

마르크스는 "전세계의 프롤레타리아여, 단결하라!"고 『공산당선언』(1848년)을 통해서 호소하였다. 그리고 그는 이어서 그것을 위해 '공산주의자 동맹'과 '노동자 협회'를 만들고 노력을 기울였다. 그러나 유럽은 실패로 끝났다. 그는 한 걸음 물러서서 『공산당 선언』을 뒷받침하는 과학적 이론 『자본론』(1867년)을 완성하는데 가난과 병고(간질병)와 싸우면서 몰두하였다. 그러면서 자본주의의 발전과 부의 축적과 함께 노동자계급의 반항도 일어나기 시작했다. 영국은 차티스트 운동이 퇴조를 한 뒤 노동조합의 운동이 대두되었다. 프랑스도 노동자 운동이 일어나고 있었고, 미국에서는 노예해방의 남북전쟁이 일어나 북부의 승리로 끝났다. 독일은 라살의 '독일 노동 총연맹'이 결성(1863)되었다. 이탈리아와 폴란드에서 인민들이 통일을 위해 봉기하였다. 전세계의 프롤레타리아가 단결하려면 지금이야말로 결속해야 한다. 이를 배경으로서 '제1인터내셔널(국제노동자협회)'(1864년 9월 28일)이 탄생

마르크스 사상 비판

되었다. 이때 마르크스는 창립선언과 규약을 썼다.(김문현, 『경제학·철학 초고 외』, 744-745)

마르크스는 제1 인터내셔널 창립 선언과 규약을 썼는데, 그는 이곳에서 전세계의 프롤레타리아 단결을 주장하고 있다. 그리고 무엇보다 먼저 정치에 참여하라고 부추킨다.

현재와 같은 잘못된 기반 위에서는 생산력의 어떤 훌륭한 발전도, 어떤 뛰어난 발명·발견·개선도 또 어떤 식민지도, 이민도, 시장개발도, 자유무역도, 프롤레타리아의 궁핍 상태를 없앨 수는 없다. 계급대립의 첨예함이나 차이를 증대시키지 않을 도리가 없다. 그러나 절망할 일은 아니다. 거기에는 또 프롤레타리아 계급의 자각과 반항이 고조되고 있기 때문이다. 프롤레타리아는 정치권력 획득을 제1의 의무로 하고 나아가서 프롤레타리아 계급을 해방시키고 계급지배를 근절한다는 궁극의 목표를 스스로의 손으로 쟁취해야 한다. 그러기 위하여 전세계의 프롤레타리아여, 단결하라! (김문현, 『경제학·철학 초고 외』, 746)

라. 1864-1876년(46-58세), '제1인터내셔널'의 시기

창립된 '제1인터내셔널'은 프루동주의와 바쿠닌주의와 마르크스·엥겔스주의로 구분되었는데, "프루동파는 기회주의적이고 개량주의적이어서 정치투쟁이나 파업에는 반대했다. 한편 바쿠닌파는 극좌적인 모험주의로서 국가와 정치를 부정하려는 폭력적 무정부주의였다. 이들에 반해 마르크스·엥겔스는 정치투쟁이나 파업을 중시하고, 혁명에 의해 정치권력을 프롤레타리아의 손으로 쟁취하려는 주의였다."(김문현, 『경제학·철학 초고 외』-연보, 747)

1864년(46세)에 '제1인터내셔널'(국제노동자협회)가 런던에서 창설되자 엥겔스는 마르크스와 함께 이에 참여한다. 두 사람은 여기서 프루동·라살레·바쿠닌과 대립하면서 국제노동운동의 발전에 힘쓴다. 마르크스는 그 후 매년 1, 2, 3, 4 대회가 열렸지만 여기에는 참석하지 않는다.

1865년(47세) 인터내셔널 위원회에서 〈임금, 가격 및 이윤〉에 대해 강연한다.

1867년(49세) 마르크스는 『자본론』 제 1권을 함부르크에서 출판한다.

1871년(53세) 파리 코뮌이 수립되자 마르크스는 『프랑스 내란』을 써서 코뮌에 바친다.

1872년(54세) 마르크스는 엥겔스와 함께 인터내셔널 5회 대회(헤이그)에 참석한다. 바쿠닌파의 제명, 총무위원회의 뉴욕 이전을 결정한다.

1875년(57세) 마르크스는 『고타강령비판』[4]을 저술하여 파리코뮌[5]에서 얻은 경험과 경제학 연구에서 얻은 지식을 일반화하여 2단계 공산주의 이행론을 정립한다.

1876년(58세) 제1인터내셔널 필라델피아 대회에서 정식으로 해산을 결정한다.

마르크스가 죽은 후, 제2인터내셔널이 1889년 엥겔스의 주도하에 파리에서 결성된다.

라. 1883년(65세), 사망과 그 이후

1881년(63세)에 마르크스의 부인 예니가 세상을 떠났으며, 1883년(65세)

---

4) 고타 강령 비판은 마르크스가 혁명 전략의 조직론을 상세하게 제시한 선언이며 프롤레타리아 독재, 자본주의에서 공산주의로 전환하는 과도기, 프롤레타리아 국제주의와 노동자 계급 정당에 대한 논의를 담은 문서로 여겨졌다. 이 문서는 자본주의의 이행 직후의 공산주의 사회의 낮은 단계에 대해서 "각자는 능력에 따라 일하고 기여한 만큼 받는다", 장래의 공산주의 사회의 높은 단계에서는 "각자는 능력에 따라 일하고 필요에 따라 받는다"고 제시했다. 낮은 단계에서의 기술에서는 "개인은 사회에서 받고 정확하게 준다"고 제시하였고 자본주의 사회에서 사회주의 사회로 전환하는 과도기의 국가를 프롤레타리아 독재로 제시했다. 고타강령 비판은 그의 사후에 출판된 뒤부터 마르크스의 마지막 주요 문서 가운데 하나로 여겨졌다. (『위키백과』, 고타강령비판) 결국 사회주의란 프롤레타리아 독재 국가를 의미한다.

5) 파리코뮌: 1871. 3. 28. ~ 5. 28. 파리시민과 노동자들의 봉기로 수립된 혁명 자치 정부, 프롤레타리아트가 정치권력을 잡은 최초의 국가 형태, 이것은 후일 러시아 정부수립시에 큰 도움이 되었다.

마르크스 사상 비판

에 마르크스가 세상을 떠나 하이게이트에 묻힌다. 이때 맏딸 제니도 죽는다. (1898년에는 넷째 딸 엘리나가 자살한다. 둘째 딸 라우라도 그의 남편과 함께 1911년에 자살했다.) (김문현, 『경제학·철학 초고 외』-연보, 758-759)

2장 마르크스의 사상 : 포이엘바하 등

[개요] 자유주의 이단 신학

　우리가 마르크스 공산주의를 이해하기 위해서 먼저 마르크스의 사상을 이해할 필요가 있다. 사람들의 사상은 누군가로부터 쌓여진 학문에 대한 가르침을 받는다. 마르크스의 학문은 헤겔 좌파철학으로서 기독교의 이단철학이다.

　헤겔철학은 약간 극단적인데, 한편에서는 그의 『정신현상학』에서 대상의식과 자기의식이라는 놀라운 정신의 변증법적 작용을 발견하였다. 그리고 그의 『법철학』에서는 대상의식이 자기의식에게 소유를 당할 때, 여기에서 종합적 의식으로서 이성이 출현한다. 즉 대상의식이 자기의식에 소유를 당할 때, 창의성이 출현하는 것이다. 이것은 어떻게 보면 과학기술과 자본주의의 원리를 말하게 된 셈인데, 결국은 "소유의 자유"에서 "창의성·기술·산업"이 출현한 것이다. 이러한 흐름을 추적하는 후계자들이 헤겔 우파이다.

　반면, 헤겔의 철학에는 한 가지 한계가 있는데, 『대논리학』에서 대상의식을 먼저 말하다보니 존재를 맨 앞에 위치시켰던 것이다. 이때의 존재는 물리적 존재였으며, 이것이 유물론에 이용을 당할 수 있는 결과를 초래하였다. 사실은 자기의식(정신)이 먼저 존재하였는데, 여기에 헤겔의 오류가 있었다. 헤겔의 좌파철학자들이 이 유물론적 철학을 전개시켰다. 포이엘바하, 슈트라우스, 바우어와 같은 인물들이 당시 헤겔의 좌파철학자들이다.

　마르크스는 대학교 1학년 2학기때 지방의 본대학교에서 베를린대학으로 편입하면서, 이들의 모임인 박사클럽에 참여하면서 그의 사상을 형성했다. 칼 막스의 신앙에 결정적인 영향을 미친 사람이 포이엘바하, 슈트라우스, 바우어인데, 이들이 기독교 주요 이단사상인 자유주의 신학을 출현시켰다.

　포이엘바하(1804-1872)는 신은 유적 본질을 대상화(너와 나의 공통된 생각의 관념적 표현이 신)한 인간의식의 산물이며, 인간의 자기의식은 자신을 대상화하기 때문에 인간만이 종교를 가진다고 주장하였다. 그는 인간의 자의식이 대상의식 속에 나타난 절대의존감정을 신의 존재로 치환했다고 말한다. 그는 기독교의 성립을 잘못 이해하고 있었다.

마르크스의 신앙에 영향을 끼친 또 다른 사람은 슈트라우스이다. 그는 『예수의 생애』(1835)에서 예수를 인간 예수로 만들고 그의 생애 속에 나타난 신성은 그의 제자들이 지어낸 신화라고 주장하였다. 이러한 그의 사상은 오늘날에도 독일 자유주의 신학을 이루고 있다.

바우어는 예수의 신성 뿐 아니라 그의 역사성까지도 부정하였다. 성서는 고뇌에 찬 민중의 문학작품이라고 말하였다. 이들에게서 기독교의 자유주의 신학이 태동하였다. 이들은 사실상 기독교라고 볼 수 없다. 기독교의 모든 교리들을 반대한다.

마르크스는 대학교 1학년때, 자신의 사고가 형성되기도 전에 이들에 의해 사상이 형성되어 버렸다. 마르크스는 이들과 어울리면서 전통적인 철학교육을 거의 받지 않았다. 대학교 생활 내내 1학기당 1.5과목을 청강하는 정도였다. 마르크스는 이들 박사클럽의 선배들과 어울리면서 그들의 사상을 고스란히 수용하였다. 그래서 우리는 이들의 주요 사상을 살펴볼 필요가 있다. 이들의 사상이 곧 마르크스의 정신세계를 형성하였기 때문이다.

1. 포이엘바하의 『기독교의 본질』

다음의 내용은 포이엘바하의 『기독교의 본질』 1장의 내용이다. 헤겔철학의 대상의식을 우리의 자기의식이 신으로 둔갑시켰다는 것이다. 이 이론의 그럴듯함에 마르크스의 사상이 형성된 것이다. 이 이론에 의해 마르크스는 이제 신은 인간의 자기의식이 만들어낸 것이라 믿고 행동하기에 이르렀다.

가. 인간의 의식의 탁월성

동물은 상상을 통해 그들 자신들의 존재를 스스로 바라볼 수 없는 것으로 보인다. 그러나 인간은 자신의 종을 의식의 대상으로 바라볼 수 있다. 원래 학문은 종에 대한 지식인데, 인간만 유일하게 종과 교섭이 가능하다. 인간은 동물과 달리 자신의 종을 사고의 대상으로 삼는 존재이다. 이것을 포이엘바하는 "인간의 의식이란 자기의 종이나 자기의 본질성이 사고의 대상이 되는 존재에 있어서만 존재할 뿐이다"고 말한다.

인간을 짐승으로부터 본질적으로 구별하는 것은 무엇인가? 이 물음에 대한 가장 일반적이고, 가장 단순하고, 가장 통속적인 해답은, "그것은 의식이다"라는 명제이다. 그러나 여기서 말하는 의식은 엄밀한 의미에서의 그것이다. 왜냐하면 개인으로서 자기 감정이라든가, 감성적 식별력이라든가, 지각이라든가 하는 의미에서의 의식, 그리고 외적 사물을 일정하게 현저한 표정에 따라서 판단한다든가 하는 의미에서의 의식조차도 동물에게서는 인정될 수 없기 때문이다. 가장 엄밀한 의미에 있어서의 의식은 다만 자기의 종이나 자기의 본질성이 사고의 대상이 되는 존재에 있어서만 존재할 뿐이다. 짐승은 분명히 개체로서는 자기에게 대상이 된다. 그러므로 짐승은 자기 감정을 가지고 있다. 그러나 짐승은 종으로서는 대상이 되지 않는다. 때문에 짐승에겐 자기 이름을 지식에서 유도하는 의식이 결여되어 있는 것이다. 의식이 있는 곳, 그곳에는 학문을 위한 능력이 존재하는 것이다. 학문은 종의 의식이다. 우리는 실제 생활에 있어서는 개체와 교섭하고, 학문에 있어서는 종교 교섭하는 것이다. 그러나 다만 자기 자신의 종이나 자기의 본질성을 사고의 대상으로 하는 존재만이 다른 사물 혹은 존재를 그들의 본질적인 본성에 따라서 사고의 대상으로 삼을 수가 있는 것이다. (포이엘바하, 『기독교의 본질』, 29-30)

포이엘바하의 의식에 의하면, 인간의 대상의식은 외부대상으로부터 나온 대상의식과 자기 자신으로부터 유래한 대상의식이 존재한다. 외부대상으로부터 나온 대상의식으로 인간은 그 대상의 종(種)을 연구해낸다. 그리고 이 종의 원리가 학문 혹은 과학이다. 그런데, 자기 자신으로부터 유래된 대상의식이 존재하는데, 이것이 곧 종교이다. 포이엘바하는 헤겔의 대상의식에 이제 또 하나의 대상의식을 추가하고 있는 것이다.

나. 자신과 대화할 수 있는 존재인 인간 : 내적생활과 외적생활

포이엘바하는 인간은 내적생활과 외적생활의 이중생활을 하는 존재라고 말한다. 인간은 자기 자신과 대화할 수 있는 존재이다. 자기 안에 나와 너를 가지는 존재이다. 인간은 자기 자신을 타인의 자리에 놓을 수 있다. 인간에게는 자기의 종이나 본질도 역시 사유의 대상이다.

따라서 짐승은 오직 단순한 생활을 하지만 인간은 이중의 생활을 하는 것이다. 즉 짐승에 있어서는 내적생활과 외적생활이 합일되어 있지만 인간은 이중의 생활을 하는 것이다. 즉 짐승에 있어서는 내적 생활과 외적 생활이 합일되어 있지만 인간은 내적 생활과 외적 생활 둘을 가지고 있는 것이다. 인간의 내적 생활은 자기의 종이나 자기의 본질에 대해 관계를 가진 생활이다. 인간은 사유한다. 즉 인간은 대화한다. 인간은 자기 자신과 대화하는 것이다.… 인간은 자기 자신이 동시에 나와 너가 될 수 있다. 인간은 자기 자신을 타인의 자리에 놓을 수 있는 것이다. 그리고 그것은 바로 인간에게 있어서 다만 자기의 개성이 사유의 대상이기 때문이 아니라 자기의 종이나 본질도 역시 사유의 대상이기 때문이다. (포이엘바하, 『기독교의 본질』, 30)

다. 종교의 대상이 될 수 있는 인간의 본질로서의 의식

포이엘바하에 의하면, 인간은 자기 자신의 의식을 무한하게 전개할 수 있다. 짐승들은 이것이 불가능하다. 이 의식하는 주체의 무한성에 대한 본질이 주체에 대해서 대상이 될 수 있는 것이다. 즉, 내가 내 의식을 무한하게 전개한 후에, 내가 또한 이 의식을 바라볼 수 있는 것이다. 따라서 무한한 것에 대한 의식은 의식의 무한성에 관한 의식 이외의 다른 것이 아니다.

짐승과 구별되는 인간의 본질은 다만 종교의 근거일 뿐만 아니라 또한 종교의 대상이기도 하다. 그러나 일반적으로 말하면 종교는 무한한 것에 대한 의식이다. 따라서 종교는 인간이 자기의 본질(실은 유한하고 제한된 본질이 아니라 무한한 본질)에 대해 가지고 있는 의식이며 그 이외의 다른 것일 수 없는 것이다. 실제로 유한한 존재는 무한한 것에 대하여 극히 미미한 예감조차도 가질 수 없는 것이다.… 제한된 의식은 아무 의식도 아니다. 의식은 본질적으로 총괄적이며 무한한 성질의 것이다. 무한한 것에 대한 의식은 의식의 무한성에 관한 의식 이외의 다른 것이 아니다. 다른 말로 하면, 무한한 것에 관한 의식에 있어서 의식하는 주체의 본질이 의식하는 주체에 대해서 대상이 되는 것이다. (포이엘바하, 『기독교의 본질』, 30)

포이엘바하는 우리가 의식을 무한히 전개할 수 있다고 말한다. 그는 '무한한 것에 대한 의식'이라는 표현을 쓰며, 마치 여기에서 우리 인간이 신을 상상한 것이라고 말한다.(필자: 그런데 종교는 그 무한성에 대한 의식만으로 출현하지 않았다. 궁극적으로는 어떤 신적 경험이 이미 내재한 그 의식을 불러일으킨 것이다.)

라. 인간의 본질 : 이성, 사랑, 의지의 힘

포이엘바하는 인간의 본질을 인간성을 형성하고 있는 요소인 이성, 사랑, 의지라고 말한다. 이것이 인간의 존재를 결정한다. 이것이 없으면 인간은 무이다. 이 인간의 본질은 인간에게 생명을 불어넣고, 인간을 규정하고 지배하는 힘으로서, 신적이며 절대적인 힘이다. 그리고 인간은 그것에 대해서 어떤 저항도 할 수 없는 것이다. 인간의 본질은 내 자신이 아니라, 오히려 인간성을 형성하고 있는 요소인 이성, 사랑, 의지이다.

그러면 인간이 의식하고 있는 인간의 본질이란 대체 무엇이란 말인가? 혹은 인간 속에 있는 본래의 인간성, 즉 종을 형성하는 것은 무엇인가?

인간의 독특성과 본연의 인간성을 형성하고 있는 요소는 이성, 의지, 애정이다.… 이성, 사랑, 의지의 힘은 완전성이며, 최고의 정력이며, 인간 자체의 절대적 본질이며, 그리고 인간 생존의 목적이다. 인간은 인식하기 위하여 존재하고, 사랑하기 위해 존재하며, 의욕하기 위해 존재한다.… 참된 존재자는 사유하고, 사랑하고, 의욕하는 존재자이다. 단지 그 자체를 위하여 존재하는 것만이 참되고 완전하고 신적이다. 오직 사랑이 그러한 것이며, 이성이 그러한 자이고, 의지가 그러한 것이다. 인간 안에 있는 그리고 개개의 인간 위에 있는 신적인 삼위일체는 이성, 사랑, 의지의 통일이다. 이성(상상력, 환상, 표상, 사념)과 의지, 사랑 혹은 애정은 인간이 소유하고 있는 힘이 아니다. 왜냐하면 그것들이 없으면 인간은 무이며 인간이 인간으로 존재하는 것은 그것들에 의해서 존재하기 때문이다. 그것들은 인간의 본질(인간은 이것을 소유할 수도 없고 또 만들 수도 없다)을 근거짓는 요소로서, 그리고 인간에게 생명을 불어넣고, 인간을 규정하고 지배하는 힘으로서, 신적이며 절대적인 힘이다. 그리고 인간은 그것에 대해서 어떤 저항도 할 수 없는 것이다.

감정이 풍부한 사람이 감정에 저항하고, 사랑하는 사람이 사랑에 저항하고, 이성적인 인간이 이성에 저항한다는 일이 어떻게 있을 수 있는가? 누가 압도적인 멜로디의 힘을 경험하지 않은 사람이 있겠는가?… 누가 사랑의 위력을 경험한 일이 없거나 혹은 적어도 그 위력에 대해 들어 본 일이 없는 사람이 있겠는가? 사랑과 개개의 인간 둘 중에서 어느 것이 더 강한 것인가? 인간이 사랑을 소유하고 있는 것일까, 혹은 오히려 사랑이 인간을 소유하고 있는 것일까? 사랑이 인간을 감동시켜 기꺼이 사랑하는 사람을 위해 죽음에로 향할 때 이 죽음을 초극하는 힘은 그 사람 자신의 개인적인 힘일까, 혹은 오히려 사랑의 힘일까?

그리고 한 번이라도 진실로 사유해 본 일이 있는 사람으로 그 누가 조용하고 떠들썩하지 않은 사유의 힘을 경험하지 않았겠는가? 만일 당신이 숙고에 잠겨서 당신 자신과 당신 주위의 것을 잊는다면 그때 당신은 이성을 지배하고 있는 것일까? 혹은 당신이 이성에 의해서 지배당하고 흡수되는 것은 아닐까? 학문적 환희는 이성이 당시에 대해 연주하는 가장 아름다운 개가가 아닐까?…

그리고 당신이 어떤 격정을 억제한다든가 어떤 습관을 폐기한다든가 하는, 즉 간단히 말하면 자신을 극복하여 승리를 획득한다면 그때 이 승리하는 힘은 당신 자신의 개인적인 힘인가? 혹은 오히려 당신을 정복하고 당신 자신과 당신의 개인적 약점에 대항하는 분개로 당신을 채우는 도덕의 힘이나 의지의 정력은 아닐까? (포이엘바하, 『기독교의 본질』, 31-32)

포이엘바하는 "인간의 본질은 내 자신이 아니라, 오히려 인간성을 형성하고 있는 요소인 이성, 사랑, 의지이다"고 말한다. 이것이 우리의 대상의식으로 출현하는 것이며, 이 대상의식이 우리를 장악하여 우리를 형성하게 된다는 것이다.

마. 인간을 결정하는 대상 : 본질의식을 결정하는 대상의식

포이엘바하는 인간은 대상이 없이는 아무것도 아니며, 인간이 관계하는 모든 대상은 인간의 본질을 말해줄 뿐이다고 말한다. 인간은 하늘을 바라보면서 자기 자신의 본질과 자기 자신의 근원을 본다. 눈은 천상적인 성질의 것이다. 인간은 눈에 의해서만 지구를 초월한다. 이론은 하늘을 향한 눈길과 더불어 시작된다. 하늘은 인간으로 하여금 그의 사명을 상기하게 한다.

인간은 대상이 없이는 아무것도 아니다.… 주체가 본질적으로 그리고 필연적으로 관계하는 대상은 그 주체 자신의 대상적인 본질 이외의 다른 아무것도 아니다.…(포이엘바하, 『기독교의 본질』, 32)

그러므로 인간은 대상에 있어서 자기 자신을 의식한다. 즉 대상의 의식은 인간의 자기-의식이다. 우리는 대상에 의하여 인간은 인식한다. 대상에서 우리에게 인간의 본질이 나타난다. 대상은 인간의 노출된 본질이며 인간의 진실한 객관적 자아이다. 그리고 이 말은 정신적인 대상뿐만 아니

라 감성적인 대상에도 해당되는 것이다. 인간으로부터 멀리 떨어져 있는 대상조차도 역시 인간에겐 대상이기 때문에, 그리고 인간에게 대상인 한에 있어서, 인간 본질의 현시이다. 달도, 태양도, 별도 인간에게 "너 자신을 알도록 하라"고 말한다. 인간이 달이나 태양이나 별을 본다는 것 그리고 그것들을 그렇게 본다는 것, 이것은 그것들이 인간 자신의 본질이라는 것을 증거하는 것이 된다. 동물은 단지 삶에 필요한 광선을 받을 뿐이지만, 반면에 인간은 인간에게서 가장 멀리 떨어져 있는, 실제로는 인간에게 아무 상관도 없는 별빛까지도 지각하는 것이다. 단지 인간만이 이해(利害)를 떠난 순수하고 지적인 기쁨과 애정을 가지고 있다.… 별이 총총한 하늘을 바라보며 이해를 떠난 자기 자신의 근원을 보는 것이다. 눈은 천상적인 성질의 것이다. 그러므로 인간은 단지 눈에 의해서만 지구를 초월하는 것이다. 그러므로 이론은 하늘로 향한 눈길과 더불어 시작되는 것이다. 최초의 철학자들은 천문학자였던 것이다. 하늘은 인간으로 하여금 그의 사명을 상기하게 한다. (포이엘바하, 『기독교의 본질』, 33-34)

바. 대상의 힘은 인간 자신 본질의 힘

포이엘바하는 인간에게 있어서 질대자는 인간 자신의 본질이며, 인간을 압도하는 대상의 힘은 인간 자신의 본질의 힘이다. 우리가 의식하는 대상이 무엇이든 우리는 그와 동시에 우리 자신의 본질을 의식하는 것이다. 우리는 우리 자신을 긍정하지 않고서는 아무것도 긍정할 수 없는 것이다.

특히 대상의식에서 나오는 사랑, 의욕, 사유의 활동은 완전성이다. 의식이란 어떤 존재자가 자기 자신에게 있어서 대상이 된다는 것이다. 따라서 의식은 어떤 특수한 것이 아니고 자기를 의식하는 존재자로부터 구별되는 것도 아니다. 의식이란 자기-확증이며, 자기-긍정이며, 자기애이며, 자기 자신의 완전성에 대한 기쁨이다.

인간에게 있어서 절대자는 인간 자신의 본질이다. 인간을 압도하는 대상의 힘은 인간 자신의 본질의 힘이다. 그와 같이 감정의 대상의 힘은 감정 자체의 힘이며, 이성의 대상의 힘은 이성 자체의 힘이며, 의지의 대상의 힘은 의지 자체의 힘이다. 음악적 소리에 감동한 사람은 감정에 지배된 것이다. 즉, 적어도 음악적 소리 속에 자기와 일치하는 요소를 발견하는 감정에 의해서 지배되는 것이다. 그러나 멜로디 자체가 아니라 단지 내용이 풍부한, 의미에 가득 찬, 감정에 가득 찬 멜로디만이 감정을 압도하는 힘을 가지고 있는 것이다. 감정은 단지 감정을 전달하는 감정, 즉 감정 자체, 감정 자체의 본질에 의해서만 규정되는 것이다. 의지 또한 그러하며, 이성은 더욱 그러하다. 그러므로 항상 우리가 의식하는 대상이 무엇이든 우리는 그와 동시에 우리 자신의 본질을 의식하는 것이다. 우리는 우리 자신을 긍정하지 않고서는 아무것도 긍정할 수 없는 것이다. 그리고 의욕, 정감, 사유는 완전성, 본질성, 실재성이다.… 우리가 의지, 감정, 이성을 유한한 힘으로 의식한다는 것은 불가능하다.… 사람들은 사랑, 의욕, 사유의 활동을 완전성으로서 느끼지 않고서는 사랑한다든가, 의욕한다든가, 사유한다든가 할 수 없는 것이다. 사람들은 사랑하고, 의욕하고, 사랑하는 존재라는 것을 지각할 수 없는 것이다. 의식이란 어떤 존재자가 자기 자신에게 있어서 대상이 된다는 것이다. 따라서 의식은 어떤 특수한 것이 아니고 자기를 의식하는 존재자로부터 구별된 것도 아니다. 의식이 의식하는 존재자로부터 구별된 것이라면 그 존재자가 어떻게 자신을 의식할 수 있을 것인가? 그러므로 완전성을 불완전성으로서 의식한다는 것을 불가능하다. 따라서 감정을 제한된 것으로서 느낀다는 것은 불가능한 것이며, 사유를 제한된 것으로서 사유한다는 것을 불가능한 것이다.

의식이란 자기-확증이며, 자기-긍정이며, 자기애이며, 자기 자신의 완전성에 대한 기쁨이다.… 자기-긍정의 최고의 형태, 즉 그 자체가 영예, 완전성, 행복, 선인 형태는 의식이다. (포이엘바하, 『기독교의 본질』, 34-36)

사. 무한자 사유와 사유능력의 무한성 긍정

포이엘바하에 의하면, 우리가 만일 무엇을 사유해 낸다면, 이미 그 능력이 우리 안에 있다는 것을 말한다.

만일 당신이 무한자를 사유한다면 그 때에 당신은 사유 능력의 무한성을 사유하고 또한 긍정하는 것이다. 그리고 당신이 만일 무한자를 느낀다면 그 때에 당신은 감정 능력의 무한성을 느끼는 것이고 또한 긍정하는 것이다. 이성의 대상은 그 자체에게 대상적인 이성이며, 감정의 대상은 그 자체에 대상적인 감정이다. 만일 당신이 음악에 대한 감각이나 감정을 조금도 가지고 있지 않다면 그 때에 당신은 가장 아름다운 음악을 듣고도 당신의 귀 옆을 스쳐가는 바람이나 당신의 발 옆으로 흘러가는 실개천에서 듣는 소리 이상의 아무것도 듣지 못할 것이다. 그렇다면 멜로디가 당신을 감동시킬 때 당신을 감동하게 하는 것은 무엇인가? 멜로디 속에서 당신이 들을 수 있는 것은 무엇인가? 그것은 당신의 심정의 소리 이외의 무엇이란 말인가? 감정의 대상은 오직 그 자신 감정이기 때문에 감정은 다만 감정에게만 말하는 것이며, 감정은 단지 감정에게 즉 그 자체에게 있어서만 이해될 수 있는 것이다. 음악은 감정의 독백이다. 그러나 철학의 대화도 역시 사실은 단지 이성의 독백에 지나지 않는다. 사상은 단지 사상에게만 말을 하는 것이다. (포이엘바하, 『기독교의 본질』, 38)

아. 신의 본질과 그것을 인식하는 감정의 본질의 일치성

종교적 행위를 하기 위한 수단이나 기관은 오히려 근원적인 것, 신적인 것 그 자체의 의의를 가지고 있다. 예를 들면, 감정이 종교의 본질적인 기관이라면 신의 본질은 감정의 본질이 나타난 표현 이외의 다른 것이 아니다. "감정은 신적인 기관이다"라는 말이 가지고 있는 숨어 있기는 하나 그러나 진실한 의미는 감정이 인간의 본질 중에서 가장 고귀한 것이고 가장 뛰어난 것, 즉 신적인 것이라는 것을 의미하는 것이다.

그러므로 형이상학적-초인간적인 사변 철학 그리고 종교라는 의미에 있

어서는 단지 파생적인 것, 주관적인 것 혹은 인간적인 것, 수단, 기관의 의의를 가지고 있을 뿐인 모든 것은 진리가 말하는 의미에 있어서는 근원적인 것, 신적인 것, 본질, 대상 그 자체의 의의를 가지고 있는 것이다. 예를 들면, 감정이 종교의 본질적인 기관이라면 신의 본질은 감정의 본질이 나타난 표현 이외의 다른 것이 아니다. "감정은 신적인 기관이다"라는 말이 가지고 있는 숨어 있기는 하나 그러나 진실한 의미는 감정이 인간의 본질 중에서 가장 고귀한 것이고 가장 뛰어난 것, 즉 신적인 것이라는 것을 의미하는 것이다.

만일 감정의 본질 자체가 신적인 성질의 것이 아니라면 어떻게 당신은 감정을 통해서 신적인 것을 깨달을 수 있을 것인가? 확실히 신적인 것은 단지 신적인 것을 통해서만 인식되고 "신은 단지 신 자신에 의해서만 인식된다." 감정이 지각하는 신의 본성은 사실은 감정의 본질이 그 자체에 황홀해지고 스스로 환희에 도취된 감정, 즉 자신의 충만함으로 행복을 느끼는 환희에 도취된 감정에 지나지 않는 것이다. (포이엘바하, 『기독교의 본질』, 39)

자. 종교의 제1원리로서의 감정

포이엘바하의 동시대인인 슐라이어마허(1768-1834)는 "감정을 종교의 제1원리"라고 말하며, "절대의존 감정이 곧 종교이다"고 하였다. 그리고 이 명제가 용인되는 순간 기존 정통 기독교의 교리체계가 무의미한 것이 되어버렸다. 이제 종교적 대상의 객관성이 무너진 것이다. 당시의 슐라이어마허의 이러한 저술은 기독교 내에 자유주의 신학을 태동시켰다. 포이엘바하는 이제 여기에서 한 단계 더 나아가서 "만일 감정이 자체에 의하여 선하고 종교적이라면, 즉 거룩하고 신적인 것이라면 감정은 자체 안에 자신의 신을 가지고 있는 것이 아닌가?"라고 질문을 한다. 그러므로 당신이 대상화하여 무한자라고 언표하고 그 무한자의 본질로서 규정할 수 있는 것은 오직 감정의 본성 뿐이다. 감정은 당신의 가장 내적인 힘이다. 그러나 동시에 당신으로부터 구별된 힘, 독립된 힘이다. 감정은 당신의 가장 고유한 본질이다. …

간단히 말하면, 감정은 당신의 신이다. 그러나 여기서 감정은 단지 하나의 예로서 강조되었을 뿐이다. 사람들이 대상의 본질적 기관으로 규정하는 다른 모든 힘, 능력, 잠재력, 실재성, 행위의 경우에도 사정은 이와 같은 것이다.

감정이 무한자의 기관으로, 종교의 주관적인 본질로서 주장될 때에는 종교의 외적인 표현에서 객관적인 가치가 상실되고 만다는 것을 보아도 분명한 것이다. 이와 같이 사람들이 감정을 종교의 제1원리로 주장할 때에는 과거에 그렇게도 신성하다고 하던 기독교 교리들이 무의미한 것이 되고 말 것이다. 감정의 입장에 있어서 역시 아직도 대상이 가치를 인정받는다면 그래도 대상이 가치가 있는 것은 오로지 감정 때문이며, 감정은 아마도 우연적인 이유에서 그 대상과 결부된 것에 불과한 것이다. 만일 다른 대상이 똑같은 감정을 격하게 자극한다면 그 대상도 똑같이 환영될 것이다. 그러나 감정의 대상이 무관심한 것이 되는 이유는 오직 다음과 같은 것이다. 즉 일단 감정이 종교의 주관적 본질이라고 언표 되었을 때, 그것은 실제로 또한 감정이 종교의 객관적인 본질이기도 하다는 것 때문이다. …
당신이 감정을 무한하고도 신적인 존재의 기관으로 만드는 것은 만드는 것은 감정의 본질이나 본성 이외의 다른 무엇이란 말인가? 그러나 감정의 대상이 무엇이든지 간에 감정 일반의 본성은 또한 각각의 특수한 감정의 본성이 아닌가? 따라서 무엇이 이 감정을 종교적 감정이 되게 하는 것인가? 그것은 일정한 대상인가? 그렇지 않다. 왜냐하면 이 대상은 다만 냉담한 오성 혹은 기억의 대상이 아니라 감정의 대상일 때에만 종교적 대상이 되기 때문이다. 그렇다면 감정이 종교적인 것이 되게 하는 것은 무엇인가? 그것은 모든 감정이 대상의 구별 없이 나누어 갖는 감정의 본성이다. 그러므로 감정은 전적으로 그것이 감정이기 때문에 신성하다고 말해지는 것이다. 감정의 종교성의 근거는 감정의 본성이며 감정 자체 안에 가로놓여 있는 것이다. 그러나 이런 일에 의해서 감정은 절대자로서,

신적인 것 자체로서 언표된 것이 아닌가? 만일 감정이 자체에 의하여 선하고 종교적이라면, 즉 거룩하고 신적인 것이라면 감정은 자체 안에 자기의 신을 가지고 있는 것이 아닌가?

…그러므로 당신이 대상화하여 무한자라고 언표하고 그 무한자의 본질로서 규정할 수 있는 것은 오직 감정의 본성뿐이다. 결국 당신은 다음과 같은 신 규정 이외에는 달리 규정할 수 없는 것이다. 즉 "신은 순수하고, 무제한하고, 자유한 감정이다"라고 하는 규정뿐이다. 당신이 여기서 그 이외의 신을 조정한다면 그 각각의 다른 신은 당신의 감정 밖에서 밀어 넣어진 신인 것이다. 감정은 정통 종교적 신앙의 의미에 있어서는 무신론적이다. 정통적 종교로서의 신앙은 외적 대상과 결부되어 있는 것이다. 그러나 감정은 대상적인 신을 거부한다. 즉 감정은 자체에게 신이다. 감정의 입장에서는 단지 감정의 부정만이 신의 부정이다.…

감정은 당신의 가장 내적인 힘이다. 그러나 동시에 당신으로부터 구별된 힘, 독립된 힘이다. 즉 감정은 당신의 안에 있으며, 당신의 위에 있는 것이다. 감정은 당신의 가장 고유한 본질이다.… 간단히 말하면, 감정은 당신의 신이다.…

그러나 여기서 감정은 단지 하나의 예로서 강조되었을 뿐이다. 사람들이 대상의 본질적 기관으로 규정하는 다른 모든 힘, 능력, 잠재력, 실재성, 행위의 경우에도 사정은 이와 같은 것이다. (포이엘바하, 『기독교의 본질』, 40-41)

슐라이어마허의 '절대의존감정'은 우리 안에 절대자를 의존하는 감정을 말한다. 그런데 여기에서의 '절대의존감정'은 신에 대한 경험에서 나오는 감정을 말한다. 따라서 이 감정은 우리의 자아가 산출한 감정이다. 그리고 우리 자아는 여기에서 이제 신을 추정한다. 그래서 신 의식을 도출한다.

이에 반하여 포이엘바하의 신은 우리의 감정이 아무런 경험도 없이 스스로 만들어낸 상상이다. 과연 경험이 없이 절대의존의 감정이 우리 안에서 일어날 수 있는 것인가? 그것은 성립이 안 되는 논리가 된다. 그렇다면, 그

마르크스 사상 비판

것이 신의 현현이 되었든, 자연만물의 위용이 되었든, 꿈이 되었든, 환상이 되었든, 아니면 다른 사람의 진술이 되었든, 어떤 경험을 통한 절대의존 감정이라면, 그 감정의 진원지는 내 자신이 아니라, 그 감정이 지칭하는 존재는 외부에 존재한다. 감정은 아무런 경험 없이 스스로 신에 대한 감정을 만들어내지 못한다.

기독교의 절대의존 감정은 대부분 예수 그리스도와 그의 사도들이 느낀 절대의존의 감정이다. 예수는 그 자신 안의 절대의존 감정을 스스로 만들어 낸 것이 아니다. 신과의 기도 가운데에서 나름대로의 계시를 받은 감정이다. 사도 바울도 마찬가지이다. 그는 원래 기독교를 핍박하는 자였다. 그런데, 다메섹도상에서 예수 그리스도의 환상을 보고 회심을 하였다. 구약성경의 예언자들은 이스라엘의 멸망과 관련한 위급한 상황 속에서 국가의 장래에 대해 신의 환상을 본 것이다. 그러한 경험이 그들로 하여금 신의 존재를 확신하고 추정하게 하였다. 오늘날의 대부분의 그리스도인들은 이러한 믿음의 선진들의 믿음을 이어받았다. 그리고 그 믿음을 따랐을 때, 자신들도 신의 현존에 대한 표적을 맛보았던 것이다. 인간이 상상을 통해 신을 만든 것이 아니다.

차. 자신의 모습을 투사하여 그려낸 신

만일 감정과 대상의 본질이 같은 성질의 것이라면, 인간은 단 한 번도 자기의 참 본질을 넘어설 수 없는 존재이기 때문에, 인간은 아마도 상상을 매개로 하여 자기보다 더 높은 종류의 개인을 생각해 낼 것이다. 즉, 인간은 이러한 특성을 이용하여 사실은 단지 자기 자신의 모습을 투사하고 그려낼 수 있을 뿐이다.

주관적인 혹은 인간의 편에서 본질의 의의를 가지고 있는 것은, 바로 그 때문에 객관적으로 혹은 대상의 편에서도 역시 본질의 의의를 가지고 있는 것이다. 그런데 인간은 단 한 번도 자기의 참 본질을 넘어설 수 없는 것이다. 인간은 아마도 상상을 매개로 하여 자기보다 더 높은 종류의 개인을 생각해 낼 수 있을지는 모른다. 그러나 인간은 자기의 종이나 본성에서는 결코 벗어날 수 없는 것이다. 인간이 자기 이상의 이러한 개인에게 부여하는 본질 규정은 언제나 그 자신의 본질로부터 이끌어 내진 규정 혹은 특성이다. 즉, 인간은 이러한 특성을 이용하여 사실은, 단지 자기 자신의 모습을 투사하고(대상화) 그려낼 수 있을 뿐이다. (포이엘바하, 『기독교의 본질』, 40-41)

자신의 모습을 투사하여 그려낸 것이 아니라, 일정 경험을 기반으로 신의 존재에 대한 추정을 한 후, 그 동일한 경험이 반복되었다. 그들은 그들이 경험한 것들을 추정을 통해 설명한 것이다. 이때 설명할 때, 그들은 자신의 지식과 인식의 범위 내에서 하였다. 이것이 신이 신인동형론적으로 나타나는 이유이다. 인간이 자신의 인식 범위를 넘어서는 신을 인식할 수는 없기 때문이다.

카. [비판] 자기의식이 바라본 대상의식의 실존성

포이엘바하의 자기의식이 바라본 대상의식은 자기의식이 스스로 만들어낸 것이 아니라, 성경 등을 통해서 배운 지식이 자기의식 속에 떠오른 것이다. 우리의 자기의식 이면에 신이라는 정신적 대상이 존재하는 것이다. 우리의 대상의식을 일으키는 것이 물질적 대상이라고만 생각하면 안 된다. 성경에는 신적세계를 경험한 자들의 기록이 존재한다. 그 존재는 영적인 존재이며, 그 존재는 스스로를 표적을 통해 이 세계 속에서 증거한다.

만일 우리가 신이라는 대상의식이 성경을 통해 떠올랐다고 하자. 어떤 큰 위기에 처한 사람이 이 신에게 간절한 기도를 할 수 있다. 그런데, 이 기도를 하는 중에 어떤 '믿음'이 마음속에 들어온다. 그리고 그 기도와 믿음이 응답이 되어서 표적으로 나타났다. 자신의 생명을 건진 것이다.

여기에서의 그 '믿음'이 자기의식이 바라보는 대상의식이다. 성경 히브리어 11장3절에서는 "믿음은 바라는 것들의 실상이다"라는 구절이 있다. 이 믿음은 스스로 만들어 내는 것이 아니라, 그 영적 실상이 다가 왔을 때, 외부로부터 밀고 들어온다. 이렇게 해서 신은 자신을 믿는 자들에게 증거한다. 이것은 모든 그리스도인들이 경험하는 사실이다. 포이엘바하는 이런 경험을 거짓으로 치부하고 있는 것이다.

2. 슈트라우스의 『예수의 생애』

마르크스는 그의 박사클럽 동료들과 토론을 하면서 대학생활을 하였는데, 이들의 영향을 고스란히 받았다. 그는 자신의 일반적인 학업에는 그다지 성실하지 않았으며, 이 박사클럽의 영향만 고스란히 받았다.

가. 데이비드 프리드리히 슈트라우스(1808-1874)

먼저, 슈트라우스는 『예수의 생애』(1835)에서 예수를 인간 예수로 만들고 그의 생애 속에 나타난 신성은 그의 제자들이 지어낸 신화라고 주장하였다. 그는 인간의 입장과 이성의 눈으로 헤겔의 종교관이나 그리스도교 자체를 비판하였다.

① 헤겔의 제자
독일의 성서학자·신학자. 튀빙겐에서 신학을 공부하고 동향의 선배 헤겔에게 사사받기 위해서 베를린 대학으로 향하였는데, 헤겔이 급사하였기 때문에 경력상으로는 헤겔의 직제자는 아니다.
② 예수 그리스도의 사적은 신화
슈트라우스는 그의 저서 『예수의 생애』 2권(1835~36)에서 성서의 비판적 연구를 시도하고, 복음서에 기록되어 있는 예수 그리스도의 사적은 역사적 사실이 아니며, 원시 그리스도 교단이 무의식적으로 낳은 신화라는 취지를 지적하고, 헤겔의 종교철학을 계승하는 방향에서 독특한 그리스도교론을 전개했다.
③ 역사적 진리와 신앙적 진리를 구별하려 함

그는 역사적 사실과 신앙적 진리를 구별하고, 그 주장은 신앙적 진리를 전혀 저해하지 않는다고 주장했는데, 정통파 신학자들로부터는 물론, 헤겔학파로부터도 격렬한 비난을 받게 되었다.
④ 헤겔 좌파 우파의 분할
슈트라우스의 문제 제기로 인한 내부 논쟁, 결국에는 대외논쟁을 통해서 헤겔학파는 좌파·중앙파·우파로 분열하게 되었다. 덧붙여서 좌파·우파라는 것도 원래는 슈트라우스 본인의 명명인데 슈트라우스가 깐 노선은 결국 당초는 우파였던 B. 바우어, L.A. 포이어바흐에 의해서 전개되고, 그리스도교 그 자체의 비판에 까지 미치는데 이 논맥에서 그는 헤겔 좌파의 일인자의 위치를 차지한다.
[네이버 지식백과] 슈트라우스 [David Friedrich Strauss] (종교학대사전, 1998. 8. 20.)

나. 『예수의 생애』의 내용

신학자이면서 철학자인, 바우르와 헤겔의 제자인 슈트라유스는 1835년에 『예수의 생애』를 출판했다. 그는 '진지하고 계몽된' 사람들이 자신의 책을 기독교 신앙의 '참된 본질'로 이해하고 다시 일어나게 할 것으로 보고 환영할 것으로 생각했지만 그와 반대였다. 그는 복음서가 예수에 대해서 정확하고 역사적으로 나타낼 수 있다는 전통적인 견해를 부정했다. 슈트라우스는 구약성서 연구에서 사용하던 신화 개념을 복음서에 사용했다. 『예수의 생애』의 내용을 김홍미는 다음과 같이 요약한다.

① 예수의 탄생
복음서에 나오는 세례 이전의 예수 탄생은 역사적이지 않으며, 구약에 메시아사상을 해석하기 위해 신화로 만들어진 초대교회의 산물로 보았다.
② 예수의 세례
예수가 세례 받을 때 메시아로 계시 되었다는 것은 역사적이지 않으며 예수가 시험을 당한 것도 신화적이라고 했다.

③ 예수의 이적

스투라우스는 복음서에 나오는 이적과 죽은 자를 살리는 이야기들을 해석하면 구약에서 예언된 메시아는 모세나, 선지자들보다 뛰어나야 하므로 만들어낸 것이라고 보았다. 그는 인간의 이성으로 설명할 수 없는 것은 역사적 예수가 아니며 기독교 공동체가 신화적으로 만들어 낸 산물로 해석한다.

④ 예수의 메시아 사상

슈트라우스는 예수는 처음에 자신이 메시아 선구자라고 생각했지만, 예수의 사상이 발전되어 자신이 메시아라고 생각하게 되었다. 그래서 예수는 구약의 종말론적인 구절들을 자신에게 적용하고 자신을 메시아처럼 그 개념을 변형시킨 것으로 본다.

⑤ 예수의 부활

그는 부활에 대해서는 제자들의 신앙이 살아난 것으로 본다. 예수는 자신을 메시아라고 생각하고 제자들을 모으고, 제자들에게 자신이 메시아라는 것을 깊게 심어 주었다. 그러나 예수가 죽고 제자들은 신앙이 파괴되었다. 예수님의 죽음에 대한 충격이 가신 뒤 처음 가르침 받았던 '예수가 메시아'라는 것이 살아나게 되었다. 이것은 예수님의 부활이 아니라 제자들의 신앙이 되살아난 것이다. 제자들은 처음에 생각했던 예수님의 생각과 죽음이 다르므로 이를 해결하기 위해 조정이 필요했고 메시아의 개념 중 수난과 죽음의 개념을 만들게 되었다. 이 과정에서 구약에서 나타난 메시아 고난 구절을 재해석하여 자신들의 메시아사상에 넣었다. 그리고 제자들은 메시아가 무덤에 남아있을 수 없다는 것을 알고, 부활을 믿게 되었다(시 16:10). 제자들은 예루살렘에서 예수의 부활을 선포할 수 없었는데 그들의 허위 주장이 곧 드러나기 때문이다. 제자들은 예루살렘을 피해 예수의 적이 없는 갈릴리로 간다. 예수의 시체가 없는 갈릴리에서 예수가 부활했다는 사상이 다시 생기게 되었고, 제자들의 부활 신앙이 확고해졌을 때는 예루살렘에 있는 예수의 시체도 증거물 역할을 할 수 없는 상태가 되었다. 이로 인해 제자들은 부활 후 50일이 되는 날 예수의 부활을 예루살렘에서도 전할 수 있게 되었다.
ⓖ 제자들의 상상력
슈트라우스는 비역사적인 요소가 제자들의 사기가 아니라 신화의 상상력의 무의식 과정을 거친것이라고 본다. 신화적으로 접근하는 방법은 그리스도교 신앙을 변질시키지 않는다. 예수 속에서 하나님의 인간성의 이념이 재현되기 때문이다. (김홍미, 역사적 예수, 협성대학교 신학대학원 석사, 2020년, 9-11)

독일의 자유주의 신학은 성경의 역사성을 부정하는 데에서 출발하였다. 예컨대, 모세오경의 경우, 역사적 내용의 서술이 아니라, 후대의 편집이라는 것이다. 구약성경에 대한 JEDP가설이 있는데, 야웨학파-엘로힘학파-신명기학파-제사장학파가 각각 모세오경을 기록했는데, 이들의 기록을 짜깁기 해서 결합한 것이라는 주장이었다. 이러한 성경 편집의 가설을 슈트라우스는 신약성경에 적용한 것이다.

19세의 청년 마르크스는 이러한 선배들의 주장에 고스란히 함몰되어 갔다. 마르크스는 일반 전통적인 학문을 하지 않았다. 베를린 대학교 4-5년 내내 정규과목은 거의 듣지 않고, 이 박사클럽의 멤버들과만 어울렸다.

다. [비판1] 계시의 도구로서의 성경

구약성경은 이스라엘 역사 속에서 일어났던 신적경험이 기록된 글이다. 그것도 한 민족에게 일어났던 신적경험이 기록된 것이다. 특히 모세오경은 이스라엘이라는 한 민족의 출애굽 과정 속에 나타난 신적 역사가 기록된 책이다. 물론 그 후대의 편집은 존재하였으며, 그 과정을 통해서 성경은 완전성을 갖추며 검증절차를 거치게 된 것이다.

이러한 성경의 내용은 역사 위에 드리운 하나의 영적세계에 대한 계시가 되었다. 그후 이제 신앙인들은 이 성경을 통하여 영적세계를 경험하게 된다. 이렇게 성경은 특별계시의 차원으로 승격되었다.

그래서 성경은 철저히 실제성과 역사성을 띠게 되었다. 그런데, 그 실제를 기록하는 과정에 나타난 신적사건을 그곳에 함께 기록하였다. 이 신적사건을 기록하기 위해 역사적 사건이 동원된 것이다. 그리고 더 중요한 것은 이 성경 속의 신적사건을 믿고 오늘날이라도 행하면, 그와 동일한 신적사건이 우리의 삶 속에 재현된다는 것이다. 이 표적이 성경의 내용을 증명하고 있었던 것이다. 이것이 성경이 오래토록 불변의 고전으로 자리잡게 된 이유이다. 성경의 역사성과 실제성은 오늘날 나타나는 표적으로 증거된다.

라. [비판2] 예수의 생애

예수의 생애는 4복음서를 가리키는 다른 명칭일 수 있다. 이 예수의 생애 혹은 4복음서는 철저히 예수 그리스도의 신성이 표적으로 나타난 것을 주제로 하여 기록된 글이다.

이 4복음서의 주제는 예수 그리스도의 정신은 말씀 하나님이라는 것이다. 사도 바울에 의하면, 모든 인간은 정신과 육체로 되어 있다. 이때 모든 각각의 정신은 어딘가에서부터 왔는데, 예수 그리스도의 정신은 로고스(Logos)라는 것이다. 그래서 예수의 생애 속에서 일어난 모든 표적들은 바로 이 로고스가 성육신했기 때문이며, 4복음서는 이것을 목격한 자들의 글이다. 이것은 모든 4복음서의 저자들이 그 서두에 기록하고 있다.

이러한 글의 취지도 모르고 그 본질을 빼려고 하면 안 된다. 예수 그리스도의 12제자들은 예수 그리스도를 경험한 자들이다. 경험한 자들을 비경험자가 판단할 수는 없다. 슈트라우스는 양심을 기반하여 사는 그리스도의 사도들이 거짓말로 글을 썼다고 말한다. 복음서의 서두에 저자들은 자신들은 예수 그리스도의 신성을 보고 만졌다고 말하고 있다.

3. 바우어의 무신론

가. 브루노 바우어 (1809~1882년)

바우어는 예수의 신성 뿐 아니라 그의 역사성까지도 부정하였다. 성서는

2장 마르크스의 사상 : 포이엘바하 등

고뇌에 찬 민중의 문학작품이라고 말하였다.

① 헤겔 좌파의 대표논객
헤겔 좌파의 대표적인 논객으로 대학 시절의 마르크스에게 커다란 영향을 주었다. 도자기 채색 장인의 장남으로 태어난 그는 미래의 성직자로서 촉망받으며 베를린 대학에 입학한다.
② 헤겔로부터 수학
이미 입학 1년 후인 1829년에는 칸트의 미학을 논한 현상논문으로 헤겔 등 철학 교수진으로부터 칭찬을 받는다.
③ 1834년, 본 대학의 신학부 강사
헤겔의 타계(1831년) 후 1834년에 학위 취득. 1839년에 본 대학 신학부 사강사가 된다.(무라카미 슌스케(村上俊介), 『네이버 지식백과』 바우어1, 맑스사전, 마토바 아키히로 외)
④ 바우어의 저술들
『복음서의 비평적 개요』(1841)에서 그는 마태, 마가, 누가복음의 문학적 구조를 분석하며 역사성 부정하였다.
『요한복음 비판』(1840)에서는 요한복음은 후기 기독교 공동체의 창작물이라는 주장을 펼쳤다.
『복음서와 교회의 기원』(1842)에서는 복음서는 예수 사후 수십 년 후 공동체가 만든 이데올로기적 텍스트라고 하였다.
『유대교와 초기 기독교』(1877)에서는 초기 기독교의 유대교적 기원 및 사회적 조건을 비판하였다.

나. 바우어의 『요한복음 비판』(1840년)

그의 공관복음서 비판은 기독교가 역사적인 시대정신을 구현한 공관복음 사가의 '자기의식'에 의한 창작이라고 하는 것으로, 복음사를 집단적인 신화에 의한 것이라고 한 슈트라우스의 『예수의 생애』를 한 걸음 더 전진시켜 더욱 구체적으로 인간 주체의 산물이라고 주장했다. 이 책이 계기가 되어

1842년 그는 대학에서 쫓겨난다. 이 책의 핵심주장은 다음과 같다.

① 요한복음은 후기 창작물
바우어는 요한복음이 1세기말 ~ 2세기초의 헬레니즘-기독교 철학적 융합 산물로 보았으며, 예수의 실제 생애와는 거리가 멀다고 주장하였다. 복음서는 예수 생존 당시의 기록이 아니라, 신학적 논리를 담기 위해 구성된 허구적 서사이다.

② 역사적 사건을 기록한 것이 아니라 신학적 개념을 문학적으로 전개
바우어에 의하면, 요한복음은 "로고스(λ όγ ο ς)", 즉 이성적 진리로서의 예수를 중심 개념으로 삼으며, 실제 사건보다 신학적 상징 구조에 따라 예수의 생애를 창작하였다. 바우어는 저자를 "철학자적 신학자"로 보며, 의도적 구상에 따른 창작자로 본다.

③ 요한복음의 대화 장면은 허구적 구성
요한복음의 특징인 예수와 니고데모, 사마리아 여인, 빌라도 등과의 장황한 대화들은 역사적 기록이 아니라 저자의 신학적 설교 형식을 띠고 있다. 이 대화들은 모두 요한 저자가 예수를 빌려 자신의 신학을 말하는 방식으로 분석하였다.

④ 요한복음은 이전 공관복음(마태, 마가, 누가)의 발전 단계
바우어는 요한복음이 공관복음보다 뒤에 쓰인 것으로 보며, 그 특징인 초월성, 신성 강조, 이원론 등은 기독교 신학이 발전하면서 첨가된 요소로 본다.

⑤ 요한의 "로고스 기독론" 비판
요한복음 1:1 "태초에 말씀이 계시니라"는 신플라톤주의적, 그리스적 형이상학에서 차용하였으며, 예수는 철저히 초월화 되어 역사적 인간성을 상실하였다. 요한은 철저히 "신화의 시인"이지, 역사가가 아니다.
(챗GPT, 바우어의 요한복음 비판, 2025.7.19.)

다. [비판] 자유주의 신학의 한계

신앙 혹은 종교의 본질은 무엇인가? 그것은 신적세계에 대한 추구이다. 그리고 성경은 그러한 신적경험을 한 자들의 글이다. 그래서 그들의 신적경험이 또 다른 신적경험을 불러 일으킨다. 그리고 이렇게 해서 일어나는 또 다른 신적경험의 표적이 오늘날에는 그 글의 정당성을 부여한다. 지나간 역사적 사실을 확인하는 것은 그것이 최선이다. 그래서 요한복음에는 '표적'이라는 단어가 17회 나온다. 매장마다 그 '표적'이라는 용어가 나온다.

① 로고스에 대한 경험
요한복음에서 가장 강조하는 것이 "로고스의 성육신"이다. 만일 예수의 정신이 "Logos"라는 것을 훗날 사도 요한이 경험을 하였다고 하자. 그렇다면, 사도 요한은 자신이 예수 그리스도와 함께 했던 모든 장면을 이 "로고스의 성육신"으로 재해석해서 다시 서술하여야 한다. 그렇지 않으면, 그 서술은 잘못된 서술이 된다. 이 작업이 요한복음에는 반영되어 있다. 이 사도요한의 경험을 누가 비판할 수 있는가? 바우어는 이 세계를 경험하지 않았다.

② 예수 그리스도의 이적에 대한 요한의 해설
예수 그리스도의 생애 속에서 수없는 이적이 발생하였다. 이러한 이적은 사실은 오늘날에도 발생하고 있다. 그렇다면, 그 이적의 이면에는 무엇이 존재하는가? 그 이적을 행하는 자의 정체성은 무엇인가? 이에 대한 추정은 필연적이다. 예수는 자신의 권위를 가지고 이적을 명령하듯 행했다. 이것은 로고스가 아니면, 할 수 없는 권위적 발언이었다. 훗날 사도 요한은 이것을 상기했던 것이다. 하나님 아들의 권위를 가지고 이적을 행한 예수 그리스도의 모습을 사도 요한은 상기했던 것이다.

③ 예수 그리스도의 부활과 승천
기독교의 신비는 몸의 부활과 영적세계의 존재이다. 사도 요한과 그의 제자들과 당시의 수많은 추종자들은 이 두 세계를 경험하였던 것이다. 예수 그리스도는 영적인 육체로 변화되어서 영적세계로 들어갔으며, 지금도 그곳에서 성령으로 믿는 자들의 기도 속에 온다고 말한다. 이것을 믿고

기도하면, 그리스도인들도 이미지 속에서 이 영적세계로 들어간다. 이것이 단순한 이미지 같지만, 사실은 영적세계가 그렇게 이미지로 투영된 것이다. 그리고 이에 대한 표적들이 그리스도인들의 삶 속에 나타나서 생명력으로 역사한다. 이것이 기독교가 오늘날까지 힘있게 존속하는 이유이다.

바우어는 진정한 그리스도인이 아니어서 이러한 영적인 세계를 경험한 자가 아니다. 오늘날 많은 그리스도인들은 성령으로 이 예수 그리스도를 만나며, 믿음으로 하늘보좌 앞으로 나아가 기도를 한다. 그리고 그것이 현실에서 표적으로 나타난다. 기독교 역사에는 이러한 표적들로 가득하다. 바우어나 마르크스와 같이 양심을 거역하여 살아가는 이단의 무리들이 있을 뿐이다.

라. 헤겔의 선생 바우어

마르크스는 포이엘바하, 슈트라우스, 바우어 등의 영향을 받으면서 헤겔철학을 배웠다. 그리고 이에 기반하여 자신의 신앙의 세계를 형성하였는데, 그것은 결국 자유주의 이단사상이었다.

마르크스는 1843-44년에 걸쳐 『경제학 · 철학 초고』를 저술하였는데, 여기에서 바우어를 비판하면서 실질적으로 그의 영향에서 벗어났다. (무라카미 슌스케(村上俊介), 『네이버 지식백과』 바우어1, 맑스사전, 마토바 아키히로 외)

4. 자유주의신학 이단의 산물 : 마르크스 공산주의

자유주의 신학(Liberal Theology)은 18세기 계몽주의 이후 등장한 기독교 신학 흐름으로, 이성, 경험, 역사비평, 도덕성을 강조하며 전통적인 교리를 현대적 사고에 맞게 재해석하려는 시도였다. 이는 19세기 독일에서 슐라이어마허, 리츨, 트뢸치에서 시작되어, 슈트라우스, 바우어 등에게서 본격화

되었으며, 이때 여기에서 마르크스 공산주의가 출현하였다. 이 신학의 흐름은 20세기에는 불트만, 틸리히, 하비 콕스 등으로 이어졌다.

자유주의 신학은 당시의 과학, 역사, 도덕, 인간주의를 반영하며 종교를 인간 중심적으로 재구성하려 했지만, 여러 신학자들과 철학자들에게 비판적 지점, 즉 "오류"로 간주될 만한 요소들이 다음과 같이 지적되어 왔다.

① 계시와 기적의 해체 - 초자연의 부정
자유주의 신학은 계시, 기적, 부활 등을 신화적 해석이나 상징으로 간주하며 역사적 사실성을 부정하는 경향이 강하다. 예컨대, 슈트라우스는 복음서를 신화로 해석했고, 불트만은 이를 "비신화화"하려 하였다. 이것은 기독교 신앙의 핵심인 "하나님의 초월성과 역사 개입"을 제거하며, 결국 "신앙의 토대를 해체한다"는 비판이 존재한다.

② 성경의 권위 약화
성경을 절대적 계시가 아닌, 인간 저자들의 역사적·사회적 산물로 간주한다. 문헌비평, 역사비평, 사회비평 등을 통해 성경을 철저히 해부하였다. 이러한 접근은 성경을 하나님의 말씀이 아니라 인간의 종교문학으로 격하시켜, 신앙의 권위 체계가 무너질 위험이 있다는 지적이다.

③ 이성의 과도한 신뢰 (계몽주의적 낙관론)
인간 이성과 도덕성에 대해 지나치게 낙관적이다. 예컨대, 슐라이어마허는 인간 내면의 신적 감정을 신학의 근거로 삼았다. 죄와 타락보다는 윤리적 진보와 도덕적 계몽을 강조하였다. 인간의 죄성, 한계, 구속 필요성에 대한 성경적 인식이 약화되어, 인간 중심적 '자율적 종교'로 전락할 수 있다.

④ 예수의 신성 약화
예수를 신앙의 대상이 아닌 도덕적 본보기 또는 종교적 천재로 해석한다. 예컨대, 슈트라우스, 바우어는 예수의 부활과 신성을 부정하거나 문학적 상징으로 보았다. 이것은 기독교의 핵심인 구속사, 구세주 사상, 삼위일체 교리를 훼손하고 있다.

⑤ 문화 순응주의 (세속화와 타협)

자유주의 신학은 현대 사회·문화에 적응하려는 경향이 강해, 종종 성경의 불편한 메시지나 윤리를 축소 또는 수정한다. 예컨대, 성, 낙태, 동성애, 종교 다원주의 등 이슈에 있어 시대정신에 타협한다. 결국 복음의 급진성과 변혁성이 사라지고, 교회가 도덕적 NGO나 사상 플랫폼으로 전락할 위험을 주고 있다.

⑥ 신앙의 실재성과 능력 상실

자유주의 신학은 초자연적 믿음을 제거하고, 실천윤리나 사회개혁에 집중한다. 이것은 하나님과의 인격적 만남, 구원의 체험, 회심 등의 신앙의 실재적 차원을 소외시킨다. (챗GPT, 자유주의신학 비판, 2025.7.19.)

자유주의 신학은 현대인의 이성과 역사인식에 부응하려는 진지한 시도였지만, 하나님의 계시성과 성경의 초월성, 그리고 기독교 고유 교리의 본질을 약화시키거나 해체했다는 점에서 심각한 한계와 오류가 있다고 비판받아 왔다.

결국 마르크스는 이런 이단신학의 영향 아래에서 출발하였고, 그의 무신론은 유물사관으로 나타났으며, 여기에서 마르크스 공산주의가 출현하였다.

3장 유물사관, 『독일 이데올로기』

[개요] 마르크스의 유물사관

마르크스·엥겔스는 『독일 이데올로기』(1845년, 27세)에서 유물사관을 전개하는데, 물질의 변화 곧 생산수단의 변화가 사회와 제도의 변화를 초래한다는 것이다. 그의 이러한 생각은 평생 지속되었으며, 그후 1880년에는 『자본론』(1850-1880년)을 저술하였다. 마르크스의 『독일 이데올로기』는 유물사관의 출발점에 서 있는데, 다음의 주제를 말하고 있다.

먼저, 마르크스는 여기에서 헤겔의 관념론을 일차적으로 비판한다. 헤겔은 절대정신에 의해 역사가 진행된다고 말하였다. 헤겔의 관념론은 너무 사변적이었다. 그 오류를 이용하여 마르크스는 역사의 변화는 물질·생산수단의 변화에 의해 일어난다고 말하며, 관념론적 역사관을 비판한 것이다. 이것이 곧 유물론적 역사관의 시작이다. 근세철학은 과학의 발견을 규명하기 위해 출현한 근세철학, 즉 "데카르트-흄-칸트"로부터 헤겔에 이어진다. 근세철학은 정신에 의한 과학의 발견에 의해 결정적인 생산수단의 변화가 일어났다고 말한다.

두 번째, 마르크스는 물질의 변화를 따라 역사 전체를 재조명한다. 도시국가-중세-산업혁명(대량생산)을 고찰하면서, 이 모든 역사의 발전의 그 이면에는 "분업과 생산력"의 생산 수단의 발달이 있었다는 것이다. 이 생산수단의 발달은 분업을 극대화시키고, 소유의 계층화를 이루며, 그 소외가 극단에 이르게 된다. 그래서 자본주의 세계는 프롤레타리아 혁명을 맞게 될 것이라고 말하였다. 마르크스는 이 책을 1차 산업혁명 후에 저술하였는데, 그후에 일어난 것은 2차 산업혁명이었으며, 오늘날에는 그 물질번영을 기반으로 한 복지자본주의로 향하고 있다.

세 번째, 마르크스에 의하면, 우리의 모든 의식은 이제 이 생산수단의 발달과정에서 파생적으로 출현한다. 그리고 그 의식의 대표적인 것이 사상과

마르크스 사상 비판

철학과 종교이다. 마르크스는 이것을 지배계급의 산물이라고 말한다. 그런데, 역사를 고찰해 보았을 때, 신화와 종교는 태고적부터 있었다. 특히 마르크스가 몸담은 기독교는 계시의 산물이었다.

네 번째, 특히 마르크스는 국가를 지배계급이 소유를 고착시키고, 그 소유를 보호하기 위한 도구라고 말한다. 그래서 국가를 타도해야 한다고 말한다. 그런데, 오늘날의 공산주의를 보면, 국가를 이용하여 기업들을 국유화한 후, 프롤레타리아 독재를 영구히 고착시키려 하고 있다. 그 국가를 계속 지속시키는 것이다. 러시와와 중국이 대표적이다.

이런 사전지식을 가지고, 칼 마르크스의 『독일 이데올로기』(1847, 29세)의 주요 주제를 살펴보고자 한다. 한편, 『독일 이데올로기』는 그 1권이 "포이엘바하, 바우어, 슈티르너"에 관한 이야기인데, 이 책에 싣고 있는 다음의 내용은 모두 "포이엘바하"편에 나오는 내용이다. 따라서 유물사관을 말하는 "이데올로그 일반-역사"에 관한 장도 또한 이 안에 위치한다.

1. 헤겔의 관념론 비판 : 유물사관의 출현

마르크스주의는 대체로 '철학, 정치경제학, 및 (과학적)사회주의 이론'으로 구성되어 있다. 이 중에서도 특히 철학 부분은 통상 '변증법적, 역사적 유물론'이라고 하는데, 이것은 '변증법적 유물론'과 '역사적 유물론'을 결합시킨 것이며, "변증법적 유물론이 자연과 사회, 사고의 보편적인 운동과 발전 법칙을 다루는 일반적인 철학 체계라면, 역사적 유물론은 그 중에서도 사회와 역사를 다루는 특수한 철학 체계라고 할 수 있다." 이때 이 '역사적 유물론'을 소개하는 것이 『독일 이데올로기』이다.

가. 헤겔의 '관념론적 역사관' 비판 : 유물사관의 맹아

마르크스와 엥겔스는 그 당시에 독일에서 유행하고 있던 진정한 사회주의의 실현을 추구하는 '헤겔의 관념론적 역사관'과, 헤겔의 좌파 후예로서의

'청년헤겔학파'를 신랄하게 비판하고 있다. 여기에서 헤겔의 관념론적 역사관이란 "역사진행 주체로서의 절대정신"을 이르는 말이다. 그리고 "이들은 아무도 독일철학과 독일현실과의 관련에 대해서, 특히 물질적 환경과의 관련에 대해서 문제삼지 않았다"고 말한다. 즉 헤겔의 관념론을 대신해서 물질의 변화를 통한 역사변화를 고찰하겠다는 것이다. 마르크스의 유물사관은 헤겔의 절대정신을 반박하는 논리인 것이다.

① 헤겔의 관념론 비판
독일에서의 비판은 그 최근의 시도에 이르기까지 결코 철학이라는 기반을 벗어나지 못했다. 그 비판은 자신의 보편적·철학적 전제들을 검토해 보지 않았으며, 그 모든 문제들은 하나의 특정한 철학체계, 곧 헤겔체계의 지반에서 성장한 것일 뿐이다. 문제에 대한 대답 속에서만이 아니라 이미 문제 자체 내에도 신비화가 자리잡고 있다. 이러한 헤겔에의 의존이야말로 최근의 비판가들이 헤겔을 극복했다고 누누이 강조하면서도 그 어느 누구도 헤겔체계에 대한 포괄적인 비판을 시도조차 하지 못했다는 근거가 된다. …

② 헤겔 철학의 연장선에 있는 독일 철학의 이데올로기들
처음에 그들은 '실체'나 '자기 의식'과 같은 변조되지 않은 순수한 헤겔적 범주를 취했으나, 나중에는 이러한 범주들에 류(類), 유일자, 인간 등과 같은 세속적인 이름들을 붙임으로써 그것들을 속류화시켰다.

③ 청년 헤겔파들(헤겔 좌파철학자들) - 자유주의 신학 창시
슈트라우스에서 슈티르너에 이르는 독일의 철학적 비판은 종교적 표상의 비판에 한정되어 있다. 사람들은 현실의 종교와 본래의 신학에서부터 출발했다. 종교적 의식이나 종교적 표상이 무엇인가 하는 것은 그 뒤의 계속된 과정 속에서 여러 가지로 규정되었다. 발전이 있었다면, … 또한 정치적, 법적, 도덕적 인간, 결국 '인간전체'를 종교적으로 선언한 데 있었다. (현실에 대한) 종교의 지배가 전제되었다. 일체의 지배관계는 … 세계의 성화범위가 점점 더 확대되어 마침내 성 막스는 세계를 성스러운 것

이라고 선언하고, 또한 그럼으로써 단번에 세계를 처리할 수 있었다.(참조 : 헤겔 철학을 비판적 무기로 전환하여 종교·도덕·국가를 이성적 비판 대상이라 보고, 기존 질서에 저항하였다. 자유, 자기의식, 해방 등을 강조하였다. 브루노 바우어, 루트비히 포이어바하, 막스 슈티르너 등이 이에 속한다.)

④ 헤겔 우파철학자들

노장 헤겔학파는 그것이 헤겔의 논리적 범주로 환원되기만 하면, 모든 것을 개념적으로 파악해 버렸다.(참조: 헤겔 철학을 국가 중심적 이념체계로 받아들이고, 프로이센의 국가, 질서, 기독교, 법 등을 정당화하는 도구로 헤겔의 철학을 해석하였으며, 절대정신의 실현으로서 국가를 찬양하였다.)

⑤ 물질적 환경과 관련한 철학 창시

이 철학자들 중에서는 아무도 독일철학과 독일현실과의 관련에 대해서, 또 그들의 비판과 그들 자신의 물질적 환경과의 관련에 대해 문제삼지 않았다.

우리가 출발점으로 삼는 전제는 자의적인 것도, 도그마도 아니다. 그것은 오직 상상 속에서만 도외시될 수 있는 현실적인 전제이다. 그것은 현실의 개인들 및 그들의 행위이며, 또한 이미 존재하는 것과 그들의 행위를 통해 산출된 것을 비롯한 그들 생활의 물질적 조건이다. 따라서 이러한 전제들은 순전히 경험적인 방법으로 확인될 수 있을 뿐이다.(마르크스·엥겔스, 『독일이데올로기』, 55-58)

헤겔의 절대정신은 관념론이다. 여기에서 절대정신은 곧 절대자의 관념이다. 역사는 모든 정신들의 발견과 발명에 의해 창달되고 이루어지는데, 그 위에 신으로서의 절대정신이 존재한다. 이 절대정신이 인간의 정신을 통하여 역사를 진행해 왔다는 것이다.

이제 마르크스는 물질의 변화를 통한 역사의 변화를 말하겠다는 것이다. 그것이 후대에서 마르크스의 유물사관으로 불리운다. 역사변혁의 주체로서,

헤겔은 절대정신을 말할 때, 마르크스와 엥겔스는 물질적 생산수단의 변화를 말하고, 이것을 인간의 행위로 실현을 할 수 있다고 말한 것이다.

나. 역사의 기본전제로서 물질적 생산활동

마르크스는 인간역사의 제1전제는 개인들의 실존인데, 이 실존은 인간의 생활수단 혹은 생산양식에 의해 결정된다. 그리고 인간의 의식은 이러한 생활수단을 생산하기 위해 존재한다. 그러므로 개인이 어떤 존재인가하는 것은 그의 생산의 물질적 조건에 달려 있다. 그리고 이러한 생산양식의 변화는 인구의 증가와 더불어 나타난다.

① 인간 역사의 제1전제 : 개인들의 실존
모든 인간 역사의 제1전제는 물론 살아 있는 개인들의 실존이다. 그러므로 제일 먼저 확인되어야 할 사실은 이러한 개인들의 신체조직이며, 그것에 따라 주어진 나머지 자연과의 관계이다.…모든 역사적 기술은 이러한 자연적 기초에서부터, 또 역사의 진행 속에서 인간의 행동을 통해 이러한 기초가 변경된다는 사실에서부터 출발해야한다.
② 인간의 생활수단을 생산하기 위한 인간의 의식
인간은 의식에 의해서, 종교에 의해서, 그 밖의 사람의 의욕하는 것에 의해서 동물과 구별될 수 있다. 인간은 자신의 생활수단을 생산하기 시작하면서부터 자신을 동물과 구별하기 시작한다. 그리고 생활수단의 생산은 인간의 신체적인 조직에 의하여 조건 지워지는 하나의 조치이다. 인간은 그의 물질적 생활 자체를 생산한다.
③ 그들의 존재를 결정하는 그들의 생산양식
인간이 자신의 생활수단을 생산하는 방식은 무엇보다도 그 앞에 주어지고 또한 재생산해야 하는 생활수단의 성질에 달려있다. 이러한 생산양식은 단순하게 개인들의 육체적 생존의 재생산이란 측면에서 고찰되어서는 안 된다. 오히려 그것은 이러한 개인들의 일정한 활동방식이고, 자신의 삶을 표현하는 일정한 방법이며, 일정한 생활양식인 것이다. 개인들은 자

신의 삶을 표현하는 방식대로 존재한다. 따라서 그들이 어떤 존재인가하는 것은 그들의 생산, 다시 말해서 그들이 무엇을 생산하는가, 그리고 어떻게 생산하는가와 일치한다. 그러므로 개인이 어떤 존재인가하는 것은 그의 생산의 물질적 조건에 달려 있다.
④ 인구의 증가와 더불어 나타나는 생산양식의 변화
이 생산은 인구의 증가와 더불어 비로소 나타난다. 이것은 또한 개인들의 상호교통을 전제로 한다. 이러한 교통의 형태는 다시 생산에 따라서 조건지워진다. (마르크스·엥겔스, 『독일이데올로기』, 58-59)

마르크스는 위의 본문에서 '인간의 정신'이란 표현을 사용하지 않고, '의식'이라는 표현을 사용한다. 이 의식에서 '종교'와 '생활수단의 생산활동'이 일어난다고 말한다. 여기에서 마르크스가 말하는 '의식'은 좀더 면밀히 말하면 '정신'이다.

다. "현실적 생활과정"의 이데올로기적 반영 : 유물사관
마르크스와 엥겔스는 헤겔과 그 후예들의 '관념론적 역사관'을 비판하면서, 그 대신에 역사적 유물론, 즉 유물론적 역사관을 주장하는데, 이것은 역사를 이해하는데 있어서 물질적 생산활동을 중시하는 태도를 말한다.
마르크스는 하늘에서 땅으로 내려오는 철학과 땅에서 하늘로 올라가는 철학이 있는데, 현실적인 생활과정에서 출발하여 이데올로기적인 것을 반영하여 서술해야 한다고 말한다. 이때 그 근거로서 인간 두뇌안의 모든 이미지들은 물질적인 것들의 승화물이며, 도덕, 종교, 형이상학의 본질은 물질적 생산물들이 형성한 사고일 뿐이다고 한다. 인간의 의식이 삶을 규정하는 것이 아니라, 삶이 의식을 규정한다. 그래서 우리의 철학은 현실의 전제에서 출발하는 고찰방식을 취해야 한다. 그래서 역사의 발전과정에 대한 규명도 현실적인 생활과정에 대한 연구 통해 밝혀진다. 그리고 이렇게 역사를 고찰해보면, 역사는 절대정신이 주관하는 것이 아니라, 인간의 물질적인 삶이 역사의 변화를 일으켰는데, 곧 생산수단의 변화를 통한 물질적인 삶의

변화였다.

① 하늘에서 땅으로 내려오는 철학과 땅에서 하늘로 올라가는 철학
하늘에서 땅으로 내려오는 독일 철학과는 정반대로 우리는 땅에서 하늘로 올라간다.
② 현실적인 생활과정의 이데올로기적 반영과 반향서술
즉 우리는 인간이 말하고 상상하고 관념화시킨 것으로부터 출발한다거나, 혹은 말해지고 상상되고 표상된 인간으로부터 출발하여 그로부터 육체를 가진 인간에 도달하려는 것이 아니다. 오히려 우리는 현실적으로 활동하는 인간으로부터 출발하며, 또한 그의 현실적인 생활 과정에서 이 생활과정의 이데올로기적 반영과 반향을 서술한다.
③ 인간두뇌 안의 환영 : 물질적인 것들의 승화물
인간의 두뇌 안에서 형성된 환영들도 마찬가지로 인간이 물질적으로나 경험적으로 확인할 수 있으며, 물질적인 전제들에 연결된 생활과정의 필연적 승화물이다.
④ 도덕, 종교, 형이상학의 본질 : 물질적 생산물이 형성한 사고
이리하여 도덕, 종교, 형이상학, 그리고 그 밖의 이데올로기 및 그에 상응하는 의식형태들은 더 이상 자립성의 가상을 지니지 않는다. 그것들은 아무런 역사도 갖지 않고, 아무런 발전도 갖지 않으며, 오히려 자기의 물질적 생산과 물질적 교통을 발전시키는 인간이 자기의 현실과 함께 자기의 사고와 그 사고의 산물을 변화시킨다.
⑤ 의식이 삶을 규정하는 것이 아니라, 삶이 의식을 규정
의식이 삶을 규정하는 것이 아니다, 삶이 의식을 규정한다. 첫 번째 고찰방식에서는 인간을 살아있는 개인의 의식이라고 하는데서부터 출발하는데 비해, 현실의 생활에 대응하는 두 번째 고찰방식에서는 현실의 살아있는 개인 자체에서 출발하고, 의식을 단지 그러한 개인들의 의식으로서만 고찰한다.
⑥ 현실의 전제에서 출발하는 고찰방식

마르크스 사상 비판

이러한 고찰방식이 무전제적인 것은 아니다. 그것은 현실의 전제에서 출발하여 잠시도 그것을 버리지 않는다. 그 전제들은 어떤 환상적으로 완결되고 고정화된 인간이 아니라, 특정한 조건 아래에서 현실적이고 경험적으로 관찰될 수 있는 발전과정상의 인간이다. 이러한 활동적인 생활과정이 드러나기만 하면, 역사는 추상적인 경험론자에게 나타나는 것과는 달리 죽은 사실의 집적이기를 멈추고, 또한 관념론자에게 나타나는 것과 같은 상상된 주체의 상상된 행위도 아니게 된다.
⑦ 실증과학적 발전과정에 대한 기술
그러므로 사변이 멈추는 곳, 즉 현실적인 생활에서 현실적인 실증과학, 인간의 실천적 활동 및 실천적 발전과정에 대한 기술이 시작된다. 의식에 관한 공론이 사라지고 실제적인 지식이 이것을 대신해야 한다. 고립적인 철학은 기술과 더불어 그의 실질적인 존재의 매개물을 상실한다. 인간의 역사적 발전과정에 대한 고찰로부터 추상될 수 있는 가장 일반적인 결과들의 총괄이 그것을 대신할 수 있을 뿐이다. 이 추상들은 그 자체로서는, 다시 말해서 현실적인 역사로부터 분리되면 아무런 가치도 갖지 않는다. 추상들은 역사적 자료의 정돈을 쉽게 하고, 그 각각의 배열순서를 암시하는 데만 사용될 수 있을 뿐이다.
⑧ 역사의 발전과정은 현실적인 생활과정에 대한 연구 통해 밝혀짐
그러나 철학과 마찬가지로 추상도 또한 역사상의 시대가 정돈될 수 있는 방법, 또는 틀을 마련해 줄 수 있는 것은 결코 아니다. 그와 반대로 오히려 어려운 점은 역사자료들의 고찰과 정리, 그리고 그것의 현실적인 기술에 착수할 때 시작된다.…그것은 단지 현실적인 생활과정과 각 시대의 개인들의 행위에 관한 연구를 통해서 비로소 밝혀지는 것이다.(마르크스·엥겔스,『독일이데올로기』, 65-67)

라. "현실적 생활과정"의 의미하는 바 : "생산수단의 변화"
우리는 마르크스의 "현실적 생활과정의 이데올로기적 반영"의 의미를 "생산수단의 변화"에 따라 "역사의 변화"로 이해할 수 있어야 한다. 예컨대,

3장 유물사관, 『독일 이데올로기』

『자본론』 등에서는 이것을 "생산수단의 변화"라고 말하고 있기 때문이다. 그래서 "현실적 생활과정"이 의미하는 "생산수단의 변화"가 무엇인지를 먼저 이해할 필요가 있다. 마르크스가 말한 "생산수단의 변화"는 그의 역사 유물론(또는 유물사관)에서 핵심 개념 중 하나로, 사회 구조와 역사 발전의 원동력으로 작용하는 경제적 변화를 의미한다.

① 생산수단이란?
생산수단(means of production)은 물질적 재화를 생산하기 위한 도구, 기술, 자원, 토지, 공장, 기계 등을 포함하는 개념이다. 다시 말해, 인간이 자연을 변형해 생활에 필요한 것을 만들어내는 데 사용하는 모든 물적 조건을 말한다.
② 생산수단의 변화란?
생산수단의 변화는 다음과 같은 경우를 의미한다. (1)"기술의 발전"으로서, 수공업에서 기계공업으로의 전환이다. (2)"도구의 진보"로서, 돌도끼에서 철기로, 수레에서 기관차로의 진보를 말한다. (3)"생산 조직의 변화"로서, 길드 체제에서 공장제 생산으로의 변화를 말한다. (4)"에너지 이용 방식의 전환"을 말하는데, 인력·수력에서 증기·전기 등으로의 변화를 말한다.
③ 마르크스의 관점: 생산력과 생산관계의 모순
생산수단의 변화는 곧 생산력의 발전을 의미한다. 그런데 기존 사회의 생산관계(즉, 사람들이 생산수단을 어떻게 소유하고, 노동이 어떻게 조직되는가)와 이 새로운 생산력 사이에 모순이 생기면 사회적 긴장이 발생한다. 이 모순은 결국 사회혁명으로 이어지고, 새로운 생산관계가 등장하게 된다. 예컨대, 봉건제에서 농업 생산성이 발전했지만, 영주-농노 관계는 비효율적이었다. 그래서 결국 농노제가 붕괴하고 자본주의적 토지 소유와 임금노동이 등장하였다.
④ 『자본론』에서의 예문
"생산수단이 발전하면 인간의 노동력과 자연과의 관계, 그리고 인간 상호

간의 사회적 관계도 변화하게 된다." "생산수단의 혁명은 노동자의 작업방식, 노동과정 전체, 그리고 자본과 노동 사이의 관계를 근본적으로 바꾼다."(챗GPT, 생산수단의 변화, 2025.7.21.)

요약하면, "생산수단의 변화"란 인간이 자연을 변형하여 생존에 필요한 것을 만드는 물질적 조건(기술, 도구, 에너지 등)이 발전하거나 바뀌는 것을 의미하며, 이는 기존의 생산관계와 충돌을 일으켜 사회 전체의 구조 변동(혁명)을 촉진하는 힘이다.

마. [비판] 유물사관 : 역사의 변화의 출발점으로서의 생산수단의 변화

우리는 위에서 언급한 마르크스 논의의 본질을 판단하기 위해 그 하나하나에 대해 비평적으로 고찰해 볼 필요가 있다. 다음의 내용은 앞에서 언급한 마르크스의 유물론적 주장들을 반박한 내용들이다.

① 하늘에서 땅으로 내려오는 철학과 땅에서 하늘로 올라가는 철학
이것은 논의의 출발점을 정신으로부터 삼을 것인가, 아니면 현실을 중심으로 삼을 것인가에 대한 논의이다. 마르크스는 헤겔의 논리학을 "하늘에서 땅으로 내려오는 철학"이라고 하며, 자신의 유물사관을 "땅에서 하늘로 올라가는 철학"이라고 한다.
그런데, 헤겔철학을 그렇게 단정 지으면 안 된다. 헤겔철학은 데카르트의 합리론과 영국의 경험론, 이 양자의 종합으로서 칸트의 관념론이 있는데, 칸트 관념론의 심화이다. 그런데 헤겔은 지나치게 관념론에 빠졌다. 모든 철학은 경험에서 시작한다. 헤겔 철학도 데카르트의 합리론과 영국의 경험론의 결과물이다. 하늘에서 시작되어 내려오는 것은 계시를 근거로 한 신학이 있을 뿐이다.
② 현실적인 생활과정의 이데올로기적 반영과 반향서술
마르크스는 자신의 철학을 "현실적인 생활과정의 이데올로기적 반영"이라고 말하고자 한다. 이때 "현실적인 생활과정"은 사실은 "생산수단의 변화"

이다. 헤겔과 마르크스 당시의 "생산수단의 변화"는 무엇인가? 그것은 산업혁명으로서 과학의 출현이었다. "현실적인 생활과정" 혹은 "생산수단의 변화"는 곧바로 우리를 형이상학적 세계로 이끄는데, 과학은 어디에서 출현하였는가? 그것은 정신에서 나온 것이다. 정신의 발견이 곧 근세철학의 공로이다. 물질이 스스로 굴러가는 것이 아니라, 정신에 의해서 그 "생산수단의 변화"가 시작되었다는 것을 알게 된다. 그렇다면, 정신에서 생산수단의 변화가 나왔지, 생산수단의 변화에서 정신이 나온 것은 아니다. 그런데, 마르크스는 나중에 "생산수단의 변화"에 의해서 "의식 등"이 출현했다고 말한다.

③ 인간두뇌 안의 환영(표상) : 물질적인 것들의 승화물
마르크스는 "인간의 두뇌 안에서 형성된 환영들은…물질적인 전제들에 연결된 생활과정의 필연적 승화물이다"고 말한다. 마르크스는 이 의식을 정신이라고 말하며, 이것은 물질에서 나왔다고 말한다. 그리고 후대의 철학자들은 이것을 해석하면서 "물질에서 정신이 나왔다"라고 논리를 세웠다. 그런데, 실존주의 철학자들에 의하면, 우리에게 먼저 자기의식이 있기 때문에 그 대상의식이 그의 두뇌 속에서 이미지로 떠올랐다. 정신이 먼저 우리 안에 존재하지 않으면, "인간두뇌 안의 환영(표상)"은 생겨나지 않는다.

④ 도덕, 종교, 형이상학의 본질 : 물질적 생산물이 형성한 사고
마르크스에 의하면, 이렇게 해서 도덕, 종교, 형이상학, 그리고 그 밖의 이데올로기 및 그에 상응하는 의식형태들이 물질에서 나온 것이다고 말한다. 이것들은 인간 정신이 변화된 물질관계를 보고 산출해 낸 정신적인 것들이다. 그것 자체가 정신 자체는 아니다.

2. 역사 유물론 : 유물사관

가. "역사 유물론"의 개요

『독일 이데올로기』의 제1부 "포이어바흐" 편 중 "1. 역사"절은 마르크스와

마르크스 사상 비판

엥겔스가 역사유물론의 핵심 전제를 체계적으로 제시하는 부분이다. 이 절은 고전적 독일 관념론—특히 헤겔과 포이엘바하—의 역사 이해에 대한 비판과 함께, 새로운 유물론적 역사 개념을 제시하는 이론적 선언이다.

〈상부구조〉 상층구조
정치 제도, 법, 종교,
철학, 예술, 도덕, 언론

↑ 변화초래
↓ 정당화, 지배

〈하부구조〉 기초구조
하부구조 (경제적 토대)
생산력 + 생산관계

〈사회의 하부구조(기초구조)〉 경제적 토대로서 생산양식(생산력+생산관계)

① 역사 분석의 출발점: 실제 인간과 그들의 삶의 조건

인간은 의식 이전에 물질적 삶의 조건을 해결해야 하며, 이는 역사 분석의 출발점이 되어야 한다. 인간은 태어나자마자 생산을 통해 생존해야 하며, 이 생산 활동이 사회의 기초가 된다. 인간은 단독으로 살지 않고 사회적 존재이며, 이 관계는 자연발생적으로 형성된 것이 아니라 역사적으로 형성된 것이다.

② 세 가지 역사적 전제 (역사적 유물론의 전제)

(1) 인간의 신체적 조직 : 인간은 생존을 위해 생산해야 하는 존재다.
(2) 새로운 필요의 발생 : 생산활동을 통해 새로운 필요가 생기고, 이를 충족하기 위한 활동이 연속적으로 일어난다.
(3) 타인과의 관계 : 인간은 생산 과정에서 타인과 관계를 맺으며, 이를 통해 사회가 형성된다.

③ 노동과 생산, 사회구조의 발전

생산수단과 노동력의 발달에 따라 분업이 생기고, 분업은 사회 내 계급을 형성한다. 노동의 분업은 정신노동과 육체노동의 분리로 이어지며, 지배계급은 정신노동을 독점하며 이데올로기를 생산한다. 사적 소유는 분업과 함께 등장하며, 계급 간의 갈등을 구조화한다.

〈사회의 상부구조(상층구조)〉 경제의 토대 위에 세워진 '정치·법·사상'
④ 의식과 이데올로기
의식은 인간의 물질적 관계로부터 발생하는 반영이다. 그러나 이데올로기는 지배계급의 이익을 표현하면서도 이를 보편적 진리처럼 포장한다. 따라서 기존 철학이 말하는 의식의 자율성은 허구이며, 실제로는 존재가 의식을 규정한다.
"인간의 사회적 존재의 총체는 그들의 의식을 결정한다. 사회의 경제적 구조는 상부구조의 실제 토대이며, 이 위에 법적, 정치적 상부구조와 그에 상응하는 사회적 의식형태가 형성된다."

〈역사란?〉 생산방식과 사회적 관계변화의 역사
⑤ 역사란 무엇인가?
역사는 단순한 왕조 교체나 사상의 발전이 아니라, 인간의 생산방식과 그것이 만드는 사회적 관계의 변화의 역사다. 각 시대의 지배계급은 자신들의 이데올로기를 통해 역사를 해석하려 하지만, 그것은 현실의 왜곡이다. 진정한 역사 이해는 인간의 물질적 조건을 분석하는 데서 출발해야 한다. 핵심명제를 정리해 보면, "의식이 존재를 규정하는 것이 아니라, 사회적 존재가 의식을 규정한다." "역사는 본질적으로 계급투쟁의 역사이다." "인간은 그들이 스스로 만든 조건 속에서 역사를 만든다." 등이다.
"생산양식은 사회적·정치적·정신적 생활 과정 전체를 규정한다. 인간의 존재가 그들의 의식을 규정하지, 의식이 존재를 규정하는 것이 아니다. 일정한 발전 단계에 이르면, 사회의 물질적 생산력은 기존의 생산관계와 충돌하게 되며, 이러한 충돌은 사회 혁명의 시대로 나타난다..."

마르크스 사상 비판

⑥ 포이엘바하 비판

포이어바흐는 "인간" 일반을 말하지만, 그 인간은 추상적이고 비역사적인 인간이다. 그는 종교 비판에는 성공했지만, 인간의 현실적 조건과 사회적 관계를 변증법적으로 파악하지 못했다. 따라서 포이엘바하는 관념론에서 완전히 벗어나지 못했으며, 그의 유물론은 "수동적" 유물론에 머문다.
(챗GPT, 역사 유물론, 2025.7.27.)

이 절은 이후 마르크스 사상의 중심이 되는 역사유물론의 핵심 개념들을 이론적으로 압축해놓은 부분으로, 『공산당 선언』 및 『자본론』의 사상적 기반을 형성한다. 한편 하부구조라는 용어는 『정치경제학 비판을 위하여』 서문(1859)에 나오는 용어로서, 그 내용은 다음과 같다.

인간들은 자신들의 생존에 필요한 생산을 하면서 일정한 생산관계를 형성하게 되며, 이는 그들의 의식과는 무관하게 발생한다. 이러한 생산관계의 총체는 사회의 경제적 구조(=하부구조)를 구성하며, 이는 법적·정치적 상부구조의 실제 토대를 이룬다. 이 위에 다양한 사회적 의식형태가 형성된다.(『정치경제학 비판을 위하여』 서문)

나. 사회의 하부구조 : 생산력 - 새로운 욕구 - 생산관계

마르크스와 엥겔스는 '현실적인 생활과정'을 역사 서술의 출발점으로 삼는 이유는 그것이 바로 역사형성을 위한 기본전제가 되기 때문이었다. 마르크스와 엥겔스는 역사의 제1전제는 "인간의 생존을 위한 물질적인 생산활동"이라고 하며, 제2전제는 "새로운 욕구의 창출"이라고 하고, 제3전제는 "사회 구성원의 재생산으로 인한 사회관계"라고 한다. 이것이 사회의 하부구조이다.

① 역사의 제1전제 : 생산력(생산수단)의 산출

우리는 전제라고는 도무지 모르는 독일인들 사이에서 모든 인간적 실존

의 전제, 따라서 또한 모든 역사의 제1전제, 곧 인간은 '역사를 만들' 수 있기 위해서 먼저 생활할 수 있어야 한다는 전제를 확인하는 데서부터 출발하지 않으면 안 된다. 그러나 생활할 수 있기 위해서는 무엇보다도 음식, 주거, 의복 그리고 그밖의 여러 가지 것들이 필요하다. 그러므로 최초의 역사적 행위는 이러한 욕구를 충족시켜 주는 수단의 산출, 곧 물질적 생활 자체의 생산이다. 그리고 실로 이것은 단순히 인간의 삶을 유지하기 위해서 수천년 전과 마찬가지로 오늘도 시시각각으로 충족시켜야 할 역사적 행위, 모든 역사의 기본조건이다.…그러므로 모든 역사적 파악 중에서 제일 먼저 해야 할 것은 이 근본사실을 그 전체적인 의미와 전반적인 영역에서 고찰하고, 이것에 정당한 위치를 부여하는 일이다.…

② 두 번째 전제
두 번째 전제는 충족된 최초의 욕구 자체 및 그 충족행위와 이미 획득한 충족수단에 새로운 욕구를 낳는다는 것이다. - 이러한 새로운 욕구산출이 최초의 역사적 행위이다.

③ 세 번째 전제 : 사회관계
(역사의) 세 번째 전제는…자기 자신의 삶을 나날이 새롭게 만드는 인간이 다른 인간을 만들어 내 번식시키기 시작한다는 것이다. 즉, 부부 관계 및 부모와 자식 관계인 가족이다. 처음에는 유일한 사회적 관계였던 가족은 나중에 증가된 욕구가 새로운 사회관계를 낳고, 증가된 인구가 새로운 욕구를 낳으면서 부차적인 것으로 되었다. 그러므로 가족은 독일에서 흔히 그렇듯 '가족의 개념'에 따라서가 아니라, 실존하는 경험적 자료에 따라 다루어지고 전개되어야 할 것이다. 물론 이와 같은 사회활동의 세 가지 측면은 세 개의 다른 단계가 아니라, 역사의 여명과 최초의 인류 이래로 동시적으로 존재해 왔고 또한 오늘날에도 여전히 역사에서 관철되고 있는 세 가지 측면으로서, 독일인에게는 알기 쉽게 말하자면 세 가지 '계기'로서 받아들여져야 한다. (마르크스·엥겔스, 『독일이데올로기』, 69)

다. 생산력으로서의 사회적 관계

마르크스 사상 비판

　　마르크스는 생활을 위한 생산(곧 노동)의 관계들이 사회적 관계이다고 말한다. 사회관계를 노동을 중심으로 파악하고 있는 것이다. 그리고 노동이 사회적 관계인 이유는 협업을 통한 생산성 증대 때문이다. 이렇게 해서 생산양식이 사회적 관계와 결합되어 있다. 마르크스는 사회를 파악할 때, 이와 같이 노동을 중심으로 파악한다.

① 사회적 관계로 나타나는 노동(생산력)
생활을 위한 생산, 다시 말해서 노동에서는 자신의 생활을, 생식과정에서는 다른 생명을 생산하는 것은 이제 하나의 이중적 관계로서, 즉 한편으로는 자연적 관계로서, 그리고 다른 한편으로는 사회적 관계로서 나타난다.
② 협업을 위한 사회적 관계
사회적이라는 것은 생산이 어떠한 조건 하에서 어떠한 방법으로 그리고 어떤 목적을 갖고 이루어지든 간에 다수 개인들의 협업으로 이루어진다는 의미이다.
③ 생산력으로서의 생산양식
이로부터 특정한 생산양식 또는 산업단계들은 항상 특정한 협업양식 또는 각 사회적 단계와 결합된다는 것, 그리고 이러한 협업양식은 그 자체가 하나의 '생산력'이라는 것, 인간이 이용할 수 있는 생산제력의 양이 사회적 상태를 조건지우고, 따라서 '인류의 역사'는 산업 및 교환의 역사와 관련 지워서 연구되고 개작되어야 한다는 사실이 도출될 수 있다.(마르크스·엥겔스, 『독일이데올로기』, 70)

　　[평가] 마르크스에게 사회는 오직 생활 유지를 위한 관계이다. 그런데, 우리의 사회적 관계는 그렇게 한정 지을 수는 없다. 일반적인 사회학에서는 인간의 사회적 욕구를 그렇게 경제적 목적으로만 파악하지 않는다. 사람에게는 생존욕구·사회적 욕구·자아실현욕구가 각각의 영역에서 존재한다. 따라서 노동에서 모든 사회적 관계가 나온다는 것은 보편적이지 않

다.

라. 상부구조 : 사회적 산물로서의 의식

마르크스는 앞에서 고찰한 역사적인 관계의 서너 가지의 계기를 고찰하고 난 뒤에야 우리는 비로소 인간이 '의식'도 가진다는 것을 깨닫는다고 말한다. 우리의 언어는 사실 의식의 산물인데, 의식은 처음부터 이미 하나의 사회적 산물이며, 무릇 인간이 존재하는 한 영속적으로 존재한다.

① 의식 : 물질에 붙들려 있는 의식
근원적이고 역사적인 관계의 네 가지 계기, 혹은 네 가지 측면을 고찰하고난 뒤에야 우리는 비로소 인간이 '의식'도 가진다는 것을 깨닫는다. 그러나 이것 역시 처음부터 '순수'의식은 아니었다. '정신'은 애초부터 물질에 '붙들려'있다는 저주스런 운명을 짊어지고 있는 바, 여기서 그 물질은 운동하는 공기층, 음성, 요컨대 언어라는 형태를 띠고 나타난다.
② 언어
언어는 의식만큼 오래됐다. - 언어는 실천적인 것, 또한 다른 사람을 위하여 존재하고 그에 따라 비로소 나 자신을 위해서도 존재하는 현실적 의식이며, 의식과 마찬가지로 욕구에서, 또 다른 인간과 교통하고자 하는 절박한 필요에서 발생한다. 어떤 관계가 존재할 경우, 그것은 나에 대해서 존재한다.
③ 사회적 산물로서의 의식
반면에 동물은 자신을 아무것과도 관계하지 않으며 일반적으로도 관계하지 않는다. 동물에게는 다른 것에 대한 그것의 관계가 관계로서 존재하지 않는다. 그러므로 의식은 처음부터 이미 하나의 사회적 산물이며, 무릇 인간이 존재하는 한 영속적으로 존재한다. 물론 의식은 처음에는 당연히 가장 가까운 감각적 환경에 관한 의식일 뿐이고, 또한 점차로 자기를 의식하게 되는 개인의 외부에 있는 타인이나 다른 사물과의 제한적 관련에 관한 의식이다. (마르크스 · 엥겔스, 『독일이데올로기』, 71)

마. 종교의 출현

마르크스에 의하면, 사회적 산물로서의 의식은 이제 자연과의 관계에서는 자연종교로 까지 나타나고, 고대의 시대에서는 의식종교로 까지 나타나며, 이러한 정신적인 분화는 신학, 철학, 도덕 등의 출현까지 나타난다.

① 자연종교
동시에 그것은 자연에 관한 의식이다. 이 자연은 처음에는 인간에게 완전히 낯선, 그리고 전지전능하고 범할 수 없는 위력으로서 등장한다. 인간은 자연에 대해서 순전히 동물적으로 관계하며 또한 그것에 대해 가축처럼 굴복한다. 그러므로 그런 의식은 순전히 자연에 대한 동물적 의식(자연종교)이다. (마르크스·엥겔스, 『독일이데올로기』, 71-72)

② 의식종교
우리는 여기서, 이러한 자연종교 혹은 자연에 대한 이 특정한 태도가 사회적 형태에 의해서 조건 지워지며 또한 그 역도 성립한다는 것을 금방 알 수 있다.…그리고 그것은 다른 한편으로 주위의 개인들과 반드시 구속적 관계를 맺어야 하는 필연성의 의식, 그가 일반적으로 하나의 사회에 살고 있다는 의식의 단초가 나타난다.… 이러한 의식의 단초는 이 단계의 사회생활 자체와 마찬가지로 동물적인 것으로서 단순한 무리의식에 지나지 않는다. 그리고 여기에서 인간은 오직 의식의 본능을 대신한다는 점에서, 혹은 그의 본능이 의식적이라는 점에서만 양(羊)의 의식 혹은 종족 의식은 증대된 생산성, 욕구의 증대, 그리고 양자의 근거를 이루는 인구증가를 통해 더욱 발전되고 확장된다.(마르크스·엥겔스, 『독일이데올로기』, 72)

③ 육체노동과 정신노동의 분화 : 신학, 철학, 도덕 등의 출현
이와 더불어 노동의 분업이 발전하는데,…이 분업은 육체노동과 정신노동의 분화가 나타나면서부터 진정한 분업이 된다.… 이때부터 의식은 자기를 세계로부터 해방시켜 '순수한' 이론, 신학, 철학, 도덕 등의 형성으로

나아갈 수 있는 위치에 놓이게 된다. 그러나 설령 이러한 이론, 신학, 철학 등이 현존하는 관계와 모순을 이룬다고 하더라도, 이것은 오직 현존의 사회관계가 현존의 생산력과 모순될 때에만 일어날 수 있다.(마르크스·엥겔스, 『독일이데올로기』, 72-73)

바. 분업의 모순과 사적소유로 인한 분열

마르크스는 분업을 사적소유의 시작이자 불평등한 분배와 불평등한 소유를 일으키는 모순이라고 한다. 그는 분업과 사적소유를 동일시하고 있다. 그래서 분업이 도리어 인간을 지배한다. 이 분업은 그 사람의 적성은 다른 데도 불구하고, 한 가지 일에만 몰두하게 한다. 그래서 그를 그 업무의 노예로 삼는다. 그러나 공산주의는 그렇지 않다고 한다. 자신이 하고 싶은 대로 다양한 직업을 즐기며 살 수 있다고 한다.

① 분업의 모순과 사적소유
더 나아가서 의식이 스스로 무엇을 시작하는가는 어떻게 되더라도 상관없는 일이다. 우리는 이 모든 오물 가운데서 단 하나의 결론을 얻을 뿐이다. 그것은 분업이 시작되면서 정신적 활동과 육체적 활동향유와 노동, 생산과 소비가 서로 다른 개인들에게 부여될 가능성, 아니 그러한 현실성이 있기 때문에 이러한 세 가지 계기, 곧 생산력·사회상태·의식은 모순에 빠질 수 있고, 또 반드시 빠진다는 것이다. 따라서 그것들이 모순에 빠지지 않게 될 유일한 가능성은 분업을 재차 지양하는 데 있다. …
② 불평등한 분배와 소유를 일으키는 분업
이러한 모든 모순을 그 안에 포함하고 가족 내의 자연발생적 분업 및 사회가 각기 대립적 가족으로 분열되는 데 기초하고 있는 분업은, 분업임과 동시에 분배, 그것도 노동과 그 생산물의 양적 및 질적으로 불평등한 분배이며, 그에 따른 소유이기도 하다.
③ 분업과 사적소유는 동일한 표현

이 소유의 싹 혹은 최초의 형태는 처와 자식이 남편의 노예로 되어 있는 가족 내에 의존한다. 이런 가족 내의 잠재적 노예상태는 아직 매우 조야하기는 하지만, 최초의 소유형태이다. 그러나 이 단계에서조차도 소유는 그것을 타인의 노동력에 대한 처분력이라고 부르는 근대 경제학자의 정의와 완전히 일치한다. 결국 분업과 사적소유는 동일한 표현이다. - 곧, 똑같은 것이 한편에서는 활동에 관해서, 다른 한편에서는 활동의 산물에 관해서 언표된 것이다.

④ 개별가족과 공동이익 사이의 모순

나아가 노동의 분업과 더불어 고립된 개인, 혹은 개별가족의 이익과 상호교통하는 모든 개인이 가진 공동이익 사이의 모순도 아울러 주어진다. 더구나 이 공동이익은 단지 관념상의 '일반이익'으로서 실재하는 것이 아니라, 무엇보다도 먼저 서로 노동을 분배하는 개인들의 상호의존 관계로서 현실 속에 존재한다.

⑤ 도리어 인간을 지배하는 분업

그리고 마지막으로 분업은 우리에게 다음과 같은 사실, 곧 인간이 자연발생적인 사회에 머무르는 한, 다시 말해서 특수이익과 공동이익 사이에 균열이 존재함으로써 활동이 자유의지에 의해서 분배되지 않고 자연발생적으로 분배되는 한, 인간 자신의 행동은 그에 대립하는 낯선 힘으로서, 인간에 의해 지배되는 것이 아니라 오히려 인간을 구속한다는 사실의 최초의 실례를 우리에게 보여준다.

⑥ 분업을 극복하는 공산주의

노동이 분화되자 각 개인은 하나의 일정한 배타적 영역을 갖게 되고, 이 영역이 그에게 강요되기 때문에 그는 이것을 벗어나지 못한다. 그는 한 사람의 사냥꾼, 한 사람의 양치기, 한 사람의 어부 혹은 한 사람의 비평가이며, 그가 그의 생계수단을 잃지 않고자 하는 한 계속 그렇게 살아가야 한다. 이에 반하여 아무도 배타적인 영역을 갖지 않고 각자가 그가 원하는 어떤 분야에서나 스스로를 도야시킬 수 있는 공산주의 사회에서는 사회자 전반적인 생산을 조절하기 때문에, 사냥꾼, 어부, 양치기, 혹

3장 유물사관, 『독일 이데올로기』

은 비판가가 되지 않고서도 내가 마음먹은 대로 오늘은 이것을, 내일은 저것을, 곧 아침에는 사냥을, 오후에는 낚시를, 저녁에는 목축을, 밤에는 비판을 할 수 있게 된다.
⑦ 우리 자신이 생산한 것이 우리를 넘어섬
사회적 활동이 이렇게 고착화된다는 것, 곧 우리 자신이 생산한 것이 우리의 통제를 벗어나고 우리의 기대를 뒤집어엎고, 우리의 계산을 수포로 만드는, 우리를 넘어선 물질적 폭력으로 토착화된다는 것은 지금까지의 역사발전에서의 주요한 계기 중 하나이다.(마르크스·엥겔스, 『독일이데올로기』, 73-74)

[비판] 분업의 중요성
세계사에서 산업혁명은 과학적 발견과 분업을 통해서 일어났다. 이 산업혁명의 대량생산으로 말미암아 인류의 가난이라는 숙제가 해결된 것이다. 그래서 사람들은 분업으로 숙달된 업무로 자신의 몫을 신속히 완수하고, 그에 상응한 대가를 받으며, 생업이 해결되어 여가를 누릴 수 있게 된다. 혼자서 하루에 바늘을 20개 생산을 하던 사람이 분업을 통하면 4,800개를 생산한다.
분업은 기계의 발명을 가져왔다. 큰 업무를 전체를 기계화하기는 쉽지 않아도 업무를 분업을 통해서 세분화했을 때, 각각의 분야에 대한 기계화가 가능해졌다. 여기에 기존의 과학의 발견이 산업에 접목된 것이다. 직물기계, 증기기관, 증기기관차, 증기선 등이 나오며, 이로 인해 산업혁명이 일어난 것이다.
소득의 배분문제에서 불균형이 발생할 수는 있다. 그러나 그것은 소득이 먼저 발생한 후 그 다음의 문제이다. 시장이 형성되고 사람들이 이윤을 추구할 수 있게 되자, 많은 사람들이 창의성을 발휘하여 사업기회를 찾게 되고, 기술을 사업화하게 되었다. 이들에게는 공장을 짓고, 기계를 구매하고, 원재료를 구매하며, 일정기간 지불함 임금이 필요한데, 여기에 자본가가 요청되었다. 이렇게 기술과 자본이 만나자 그곳에서 공장이 세워지고, 그 지역사회에 수많은 실업자들이 직업을 갖게 된 것이다. 분업의 결과 대량의 일자리가 생겨난 것이다. 이때 창의성과 기술을 가진 경영자와 자본을 투입한 자본가들은 여기에 마진이 있을 때, 이 일을 시작하였다. 따라서 그들에게 마진이 허락되지 않으면, 그 일자리는 생겨날 수 없었던 것이다. 과학기술이 분업으로 산업화에 접목될 수 있었던 것은 이윤추구의 장소인 시장이 허용되어서였다. 공산주의는 이 이윤추구의 장소인 시장이 허용되지 않는다. 그래서 그곳에서는 산업이 나올 수 없으며, 일자리가 나올 수 없다.

마르크스는 사후적으로 소유의 불평등의 문제를 제기하고 있다. 모든 제품에 대한 생산은 노동자가 하였는데, 모든 잉여를 자본가가 다 가져 간다는 것이다. 마르크스는 노동가치설을 통해 모든 잉여는 노동자의 몫이라야 한다고 말한다. 이런 사회를 이루기 위해 노동자들은 단합을 해서 기업을 빼앗아서 노동자들 자체적으로 운영하자고 한다.

마르크스는 이러한 시도를 방해하는 세력으로 국가를 지목하고 있다. 국가는 기업가들 자본가들이 자신들의 세력을 보호하기 위해 설립된 조직이라고 본다. 공산주의에서는 국가가 가장 강력한 적이다. 이 국가만 무너뜨리면, 자신들이 속한 기업을 자신들이 차지할 수 있다. 마르크스 주의자들에게 국가에 대한 애국심은 없어져야 할 덕목이다. 그들에게는 세계 전체가 한 국가이며 세계 전체의 노동자들이 자신들의 국민들이다. 눈에 보이는 지역 국가들은 모두 타도의 대상이다. 국가는 하나만 있으면 된다. 당시에 그것이 소련이었다. 지금도 모든 나라의 공산주의자들은 이 정신을 가지고 있으며, 이 소련의 역할을 지금은 중국이 하려고 한다.

사. 지배계급으로서의 국가

마르크스에 의하면, 국가는 모든 사람들에 대한 공동이익을 취한다. 그래서 그 공동이익으로 큰 힘을 가지고 있다. 이때 분업은 자본가(경영자)와 노동자라는 계급을 낳고, 자본가 계급을 낳았는데, 국가는 이 자본가 계급이 노동자 계급을 통치하기 위한 수단으로서 이용된다. 국가의 다양한 모든 제도들은 바로 지배계급이 이 노동자들을 통치하기 위한 수단이었다.

① 개인들의 특수이익과 국가의 공동이익
그리고 특수이익과 공동이익 사이의 이러한 모순으로 인해 공동이익은 국가라는, 즉 현실의 개별이익과 전체이익으로부터 분리된 하나의 독립적 형태를 취한다.
② 분업이 낳은 계급에 실질적 토대를 둔 국가
그와 동시에 공동이익은 하나의 환상적인 공동체로서의 성격을 갖지만, 언제나 그 공동체는 혈육, 언어, 비교적 대규모의 분업 및 그밖의 이해관계 등의 온갖 가족 및 씨족집단의 현존하는 유대에, 특히 우리가 뒤에서 전개해 보겠지만, 이미 분업이 낳은 계급에, 다시 말해서 그와 같은 각각의 인간 무리로 나뉘어지고 그 가운데서 하나가 다른 모두를 지배하는 계급에 그 실질적 토대를 두고 있다.
③ 지배계급의 통치 수단으로서의 국가
이것으로부터 국가 내의 모든 투쟁, 곧 민주제, 귀족제 그리고 군주제 사이의 투쟁, 선거권 등등을 위한 투쟁은 각 계급 상호간의 현실적인 투쟁이 행해질 때의 환상적 형태에 지나지 않는다는 사실이 도출된다.(마르크스 · 엥겔스, 『독일이데올로기』, 75-76)

[비판] 국가의 역할

국가의 출현은 일반적으로 홉스, 로크, 루소 등의 사회계약설을 따른다. 무질서한 자연 상태에서 벗어나기 위해 사람들이 계약을 맺고 국가를 형성하였다는 것이다. 그래서 국가는 자국의 외부로부터의 보호와 자국내 질서 유지 기능을 수행한다. 고전적 자유주의 국가는 시장에 개입하지 않고 야경국가 역할만 해야 한다고 말한다. 현대 복지국가에서는 실업, 빈곤, 경기침체 등에 개입한다.
오늘날 사회주의자들은 노동자의 지도자들이 노동자들을 규합하여 프롤레타리아 혁명을 일으켜, 국가를 먼저 장악한다. 그 다음에 이 국가의 힘을

마르크스 사상 비판

이용하여 기업을 장악한 후 그 기업을 국가가 직접 운영한다. 그러면, 모든 국민들의 소득을 국가가 관리하므로 전체주의를 실현할 수 있게 된다. 러시아와 중국이 그와 같다.

아. 소외의 지양으로서의 공산주의

마르크스에 의하면, 분업은 끝없는 소외를 산출한다. 그리고 이러한 소외는 생산력이 발달할수록 한계에 이른다. 그리고 이것은 세계 모든 곳에서 일어난다. 이 공산주의는 하나의 이상이라기 보다 필수적인 현실상태이다. 공산주의는 모든 나라에 걸쳐서 세계사적으로 존재한다.

① 분업에서 나타나는 소외
사회세력, 곧 분업이 낳은 다양한 개인들 사이의 협업을 통해서 성립되는 배가된 생산력은 그들의 협업이란 것이 자발적이 아니라 자연발생적이기 때문에, 그들에게 그들 자신의 통일된 힘으로서가 아니라 낯선 하나의 외적 강제력으로 등장한다. 그리고 그들은 그 위협의 시작도 끝도 알지 못하며, 따라서 그들이 그 힘을 지배하기는커녕 오히려 그것이 인간의 의지 및 행동에서 독립한 독자적인 것으로서, 인간의 의지와 행동을 지배하는 일련의 국면과 발전관계를 관통해 나간다.
② 생산력이 발달할수록 한계에 이르는 소외
철학자들에게는 알기 쉽게 소외로 표현되는 이러한 현상은 물론 두 가지 실천적 전제 아래에서만 지양될 수 있다. 그 "소외를 견딜 수 없는" 힘으로, 곧 사람들이 그것에 대하여 혁명을 일으키게 만드는 힘으로 되게 하려면 대다수 인간을 철저하게 '무산자'로 만들고, 아울러 그들로 하여금 현존하는 부의 세계와 문화적 세계에 모순이 발생하도록 하는 것이 필요하다. 이 두 가지 전제는 상당히 증대되고 고도로 발전된 생산력을 필요로 한다. 그리고 다른 한편으로 이러한 고도의 생산력 발전(이것은 동시에 지역적인 현존재로서의 인간 대신에, 세계사 속에서 현전적·경험적으로 존재하는 인간을 내포한다.)이 없이는 결핍이 일반화할 뿐이며, 그럼

3장 유물사관, 『독일 이데올로기』

으로써 궁핍과 함께 필수품을 둘러싼 투쟁도 다시 시작되지 않을 수 없고, 일체의 해묵은 오물이 필연적으로 다시 발생하기 때문에, 생산력의 발전은 하나의 절대적으로 필요한 전제이다.
③ 교통의 발달과 국제 공산주의의 출현
뿐만 아니라 이러한 보편적 생산력의 발전과 더불어 사람들 사이의 보편적 교통이 확립되는데, 그 때문에 한편으로는 모든 국가에서 동시적으로 '무산' 대중이라는 현상(이일반적 경쟁)을 산출해 각 국가들을 타국의 변혁에 종속시키며, 마침내 지역적으로 국한된 개인들을 세계사적 보편경험을 가진 개인들로 바꾸어 놓는다. 이것이 없이는 (1)공산주의는 단지 하나의 지역적 모습으로서 존재할 뿐이다. (2)교통의 위력 자체도 보편적인 것으로, 즉 견딜 수 없는 힘으로 발전할 수 없을 것이며, 향토적이고 미신적인 '풍토'에 그칠 것이다. (3)교통의 확장은 각각 지역적인 공산주의를 폐지시킬 것이다. 경험적으로 공산주의는 오직 '일시에' 그리고 동시적으로 이루어지는 지배적인 민족들의 행위로서만 가능하며, 이것은 생산력과 그와 연결된 세계적 교통의 보편적 발전을 전제로 삼는다.…
④ 현실적 운동으로서의 공산주의
또한 그 반대로 토대, 사유재산의 폐지와 함께, 다시 말해서 생산의 공산주의적 조절(그리고 이에 내포된 것으로서, 자신의 생산물에 대한 인간의 낯선 태도의 지양)과 함께, 수요와 공급의 관계가 가졌던 위력이 무로 해체되어 교환, 생산, 그리고 인간들 상호간에 이루어지는 행위의 방식에 대한 통제를 다시 한 번 획득하는 일이 어떻게 일어난단 말인가? 우리에게 공산주의는 조성되어야 할 하나의 상태, 혹은 현실이 따라야 할 하나의 이상이 아니다. 우리는 오늘날의 상태를 지양하는 현실적인 운동을 공산주의라고 일컫는다. 이 운동의 조건들은 현존하는 전제들로부터 생겨난다.
⑤ 세계사적 존재로서의 공산주의
그리고 한갓 노동자에 불과한 대중 - 자본 혹은 어떤 제한된 욕구 충족으로부터 단절된 대규모의 노동력 - 이라 할지라도 세계시장을 전제로

하며, 또한 바로 그 때문에 경쟁으로 인해 일종의 보장된 생활원천이라 할 수 있는 이러한 노동 자체를 더 이상 일시적이라고 할 수 없게끔 상실해 버리는 것도 세계시장을 전제로 한다. 그러므로 공산주의와 마찬가지로 프롤레타리아트는 오직 세계사적으로만 존재할 뿐이며, 그들의 활동은 오직 '세계사적' 존재로만 나타날 수 있다. 곧 그것은 개인의 세계사적 존재, 다시 말해서 세계사와 직접적으로 연결된 개인적 존재인 것이다. (마르크스 · 엥겔스, 『독일이데올로기』, 76-78)

[비판] 시장주의 vs 공산주의

이윤추구 행위를 금지시켜 시장을 없애면 기업이 사라진다. 이윤추구의 시장을 허용하는 자유시장제도가 있다고 하자. 이것이 시장주의이고 자본주의다. 공산주의는 이 시장을 없애고 공동으로 생산한다. 전자의 경우는 모든 구성원들이 자신들의 이익(소득)을 위해서 일을 한다. 그래서 자발적이다. 기업가는 이윤을 좇아 자발적으로 창의성과 기술개발을 하고, 자본가는 돈을 빚을 내어서라도 투자를 하며, 노동자는 자신의 소득을 전문화시키기 위해서 전문적인 지식을 습득하며 일을 한다. 그리고 대체로 기술을 가진 경영자는 이 노동자 가운데에서 출현한다. 오늘날에는 교육기관이 전문화된 인재를 육성하는 역할을 하고 있다. 이렇게 모든 경제구성원들에게 기회가 제공된다. 이것이 이윤이 허용될 때 나타나는 행위들이다.

그런데, 이 이윤추구 행위를 금지시키고, 국가가 각 사람의 직업을 결정해 준다. 이제 사람들은 이윤추구행위를 하지 않아도 된다. 또 치열한 경쟁행위를 하지 않아도 된다. 또한 국가의 운영자가 기업의 운영자가 되는데, 이 사람은 노동의 현장출신이 아니어서 기술과 창의성이 없다. 이것이 공산주의의 모습이다. 따라서 이윤추구행위를 금지시키는 공산주의는 틀린 답변이 되는 것이다. 이것이 마르크스 주의이다.

결국 시장주의는 존재하여야 한다. 이때 자본주의는 소유의 불평등 문제를 해결하기 위해 복지국가를 지향한다. 자본주의에서 발생한 필요악의 문제를 해소시키는 것이 이제 자본주의의 당면과제가 되었다. 모든 나라에서 여기에 집중한다. 그런데, 공산주의자들은 이러한 국가의 기능을 이용하여 국가가 기업을 소유하는 새로운 형태의 공산주의를 창안하였다. 먼저 선거를 통해 국가의 정권을 잡고, 국가의 재정을 이용하여 대기업들을 국유화시킨 후 국가가 이 기업을 직접 운영하려 한다. 그리고 그 사회주의 정권을 고착화시키려 한다. 이것이 오늘날 자본주의 세계에서 일어나고 있는 공산주의 운동이다. 공산주의가 사회주의의 이름으로 등장하고 있는 것이다.

3. 의식의 생산에 관하여

가. "의식의 생산에 관하여"의 개략

『독일 이데올로기』제1부 '포이엘바하' 편 중 "2.의식의 생산에 관하여" 절은, 인간의 의식이 어떻게 사회적 현실 속에서 물질적 조건에 따라 산출되는가를 밝히며, 관념론적 철학이 전제했던 의식의 자율성을 비판하는 핵심 부분이다. 다음은 그 내용을 구조적으로 요약한 것이다.

① 의식은 현실적 삶의 산물이다
의식은 인간의 머릿속에서 자율적으로 생기는 것이 아니라, 인간의 물질적 삶의 조건, 즉 사회적 존재에 의해 생산되는 것이다. 의식은 사회적 산물이며, 개인의 고립된 사유로부터 생기는 것이 아니다. "의식이 존재를 규정하는 것이 아니라, 존재가 의식을 규정한다"는 명제가 이 절의 기본 전제다.
② 의식의 생산은 물질적 조건과 불가분의 관계에 있다
인간은 혼자가 아니라 다른 인간들과 관계를 맺으며 살아가며, 이 관계는 노동과 생산 활동을 통해 형성된다. 의식은 이러한 물질적 활동, 특히 노동, 언어, 생산관계, 사회적 협력 등으로부터 발생한다. 즉, 의식은 인간의 사회적 실천의 산물이다.
③ 이데올로기의 성립
상층구조(법, 정치, 종교 등)는 현실적 사회관계에서 생겨난 의식 형태들

인데, 이들이 점차 자율적인 실체인 것처럼 오인되면서 이데올로기가 된다. 이데올로기는 지배계급의 이해관계를 보편적 진리로 포장하며, 현실을 왜곡하여 지배구조를 정당화한다. 철학자들이 '의식'을 순수하게 자율적이라 보며 그것만 분석하는 것은 이 이데올로기를 더욱 강화하는 셈이다.

④ 관념론 철학의 비판

기존 철학(헤겔, 포이엘바하 등)은 의식을 자율적인 실체처럼 다루며, 물질적 현실과 단절된 추상적 인간관을 제시했다. 마르크스와 엥겔스는 이를 거부하고, 의식은 현실적 인간의 사회적 활동, 특히 생산활동을 통해 발생하는 것이라고 주장한다. "의식의 생산"이라는 말 자체가 바로 의식이 사회적으로 구성되는 것임을 전제한다.

⑤ 역사와 의식의 상관관계

역사적 조건(생산력, 생산관계)의 변화에 따라 의식의 형태도 변화한다. 따라서 철학이나 종교, 도덕 같은 의식형태는 고정된 본질이 아니라, 사회구조에 따라 생성·변화하는 것이다. 이 점에서 마르크스는 인간 해방은 단지 "의식의 개혁"이 아니라, 현실의 사회적 조건 자체의 변화를 통해 가능하다고 본다.

즉, "의식은 인간의 머릿속에서 독립적으로 존재하는 것이 아니라, 물질적 생산활동과 사회적 관계 속에서 생산되는 실천적 산물이다." "의식은 추상적 사유가 아니라, 현실적 사회적 존재의 반영이다."(챗GPT, 의식의 생산에 관하여, 2025.7.26)

요약하자면, 이 절은 '의식'이라는 것을 현실로부터 분리된 자율적 영역으로 다루는 관념론 철학을 비판하고, 의식이란 구체적 사회관계 속에서 생산되는 역사적 산물임을 이론적으로 제시한 부분이다.

나. 새로운 역사관 : 현실적 관계에서 출현하는 의식

마르크스는 현실적 관계에서 정신적 부 혹은 의식이 출현한다고 말한다.

물질적 생산(생산양식)에서 출발하는 새로운 역사관이다. 결국 이 모든 것을 종합하면, 생산양식에서 지배계급의 이익을 위해 국가가 출현했으며, 이 지배계급의 사상 혹은 의식이 종교와 철학과 도덕 등을 산출한 것이다.

① 현실적 관계에서 출현하는 의식(정신적 부)
…위로부터 명확해지는 것은 개인의 현실적인 정신적 부야말로 전적으로 그의 현실적 관계들의 부에 달려있다는 점이다.…
② 새로운 역사관 : 물질적 생산(생산양식)에서 출발하는 역사관
이러한 역사관은 직접적인 생활의 물질적 생산에서 출발하여 현실적인 생산과정을 전개하고, 이러한 생산양식과 관련되면서 그로부터 산출된 교통형태, 즉 각기 다른 단계에 있는 시민사회를 전체 역사의 기초로서 파악하는 데 기인한 것이다.
③ 생산양식-국가-의식(종교, 철학, 도덕 등)
그리고 이 역사관은 시민사회의 행위를 국가로서 서술하며, 아울러 의식, 종교, 철학, 도덕 등등의 모든 다양한 이론적 산물과 형태들이 어떻게 시민사회로부터 생겨났는가를 설명하고, 그것들이 그 기초로부터 형성된 과정을 추적한다. 그에 따라 모든 것이 시민사회의 총체성 속에서 제시될 수 있다. (마르크스·엥겔스, 『독일이데올로기』, 80)

다. 유물사관 : 자기의식이 아닌 생산력의 총합에 의한 역사의 창조

지금까지는 헤겔의 자기의식의 절대정신이 역사를 이끈다는 관념론적 역사관이 지배하였다. 그러나 오히려 현실의 역사적 지반 위에 서서 관념으로부터 실천을 설명해야 한다. 물질적 실천으로부터 관념적 구성물을 설명해야 한다. 이에 의하면, 역사의 창조는 자기의식이 아닌 생산력의 총합에 의한 역사의 창조이다. 즉 물질이 역사의 창조자이다.

① 관념론적 역사관 vs 물질적 역사관
이 역사관은 관념론적 역사관처럼 모든 시대에 적용되는 하나의 범주를

마르크스 사상 비판

찾아 적용시키지는 않는다. 오히려 현실의 역사적 지반 위에 서서 관념으로부터 실천을 설명하는 것이 아니라, 물질적 실천으로부터 관념적 구성물을 설명함으로써 다음과 같은 결론에 이른다.

② 자기의식이 아닌 생산력의 총합에 의한 역사의 창조

그 결론이란 의식의 모든 형태 및 산물은 정신적 비판, 그리고 '자기의식'으로의 해소나 '요괴', '유령', '망상' 등으로의 전화에 의해서가 아니라, 오직 이러한 관념론적 허구들이 도출되는 현실적 사회관계의 실천적 전복에 의해서만 해소될 수 있다는 것이다. 역사와 종교와 철학 그리고 그 밖의 모든 종류의 이론의 추진력은 비판이 아니라 혁명인 것이다. 이러한 역사관에서 살펴보면, 역사는 '정신에 대한 정신'으로서의 '자기의식'으로 해소됨으로써 끝나는 것이 아니다. 역사의 각 단계는 그 선조로부터 각 세대가 물려받은 물질적 성과, 생산력의 총합, 자연에 대한 그리고 각 개인들 상호간의 역사적으로 창조된 관계를 포함하고 있다는 것을 보여준다. …

③ 환경이 만드는 인간

그러므로 이것은 인간이 환경을 만드는 것과 마찬가지로 환경이 인간을 만든다는 사실도 보여준다. 모든 개인과 모든 세대를 소여 된 그 무엇으로 파악하는 생산력, 자본, 그리고 사회적 교통형태의 이러한 총합은 철학자들이 '실체'나 '인간의 본질'이라고 생각하는 것의, 그리고 그들이 신성시하고 공격하는 것의 실재적인 근거이다.

④ '자기의식'이나 '유일자'를 대체하는 생산양식 등

그리고 그것은 철학자들이 '자기의식'이나 '유일자'로서 그것에 대항한다 해도 인간에 대한 그 효과나 영향면에서는 조금도 방해를 받지 않는 실재적인 근거이다. … (마르크스·엥겔스, 『독일이데올로기』, 81)

라. "현실적 토대의 산물"로서의 '정치'와 '종교'

마르크스는 역사관에서 현실적 토대의 문제를 고려하여야 한다고 말한다. 이 현실적 토대에 의해서 지배계급의 정치적 동기가 형성되고, 그 정치적

3장 유물사관, 『독일 이데올로기』

동기에 의해 종교적 동기가 정해진다. 그리고 그것이 역사관을 이룬다. 우리는 이것을 인도·이집트에서 볼 수 있다. 지배계급의 이데올로기에 의해서 종교가 정해지고, 이 종교의 이름으로 신분제가 형성되었다.

① 역사관에서의 현실적 토대 문제
지금까지의 역사관에서 역사의 이러한 현실적 토대는 전적으로 무시되었거나 혹은 역사과정과는 별로 상관이 없는 하나의 지엽적인 문제로 여겨져 왔다.…
② 현실적 동기들의 형식에 불과한 종교적·정치적 동기
이러한 역사관은 결국 역사에서 군주나 국가의 정치적 행위, 그리고 종교 및 그밖의 이론적 투쟁만을 볼 수 있을 뿐이며, 특히 각각의 역사적 시대와 관련하여 그들은 그 시대의 환상들을 공유하지 않을 수 없는 것이다. 예컨대, 한 시대의 '종교'나 '정치'는 그 시대의 현실적 동기들의 형식에 불과한 것이지만, 그 시기 자체가 순수한 '정치적' 혹은 '종교적' 동기에 의해서 규정되고 있다고 상상한다면, 그 시대 역사가는 그러한 견해를 받아들인 셈이 된다.
③ 규정적·능동적 힘으로 전화된 의식과 표상
현실적 실천에 관한 이러한 특정인들의 '상상'이나 '표상'은 그들의 실천을 지배하고 규정짓는 유일한 규정적·능동적 힘으로 전화된다.
④ 국가와 종교에 의해 형성된 인도·이집트의 신분제
인도인이나 이집트인들에게서 발견되는 조야한 분업형태가 이들 민족의 국가와 종교에서 세습신분제를 낳았을 경우, 역사가는 세습신분제가 이러한 조야한 사회형태를 산출한 힘이라고 믿는다.…(마르크스·엥겔스, 『독일이데올로기』, 82-83)

[비판] 기독교의 형성과정

현실적 토대가 마련되기도 전에 신화적 세계는 태고적부터 존재하였다. 이 신화는 4대문명의 발생지 중 하나인 메소보다미아에서도 발달하였는데,

마르크스 사상 비판

이 신화적 세계 출신의 한 사람이 아브라함이다. 아브라함은 자신의 족보를 태고에 두고 있으며, 그도 또한 그의 조상으로부터 '여호와 신앙'을 물려받았다. 그는 자신의 '신앙체험'을 유지 발전시키기 위해 메소보다미아 지역을 떠나서 가나안에 정착하였다. 이곳에는 종교의 자유가 그나마 보장된 곳이었다. 이 아브라함의 후손은 이삭을 거쳐 야곱의 시대에 12명의 족장이 되고, 이들이 애굽 땅으로 들어가서 번성하여 60만의 백성을 이루었다. 여호와는 이들에게 십계명을 주어 불러내어 한 국가를 형성하였다. 그리고 그 나라가 유대국가였다. 고대의 세계의 종교는 모두 이런 형태로 이루어진 것이다. 그들이 섬기는 수호신이 있고, 그 구성원들이 증가하면서 부족국가로, 민족국가로 발전을 하였다.

그 후에 이 종교를 이용한 지배자들의 조종이 있었을지 모르지만, 그 백성들의 모든 시각은 그들이 섬기는 신에게 있었고, 그들은 지도자들의 말을 분별해서 들었으며, 그들의 지도자들도 신 앞에서 동등하였다. 종교와 신앙은 현실토대에서 필요에 의해 만들어진 것이 아니다. 마르크스는 학문이 매우 짧은 사람이며, 작은 지식으로 전체를 해석하려하는 사람이다는 것을 우리는 잘 알아야 한다.

마. 지배계급이 만들어 내는 정신적인 사상(종교 등)

마르크스의 이야기는 대부분 추정이다. 그는 지배계급의 사상이 지배적인 사상이다고 한다. 즉, 물질적인 생산의 수단을 통제하는 계급이 정신적인 생산수단도 통제한다는 것이다. 마르크스에 의하면, 지배계급을 구성하는 개인들은 의식을 가지고 있다. 그들 중에는 또다시 정신적 영역에서 분업이 일어나는데, 그들이 지배계급의 사상을 만들어 낸다. 그리고 다른 일반인은 시간이 부족하여 그 부분을 더 연구하지 못하고, 그냥 따라간다. 이것이 그들의 종교들이다.

① 지배계급의 사상이 지배적인 사상

어떤 시대에서나 지배계급의 사상이 지배적인 사상이다. 다시 말해서 사회적 지배적인 물질적 세력인 지배계급이 동시에 그 사회의 지배적인 정신적 세력이라는 말이다.

② 물질적인 생산의 수단을 통제하는 계급이 정신적인 생산수단도 통제
물질적인 생산의 수단을 통제하는 계급은 그 결과 정신적인 생산의 수단도 통제하고 있으며, 그에 따라 정신적인 생산수단을 가지지 못한 계급의 사상은 대체로 그것에 종속된다. 지배적인 사상은 지배적인 물질적 관계들의 관념적 표현, 사상으로서 파악된 지배적인 관계일 뿐이다. 그러므로 한 계급을 지배계급으로 만드는 관계들의 표현, 곧 이 계급의 지배사상 이외의 아무것도 아니다.

③ 의식을 가지고 있는 지배계급을 구성하는 개인들
지배계급을 구성하는 개인들은 무엇보다도 의식을, 즉 사상을 갖는다. 그렇기 때문에 그들이 하나의 계급으로서 지배하고 한 역사적 시대의 전 범위를 규정하는 한, 그들이 이것을 전반적인 영역에서 행하며, 따라서 무엇보다도 사고하는 자, 사상의 생산자로서 지배하고 그 시대의 사상의 생산과 분배를 규제하기 때문에, 그들의 사상이 지배적이라는 것은 자명하다. 예컨대, 왕권, 귀족, 그리고 부르주아지가 지배권을 다투고 있고 그에 따라서 지배권이 분할되어 있는 시대나 국가에서는 권력분립의 이론이 지배적인 것임이 입증되고, 그것이 하나의 '영원한 법'으로 표방된다.

④ 정신적 분업 : 그 계급의 사상가
우리가 이미 앞에서 지금까지의 역사의 주요한 추동력의 하나로서 보았던 분업은 이제 지배계급 내에서도 정신노동과 육체노동의 분업으로 나타났다.

⑤ 사상을 만들어낼 시간이 부족하여 그 사상을 따라감
그에 따라서 이 계급 내부에서 한 부분은 그 계급의 사상가로서 등장하고, 또 다른 부분은 이러한 사상과 환상들에 대해서 수동적이고 수용적인 태도를 취한다. 그것은 그들이 현실적으로 이 계급의 능동적인 구성원이므로 자기 자신에 대한 환상이나 사상을 만들어 내기에는 시간이 너무

부족하기 때문이다. (마르크스·엥겔스, 『독일이데올로기』, 91-92)

[비판] 고대·중세·근세의 모든 사상가들

우리는 서양사상사를 고찰해 보면, 모든 시대들마다 그 시대의 신학자 혹은 철학자들의 사상은 전혀 현실에 지배를 받지 않았다. 서양사상사는 기독교 사상을 기반으로 하고 있는데, 이들은 모두 물질을 초월한 자들이었다. 정치와 권력에 대해서도 초월하였다. 그들은 순전하게 정신세계를 바라보았으며, 과학의 세계를 바라보았다. 위의 이야기는 모두 마르크스가 추정으로 지어낸 이야기이다. 마르크스의 위의 이야기에 동의하는 신학자·철학자는 고대와 현대를 통틀어서 찾기가 어렵다.

기독교 신앙의 덕목 자체가 '하나님사랑·이웃사랑'에서 시작하며, 여기에서 '하나님 사랑'은 '세상 재물'을 추구하지 않는다는 의미를 맨 먼저 내포하고 있다. 세상에 메인 자는 신학자·철학자의 삶을 살 수 없다. 이들이 현실세계의 주인 된 자들의 이데올로기를 창출한다는 것은 어불성설이다.

바. 헤겔철학 비판

헤겔은 그의 『정신현상학』이나 『논리학』에서 절대정신이 역사를 주관하여 이끌어나간다고 말한다. 그의 자기의식에서 출현한 절대정신은 어느 정도 일리가 있으나, 그는 너무 관념론에 빠져 버렸다. 관념과 현실을 동일시여기도 논리를 전개하였던 것이다. 이 한계를 헤겔 스스로도 인정한 것이다. 이로 인하여 많은 철학자들로부터 헤겔은 비판을 받았다. 그렇다고 해서 역사의 진행이 마르크스처럼 생산수단에 의해서 진행된다고 말하면 안 된다.

일단 지배적인 사상이 지배자들로부터, 그리고 무엇보다도 주어진 생산양식의 단계에서 생겨나는 관계들로부터 분리됨으로써 역사에서는 언제나 사상이 지배한다는 결론이 성립하게 된다.… 이것이 바로 사변철학이 행해온 바이다. 헤겔은 『역사철학』의 결론에서 그가 "개념의 진행만을 고찰하고" 역사에서 "진정한 변신론"만을 기술했다고 고백했다. 이렇게 되면 다시 '개념의' 생산자, 즉 이론가, 이데올로그, 그리고 철학자에게로 되돌아갈 수 있고, 거기에서 어느 시대나 철학자, 사상가들이 역사를 지배해 왔다는 결론, 우리가 살펴보았듯이, 헤겔에 의해 언표 된 그런 결론에 도달하게 된다. …(마르크스·엥겔스, 『독일이데올로기』, 95)

마르크스는 헤겔의 약점을 이용하여 자신의 논리를 타당화시키려고 한다. 이것은 비겁한 술수이다.

4. 생산수단에 의한 역사의 발전

가. "이데올로기의 현실적 토대"의 개략

『독일 이데올로기』에서 마르크스와 엥겔스가 전개하는 "이데올로기의 현실적 토대"를 말하는 장은 유물론적 역사관(역사적 유물론)의 핵심 명제를 담고 있으며, 의식(이데올로기)이 독립적이거나 자율적인 것이 아니라 물질적 현실, 곧 생산활동과 사회적 관계에 의해 규정된다는 주장이다. 이 단락은 〈독일 이데올로기〉의 이론적 정수로 평가받는다. 즉, "의식이 존재를 규정하는 것이 아니라, 사회적 존재가 의식을 규정한다."는 명제는 마르크스가 관념론을 비판하고, 역사유물론의 출발점을 제시한 핵심 문장이다.

① 인간은 먼저 생존을 위한 활동을 한다
인간은 무엇보다 살아야 하고, 살아 있기 위해서는 먹고 마시고 거처를 마련하고 옷을 입어야 한다. 따라서 의식 이전에 생산 활동, 즉 노동을 통한 생존 수단의 확보가 인간 사회의 출발점이다. 이 말은, 인간 존재는 먼저 물질적 필요를 해결해야 하며, 그 위에서만 사고와 이념이 생긴다는 뜻이다.
② 생산과정이 사회관계의 기초가 된다.
인간은 혼자 살 수 없고, 다른 사람들과 협력하고 분업하면서 생산한다.

마르크스 사상 비판

이 과정에서 생기는 소유관계, 지배와 종속, 계급관계가 사회 구조를 만든다.
사회의 토대는 철학, 법, 도덕이 아니라 물질 생산과 그 관계들이다.
③ 의식은 현실의 반영이다
인간의 사고(의식)는 독립적인 것이 아니라, 현실 조건의 산물이다. 법, 정치, 도덕, 종교, 철학 등의 이데올로기는 물질적 사회관계의 반영일 뿐이다. 이데올로기는 실제 현실을 '왜곡된 형태'로 표현하면서도, 현실 조건 위에 세워진다.
④ 이데올로기는 지배계급의 이해를 표현한다.
지배계급은 물질적 생산수단뿐만 아니라 정신적 생산수단도 통제하기 때문에, 그들의 이데올로기가 전체 사회의 보편적 진리처럼 작동한다. 예컨대, 법은 중립적으로 보이지만 실제로는 지배계급의 이해관계를 정당화한다.
⑤ 역사란 '의식의 역사'가 아니라 '물질적 삶의 역사'이다.
역사는 위대한 사상가나 성자들의 의식의 발전사가 아니다. 그것은 인간이 생존을 위해 노동하며 만들어낸 생산력과 사회관계의 발전사이다.

```
물질적 조건 (생산력, 노동, 교통, 분업)
            ↓
사회적 관계 (소유, 계급, 국가)
            ↓
의식 (도덕, 종교, 법, 철학 등 이데올로기)
```

『독일 이데올로기』의 "이데올로기의 현실적 토대"는 마르크스가 관념론과 헤겔 철학을 비판하면서, 인간 사회를 이해하는 데 있어서 물질적 조건의 결정적 역할을 강조한 대목이다. 이는 이후 마르크스주의 전통의 역사유물론, 계급 분석, 이데올로기 비판의 이론적 기초가 된다.

3장 유물사관, 『독일 이데올로기』

마르크스와 엥겔스는 『독일 이데올로기』의 "이데올로기의 현실적 토대"를 말하는 장에서, "교통과 생산력"이라는 절을 통해 핵심적인 유물론적 요소를 설명한다. 이 부분은 "교통과 생산력"에 따라 어떻게 인류역사가 형성되고 변화되었는지를 보여주는 대목이다. 일단 먼저 "교통과 생산력"의 개념은 다음과 같다. 좀더 직접적으로 말하자면, "교통과 생산력"에서 '생산력증대'는 분업을 말하고, '교통'은 증기기관의 발명으로부터 시작된 대공업(산업혁명)의 출현을 의미한다. 마르크스는 이것을 기준으로 하여 역사전체를 다시 고찰한 것이다.

마르크스에 의하면 역사는 다음과 같이 발달하였다. 그리고 그 발달의 중심에는 "교통과 생산력"이 있는 것이다. 다음의 내용은 "교통과 생산력"의 발달과정에 따른 역사의 분류이다.

나. 도시의 출현 : 분업의 출현

마르크스는 "물질적 노동과 정신적 노동의 최대의 분업은 도시와 농촌간의 분리이다"고 말한다. 마르크스는 이렇게 도시의 출현을 분업의 출현으로 보고 있다. 특히 농촌의 물질적 노동과 도시의 정신적 노동의 분리로 보았으며, 이것을 분업의 시작으로 보았다. 도시의 출현으로 주민이 양대 계급으로 분화되었는데, 도시는 지배계급으로서의 경향을 보이고, 농촌은 고립화와 개별화 현상을 보이고 있다. 도시와 농촌의 분리는 자본과 토지소유의 분리를 가져왔다.

① 물질적 노동과 정신적 노동의 분업 : 도시와 농촌간의 분리
물질적 노동과 정신적 노동의 최대의 분업은 도시와 농촌간의 분리이다. 도시와 농촌 간의 대립은 야만에서 문명으로의, 부족제에서 국가로의, 국지성에서 민족으로의 이행과 함께 시작하여 오늘날 반곡물조례동맹에 이르기까지 문명사 전체를 관철해 왔다.
② 도시의 출현 : 주민의 양대 계급으로 분화
도시의 출현과 동시에 행정, 경찰, 조세 등 간단히 말해서 자치제도와 정

치일반에 대한 필연성이 대두되었다. 여기에서 처음으로 주민이 양대 계급으로 분화되는 현상이 나타나는데, 그것은 노동분업과 생산도구들에 직접적으로 기초하고 있다.
③ 도시의 기능과 농촌의 기능의 분화
도시는 이미 사실상 인구, 생산도구, 자본, 향락, 욕구들이 집중지였음에 비해, 농촌은 이것과 정반대의 현상, 즉 고립화와 개별화를 보이고 있다. 도시와 농촌간의 대립은 사적소유라는 테두리 안에서만 존재할 수 있다. …
④ 자본과 토지소유의 분리
도시와 농촌의 분리는 또한 자본과 토지소유의 분리로, 다시 말해서 그것은 자본, 즉 단지 노동과 교환에만 그 기초를 갖는 소유가 토지소유로부터 독립하여 존재하고 발전하는 단서로서도 파악될 수 있다.(마르크스·엥겔스,『독일 이데올로기 1』, 97-98)

다. 중세시대 : 농노제와 수공도구를 이용하는 시민계급의 출현
마르크스는 중세시대의 여러 가지 생존을 위한 경쟁과 투쟁상황을 기술하는데, 봉건지주 하에 있는 농노들과 그 농노신분에서 독립하여 소시민으로 거듭나는 과정인 것이다. 이와 같이 생산수단의 확보가 곧 중세시대를 이끄는 원동력이었던 것이다.

① 농노와 수공업자
중세시대의 경우, 이전 시대에 이미 완성되어 전승된 것이 아니라 자유인이 될 농노에 의해 새로이 형성된 도시에서는, 그들이 휴대하였던 최소한의 수공도구만으로 구성된 소자본을 제외하고는 각자의 특수노동만이 그들의 유일한 소유였다.
② 생존을 위한 경쟁들
끊임없이 도시로 탈출하는 농노들의 경쟁, 도시에 대한 농촌의 그칠 줄 모르는 전쟁으로 인한 도시의 조직된 자치적 군사력의 필요, 특정한 노동

분야에서의 공동소유라는 속박…다양한 수공업 상호간의 이익대립, 그들이 힘들여 습득한 기술을 보호할 필요성, 그리고 전 농촌의 봉건적 조직 등이 각 수공업 노동자들을 동업조합으로 단결하게 한 원인들이다.
③ 역사적 발전에 따라 나타나는 동업조합의 다양한 변화
이러한 맥락에서 볼 때, 그 이후의 역사적 발전에 따라 동업조합 체계에 나타난 다양한 변화들에 관해서는 더 이상 살펴볼 필요가 없겠다. 농노들이 농촌으로부터 도시로 도망치는 일은 중세전체를 통해 끊임없이 행해졌다.…(마르크스·엥겔스, 『독일 이데올로기 1』, 98)

라. 산업혁명 : 메뉴팩추어의 출현과 가속화된 유통

마르크스는 매뉴팩추어의 출현과 가속화된 유통을 "교통과 생산력"이라는 소제목으로 지칭하고 있다. 여기에서 매뉴팩추어는 기계의 발명을 통한 생산력을 말하는데, 영국의 산업혁명은 맨 먼저 직물업을 통해서 일어났다. 그리고 가속화된 유통은 "증기기관 선박"의 발명을 말한다. 이것을 기반으로 영국의 산업혁명은 해가 지지 않는 나라라는 별명을 얻게 되었다. 영국의 산업혁명을 마르크스는 다음과 같이 서술하고 있다.

① 매뉴팩추어의 출현
각 도시들 사이의 분업의 직접적인 결과는 매뉴팩추어의 등장, 곧 동업조합의 틀을 넘어선 생산양식의 발생이었다. 외국과의 교통은 매뉴팩추어가 융성하게 된 최초의 역사적 조건이었다.…
② 기계의 발명
아직 극히 조야한 형태이지만, 처음부터 기계를 전제로 하는 노동은 곧 가장 큰 발전능력을 가진 노동임을 보여주었다. 과거에는 농촌에서 농민들이 자신이 필요로 하는 옷감을 얻기 위해 부업으로 해왔던 직물업은 교통의 확장에 영향을 받아 더 한층 육성된 최초의 매뉴팩추어였다.
③ 직물에서 일어난 산업혁명
직물업은 최초의, 그리고 계속 주요한 것으로 남은 매뉴팩추어였다.

④ 교통(증기기관의 선박)과 생산력
인구증가에 따른 의류의 수요증대, 가속화된 유통을 통한 자연발생적 자본의 가동성과 축적의 개시, 그리고 이것에 의하여 요청받고 고통 일반의 점진적인 확장에 의해서 조장된 사치품에 대한 욕구는 이 직물업에 양적·질적인 자극을 가했고, 직물업을 종래의 생산형태로부터 분리시켜 놓았다. (마르크스·엥겔스,『독일 이데올로기 1』, 103-104)

마. 대공업의 출현과 소외의 발생

과학의 발견은 산업혁명의 대공업시대를 가져왔다. 그런데, 이로 인해 많은 부작용도 또한 발생하였는데, 그것은 바로 프롤레타리아트의 산출이었다. 이들은 열악한 환경에 놓이게 되었으며, 노동의 소외로 인하여 프롤레타리아 운동이 숙명처럼 일어나게 되었다.

① 대공업 시대의 출현
대공업은 경쟁을 보편화하여 교통수단과 근대적인 세계시장을 확립했으며, 상업을 그 자신에게로 종속시켰고, 모든 자본을 산업자본으로 전환시켰으며, 그리고 그에 다른 자본의 급속한 유통과 집중을 창출했다. 대공업은 보편적인 경쟁을 통해서 모든 개인들로 하여금 자신들의 에너지를 극도로 발휘할 것을 강요했다. …
② 노동소외의 발생
그것은 노동과의 관련성 속에서 가능한 한 대체로 자연발생성을 파괴시켰으며, 또한 화폐관계에서의 모든 자연발생적 관계를 해체시켜 버렸다. …
③ 프롤레타리아 계급을 창출한 대공업
대공업은 하나의 계급을 창출해 내었다. 그들은 모든 국민들 가운데서 동일한 이익을 가지고 있었으며, 그들에게 국민성이란 이미 죽은 것에 지나지 않았다. 이 계급은 현실적으로 구세계 전체에서 이탈해 있으면서 또한 그것과 대립하는 계급이었다. 노동자에게는 그것이 자본가에 대한 관

계뿐만 아니라, 노동 자체조차도 견딜 수 없는 것으로 만들어 버렸다.
④ 막을 수 없는 프롤레타리아트의 계급운동
대공업이 한 국가 내의 모든 지역에서 동일한 발전 수준에 도달하지 않는다는 것은 분명하다. 그렇지만 그것이 프롤레타리아트의 계급운동은 막지 못한다. 왜냐하면 대공업에 의해 창출된 프롤레타리아트리아는 운동의 선봉에 서서 전 대중을 휩쓸어가기 때문이며, 또한 대공업으로부터 배제된 노동자들은 이 대공업으로 인해, 대공업 자체의 노동자들보다 훨씬 더 열악한 환경에 놓이기 때문이다.(마르크스·엥겔스, 『독일 이데올로기 1』, 109-110)

바. 소유에 대한 국가와 법의 관계

『독일 이데올로기』의 2장 "이데올로기의 현실적 토대"의 1절에는 위의 "생산력과 교통"의 관계를 말하고, 2절에서 "소유에 대한 국가와 법의 관계"를 말한다. 여기서 마르크스와 엥겔스는 국가와 법을 소유관계의 표현물로 이해한다. 즉, 국가는 자율적이고 독립적인 실체가 아니라, 물질적 생산 조건과 소유 관계에서 파생된 상부구조적 현상이라는 것이다.

국가는 그 안에서 한 지배계급의 개인들이 자신들의 공동이익을 주장하고 한 시대의 시민사회 전체가 총괄되는 형식이므로, 그로부터 모든 공동제도들은 국가를 매개로 삼게 되며, 하나의 정치적 형태를 보유한다는 결론이 도출된다. 그러므로 법률이 의지에, 그것도 현실적인 토대로부터 분리된 자유의지에 기초하고 있다는 환상이 생기는 것이다. 그와 마찬가지로 다음엔 법도 법률로 환원된다.(마르크스·엥겔스, 『독일 이데올로기 1』, 113)

즉, 『독일 이데올로기』 중 "소유에 대한 국가와 법의 관계"는 다음과 같이 요약된다.

마르크스 사상 비판

① 국가는 계급적 소유 관계의 표현이다

국가는 중립적이지 않다. 지배계급(지주, 자본가 등)의 소유관계를 유지하고 보호하기 위한 조직이다. 따라서 국가는 "공동체의 보편적 이익"을 대변하는 것이 아니라, 실제로는 특정 계급의 물질적 이해관계를 법과 정치의 형태로 제도화한다.

② 법은 소유를 고정하고 정당화하는 수단이다

법은 단순히 정의로운 규칙이 아니라, 기존 소유 형태를 정당화하고 영속화하기 위한 규범 체계다. 예컨대, 사적 소유권을 법으로 보호한다고 하면서, 생산수단의 사적 소유를 강화하고, 계급 관계를 재생산한다.

③ 국가와 법은 소유관계의 변화에 따라 달라진다

마르크스는 사회 발전 단계에 따라 소유 형태(공동소유, 노예제, 봉건제, 자본주의적 사유재산 등)가 변화하며, 그에 따라 국가의 형태와 법의 내용도 변화한다고 본다. 즉, 국가와 법은 고정된 게 아니라, 소유관계에 종속되어 변화하는 역사적 산물이다.

④ 시민사회가 토대, 국가는 상부구조

마르크스는 시민사회를 "현실적 삶의 물질적 조건이 작동하는 영역"(즉 생산, 교환, 소유가 벌어지는 곳)으로 본다. 국가는 그 위에 세워진 이데올로기적 구조, 즉 상부구조로 간주된다.

"국가와 법은 소유 형태의 산물이며, 그것은 현실적인 물질생활의 관계 위에서만 이해될 수 있다. 국가가 독자적으로 발전하거나 역사를 움직이는 것이 아니라, 그 배후에 있는 물질적 소유관계를 반영하는 형태로 존재한다."(챗GPT, 소유에 대한 국가와 법의 관계, 2025. 7. 27.)

『독일 이데올로기』에서 마르크스는 국가와 법을 역사적으로 형성된 계급 지배의 도구로 본다. 그들은 물질적 소유관계의 산물이며, 소유형태를 보존·강화·정당화하는 기능을 수행한다. 따라서 국가는 중립적인 것이 아니라, 특정 계급의 지배를 유지하는 이데올로기적·제도적 장치이다. 그래서 공산주의에 의하면, 국가는 타도해야 할 대상이다. (비판: 그런데, 나중에 그들이 그 국가를 소유하며, 모든 국민의 자유를 박탈한다.)

사. 노동의 생산력 전유 : 프롤레타리아 혁명

마르크스는 분업으로 인해 사적소유(자본)와 노동이 분리되었으며, 이것은 점점 심화 된다. 그리고 생산제력은 개인들을 분리시켜 내는데, 결국은 이 개인들은 생산제력으로부터 분리되어 독자적 세계로 나타날 수 밖에 없다. 그리고 이들은 자신들의 생존을 위해 생산수단을 전유하게 된다. 즉, 생산수단을 자기의 것으로 삼게 된다. 곧 분업의 결국은 프롤레타리아 혁명이다. 자본주의는 프롤레타리아 혁명으로 귀결될 수 밖에 없다.

① 사적소유와 노동의 분리
개인들은 완전히 분업에 포섭되어 있고, 그럼으로써 완전히 상호의존 관계에 놓여 있다. 사적소유는 그것이 노동 안에서 노동과 대립하는 경우에 축적의 필연성으로부터 발전하고, 또한 처음에는 주로 공동적 형태를 취하지만, 더욱 발전하면서 점점 더 근대적인 사적 소유형태에 접근하게 된다. …
② 점점 더 첨예해 지는 분열
분업이 발전하고 축적이 증대되면 될수록, 이러한 분열은 점점 더 첨예해진다. 노동 자체는 오직 이러한 분열을 전제로 해서만 존립할 수 있다.
③ 독자적 체제로 나타나는 개인들의 연계
이렇게 해서 여기서는 두 가지 사실이 나타난다. 첫째, 생산제력은 개인들로부터 완전히 독립하고 그들로부터 분리된 것으로서, 개인들과 병존하는 하나의 독자적 세계로서 나타난다. 그 이유는 생산제력을 이루는 각 개인들과 그 개인들의 힘이 서로 분열하여 대립 속에서 적대적으로 실존하고 있는 반면에, 다른 한편으로 이 힘들은 이 개인들이 교통과 연계를 이룰 때만 현실적인 힘으로 되기 때문이다. …
④ 생존을 위한 생산력의 전유
이 때문에 이제 개인은 단지 자기실현에 도달하기 위해서가 아니라, 일

반적으로 자기의 생존을 확보하기 위해서라도 현존하는 생산력의 총체성을 자기 것으로 하지 않으면 안 된다. 이 자기 것으로 함, 곧 전유(Aneignung)는 먼저 전유될 대상 - 하나의 총체로까지 발전하고 오직 보편적인 교통 속에서만 존재하는 생산력 - 에 의해 조건 지워져 있다. …(마르크스·엥겔스, 『독일 이데올로기 1』, 118-120)

아. 모든 지배계급의 폐지

마르크스와 엥겔스는 이와 같은 '생산양식의 종류'에 따라서 역사에 등장하는 생산양식의 형태들을 ①원시공동체, ②고대 노예제 및 아시아적 생산양식, ③봉건제, ④자본주의, ⑤공산주의라고 구분하였다. 그리고 이와 관련된 생산 조직이나 계급관계에 대해서도 설명한다. 이때 궁극적으로는 '생산력이 일면적으로만 발전'하는 '사적소유의 모순'이 극에 달하는 '대공업 단계' 이후에는 '사적소유의 지양'으로서의 '공산주의'가 필연적이다고 한다. 그리고 이와 같이 될 경우, 계급자체와 지배계급은 '폐지된다'고 말한다.

① 지금까지의 노동 운동
지금까지의 모든 혁명에서 언제나 활동 양식은 건드리지 않은 채 방치되고, 단지 이 활동의 또 다른 분배만을, 곧 노동을 다른 사람에게 새로이 전가시키는 것만을 문제로 삼았다.
② 지배계급을 폐지하는 공산주의 혁명
이제 반하여 공산주의 혁명은 지금까지의 활동 양식에 맞서서 노동을 제거하고 계급자체와 아울러 모든 계급지배를 폐지한다. 왜냐하면 이 혁명은 하나의 계급에 의해 수행되는 것인데, 그 계급은 더 이상 사회 내의 하나의 계급으로 간주되지 않고, 계급으로서 인정되지도 않으며, 이미 기존 사회 내에 있는 모든 계급, 모든 민족의 해소의 표현이기 때문이다. (마르크스·엥겔스, 『독일 이데올로기 1』, 122)

[평가] 유물사관 비판

1차 산업혁명 － 『독일이데올로기』 － 2차 산업혁명

마르크스는 1차 산업혁명 후에 이 『독일 이데올로기』(1845년)와 『자본론』(1850-1880년)을 저술하였다. 그런데 그후 자본주의 세계에서 프롤레타리아 혁명은 일어나지 않았으며, 2차 산업혁명이 일어났고, 오늘날에는 복지자본주의로 그 방향을 설정하고 있다.

① 1차 산업혁명과 『국부론』
유럽에서 일어난 1차 산업혁명(1760~1840년경, 2차 1870~1914년)에 애덤 스미스의 『국부론』(1764-1776년)이 기여한 바는 과학의 발전 못지않았다. 이 『국부론』에 의해 영국이 산업혁명의 주역이 되고, 대영제국의 해가 지지 않는 나라가 되었다.

② 『독일 이데올로기』
이에 대하여 마르크스의 『독일 이데올로기』(1845년)와 『자본론』(1850-1880년)은 1760-1840년경 1차 산업혁명이 종료된 시점에 기록되었다. 위에서 언급된 "교통과 생산력"은 이 산업혁명을 지칭하는 마르크스식 용어이다. 그는 산업혁명을 매우 비판하였으며, 공산주의의 도래를 말하였다.

③ 2차 산업혁명
그런데, 전기와 내연기관을 중심으로 한 2차 산업혁명이 1870~1914년경에 또 다시 일어났다.

마르크스는 1차 산업혁명후 이제 한계에 이르렀으며, 프롤레타리아 혁명이 일어나고, 공산주의가 도래할 것이라고 말하였다. 이것을 마치 역사적 필연처럼 말하였다. 그것이 유물사관이다. 그런데, 그 말이 끝나기가 무섭게 또 다시 전기와 내연기관을 중심으로 한 2차 산업혁명이 일어났다. 그리고 공산주의를 시도한 소련(소비에트 연방)은 붕괴되어 해체되었다. 마르크스는 거짓 예언을 한 것이다.

물질에서 정신이 아닌, 정신에서 출현하는 물질

마르크스는 『독일 이데올로기』와 『공산당선언』에서 유물사관을 전개하는데, 물질의 변화 곧 생산수단의 변화가 사회와 제도의 변화를 초래한 것을 보면서 유물사관을 제시한다. 유물사관이란 물질적 변화에 의해, 특히 생산수단의 변화에 의해 역사가 변한다는 것이다. 이때 이러한 생산수단의 변화는 무엇에 의해 초래되는가? 특히 산업혁명이라는 위대한 생산수단의 변화는 무엇에 의해 일어났는가? 그것은 바로 과학의 발견이었다.

근세철학은 온통 이 과학적 발견이 무엇에 의해 일어나는가를 연구하였다. 데카르트는 우리의 정신이라고 말했다. 칸트도 우리의 순수이성이 과학을 산출했다고 말한다. 헤겔도 결국은 우리 안에 있는 자기의식이 대상의식에 대한 종합으로서 새로운 이성을 산출한 것이다. 대상은 정신에 소유를 당해야 한다. 이때 과학이 출현하는 것이다. 즉 소유의 자유에서 과학이 출현한 것이다. 그리고 이것이 애덤 스미스의 『국부론』으로 결실을 맺은 것이다. 근세철학의 주제가 곧 과학의 발견의 출처를 찾는 것이었으며, 그것은 바로 정신이었다. 정신에 의해서 과학이 출현하였다.

그 다음에 물질의 변화에 따라 나타난 사회 문화 등 각종 제도는 정신이 아니라, 정신적인 것이다. 정신이 변화된 생산수단을 보고 그것에 맞추어서 정신적인 것을 산출한 것이다. 물질이 정신을 산출해 낸 것이 아니다. 물질 이면의 정신이 물질의 변화를 보면서 정신적인 것을 산출해 낸 것이다.

역사를 선도한 종교와 철학

마르크스는 생산수단의 변화가 역사 변화의 주체라고 하였으며, 여기에서 의식이 출현하고, 그 의식의 정점에 종교와 철학이 있다고 하였다. 그리고 그 종교와 철학은 지배계급의 의식이라고 했다.

그런데, 서양사상사를 보면, 종교는 태고적 신화의 세계에서 발전하였다. 특히 기독교는 계시의 종교이다. 신화의 세계의 배경을 가지고 있으면서도

3장 유물사관, 『독일 이데올로기』

그 안에서 계시를 좇아 기독교가 성립한 것이다. 그리고 이러한 종교인들은 결코 현실에 굴하지 않았다.

철학도 마찬가지이다. 그리스-중세-근세철학자들을 보면, 그들은 매우 독자적으로 형이상학의 세계를 추구하였다. 그들은 가난을 즐겁게 짊어지고 사는 자들이었다. 이들이 역사를 변화시켰다. 이 철학자들 가운데에서 과학자들이 나타났으며, 이들이 발견한 과학이 역사를 변화시켰다.

사적소유를 보호하는 국가

마르크스는 지배계급의 소유를 보호하기 위해 국가가 존재한다고 말한다. 그래서 국가는 타도되어야 한다고 말한다. 인류의 역사 가운데 "무엇이 정의이냐"의 문제를 가지고 논쟁을 한다면, "자유이냐, 평등이냐"의 문제일 것으로 보인다. 자본주의에서는 자유를 추구한다. 그런데, 공산주의는 평등을 추구한다. 이것이 그들의 최고의 가치이다.

자유에는 여러 가지 자유가 있다. 사상과 그 표현의 자유, 종교의 자유, 소유의 자유 등이다. 여기에서 가장 최상위의 자유는 곧 소유의 자유이다. 이 소유의 자유를 가장 잘 설명한 인물이 사실은 헤겔이다. 헤겔은 그의 『법 철학』에서 '자기의식'의 '정신'이 '대상의식'의 '물질'을 소유할 때, 여기에서 '변증법적 종합의식'이 출현한다. 어떤 황무지가 있는데, 이 황무지가 정신에게 소유를 당할 때, 이곳에서 꽃이 피어나고 곡식이 무르익는 것이다. 이것이 과학적 발견이며, 기술이며, 창의성이다. 이것이 경제학에 반영된 것이 애덤 스미스의 『국부론』이다.

반면 평등을 추구하는 사람들의 정점에는 소유의 평등이 존재한다. 그래서 평등사회를 실현하는 것이 지상낙원이다. 이 세계를 위하여 자신을 투신한다. 그것은 오늘날 '경제 민주화'라는 이름으로 등장한다. 그래서 가진 자들의 소유를 빼앗아서 가난한 자들에게 나누어주겠다는 것이다. 그런데, 자세히 살펴보면, 이것은 가진 자에 대한 시기와 질투가 그 이면에 깔려있다. 이것이 공산주의이다. 이들은 모든 것을 파괴한다. 기업가들의 소유권을 빼앗으려 하자, 기업가들은 그 기업을 처분해 버린다. 그들은 자신들의 일자리를 스스로 파괴한 것이다.

 이때 국가는 어떻게 해야 하는가? 사적 소유권으로서의 자유를 지켜야 하는가? 평등을 주장하는 자들과 함께 국민연금과 같은 공적자금을 이용하여 기업가들의 지분을 빼앗아야 하는가?

4장 『국부론』, 자본주의 이론

[개요] 『자본론』 vs 『국부론』

사람들은 『자본론』의 배경이 무엇인지를 알아야 한다. 『자본론』은 『국부론』을 비판하기 위해 써진 책이다. 마르크스는 그의 생애 후반부는 온통 이 양자의 책에다가 자신의 심혈을 기울였다. 그런데, 그는 『국부론』의 주요 주제를 거의 뺀 상태에서 『자본론』을 집필하였다. 그래서 『국부론』을 알고 『자본론』을 알아야 한다. 예컨대, 『국부론』의 '분배'를 알고, 『독일 이데올로기』의 '분배'를 알아야 한다. 그리고 『국부론』의 '자본'을 알고 『자본론』의 '노동가치설'을 알아야 한다. 그렇다면, 『자본론』에는 『국부론』의 핵심주장들은 빠지고 주변에 있는 것만을 이용해서 글을 썼다는 것을 알 수 있다. 그렇다면, 『자본론』은 선동을 위한 거짓의 글이든지, 마르크스의 우둔함이든지 둘 중의 하나이다. 이 두 가지 요소를 모두 가지고 있는 것으로 보인다.

『국부론』에서의 국부

산업혁명 초기에 유럽 각국의 정부에서는 경제정책의 수립을 위해서 무엇이 국부인지에 대해 연구하기 시작하였다. 프랑스의 케네는 중농주의를 주장하였다. 또 한편에서는 식민지 확보에 열을 올리며 국부를 금과 은의 축적으로 보았다. 제조업의 공업주의를 말하였다.

제조업의 공업주의는 자연을 원료로 하여 인간의 정신이 여기에 개입하여 소비품을 만들어낸다. 중농주의는 토지가 생산수단이다. 제조업은 사람의 노동력이 생산수단이다. 이때 어떤 산출품이 있다면, 이것의 판매대금은 생산수단을 보유한 자에게 배분이 된다. 그런데, 중농주의에서는 이것을 배분받을 자가 토지 소유자 소수에게 국한이 된다. 농민의 기여도는 극히 미미하다. 그런데, 제조업은 노동자들의 노동력이 그 산출품의 주요 기여자이다. 이들에게 산출품의 대가가 지급이 된다.

이때 농업과 제조업의 차이는 매우 큰데, 농업은 그 농산물의 기여자가 지주이므로 오직 그에게 모든 대가가 다 주어진다. 그런데, 제조업은 모든 근로자에게 주어진다. 이때 이 근로자는 이 노동력의 대가를 가지고, 자사의 제품을 비롯한 다른 제품들을 구매할 수 있는 구매력이 생긴 것이다. 그래서 제품들에 대한 소비가 일어난다. 그러면 이제 계속 그 제품을 만들고 소비하면서 생산활동이 선순환을 이루게 되는 것이다. 이에 반하여 농업은 오직 그 대가가 토지 소유자에게만 주어진다. 농업국가에서는 지주만 소득을 누리고, 나머지는 모두 실업자 혹은 지주의 종이다. 반면, 제조업 중심의 국가가 되면, 모든 국민들이 일을 하고, 그 소득으로 떳떳한 생활을 할 수 있다.

분업에서 나타나는 공업(제조업)

그렇다면 제조업은 어떻게 성립되는가? 그것은 분업을 통해서 나왔다. 일단 분업은 어떤 제품을 생산할 때, 잘게 쪼개어서 작업을 한다. 바늘의 경우 혼자고작 20개를 생산하던 것을 분업을 통해서 하면 하루에 4,800개의 바늘을 생산한다. 그런데 여기에 그치지 않는다. 일이 세분화되어 쪼개지다 보니, 그 사람은 그 분야의 전문가가 되고, 그 전문화된 영역 중에서 창의성이 발휘되니 기계화가 가능한 영역이 출현을 하더라는 것이다. 창의성이 발휘되니 사업성이 있는 과학기술이 여기에서 출현한 것이다.

그런데, 이런 창의성은 언제 발휘가 되나? 그것은 영리행위가 허용될 때, 그러한 창의성이 발휘되었다. 이 창의성은 다른 말로 하면, 사업성이 있는 과학기술이다.

헤겔은 일찍이 모든 대상들(objects)은 정신적 존재에 의해 소유되어야 그 발전이 이루어진다고 말한다. 그것이 곧 "정립-반정립-종합"의 변증법적 이론이다. 이 자유가 자유시장경제의 근간인데, 여기에서 우리의 창의성과 기술이 나오고, 영리행위를 하는 공간인 시장이 출현하며, 그곳에서 이윤추구행위가 거대 자본을 출현시키고, 여기에서 기업들을 중심으로 한 산업들이 나타나는 것이다. 그 기업과 산업이 곧 우리들의 일자리이다. 이것을 한마디로 자본주의 경제라고 말하며, 과학기술의 결실인 산업혁명의 결과 나타난 산물이다.

시장경제

이러한 분업은 언제 가능한가? 그것은 시장이 존재할 때 가능하였다. 그 작은 부분 하나만을 집중하여 생산을 하고, 다른 필요한 것은 시장에서 그것을 구매하여 사용할 수 있을 때 가능하였다. 시장의 존재가 분업을 가능하게 하였던 것이다.

그리고 시장의 존재는 이윤추구행위의 허용을 의미한다. 이렇게 시장이 존재하고 이윤추구행위가 허용되자, 사람들 안에 있는 정신의 창의성 활동이 부단히 일어나게 된 것이다. 그리고 이 창의성을 다른 말로 표현하면, 과학기술이다. 헤겔식으로 이것을 표현하자면, 정신이 어떤 대상을 소유할 때 나타나는 자기의식이 곧 창의성이자 과학기술이다. 이윤추구의 소유행위가 우리 정신의 힘의 근원이다. 자본주의 시장경제에서는 이것을 장려하였다. 그 결과 산업혁명으로 자리를 잡았으며, 오늘날의 산업화된 사회를 만들어 내었다.

반면, 공산주의에서는 이 이윤추구 행위를 죄로 규정하였다. 모든 경쟁을 중지시키고, 시장을 폐쇄하며, 계획경제에 의해서 사람들을 기계처럼 투입하였다. 그 결과 인생들의 정신은 모두 힘을 잃어버렸다.

자본

이윤추구행위가 허용이 되자, 이제 각 기업에 이윤이 쌓이게 되었다. 이 이윤은 이제 재고를 더욱 확보하여 더 많은 노동자들을 고용할 수 있게 하였으며, 더 많은 기계장치를 구입할 수 있게 되었다. 인간의 노동력에 기계가 주어지자 그 생산성은 더욱 폭발하였다. 대량생산이 이루어지게 된 것이다.

이윤이 계속 축적 되었을 때, 우리는 그것을 자본이라고 부른다. 이 축적된 이윤은 금융기관을 통해서 다른 기업으로 가기도 하고, 내가 도리어 다른 기업의 이윤을 끌어당겨 쓸 수도 있게 되었다. 이렇게 거대한 자본이 쌓이자, 이제는 이 자본으로 타사업장을 꾸리기도하며, 막대한 초기자본이 요구되는 다른 산업으로의 진출도 가능하게 되었다. 그리고 이 자본은 모두 국민들의 일자리가 되어서 나타났다.

마르크스는 어떤 생산품을 오식 노동력만으로 측정하려 한다. 그것이 노동가치설이다. 그런데, 모든 생산품은 "노동력 + 기술(기계) + 자본"으로 구성되어 있다. 자본과 기술이 없으면 사업장 자체가 나타나질 않는다. 따라서 모든 이윤을 노동자가 가져가야 한다는 잉여가치설은 마르크스의 속임수이다. 마르크스의 노동가치설과 잉여가치설은 거짓 경제학이다.

결론적으로

우리는 일반적으로 자본을 소유의 자유가 극대화된 영역으로 파악한다. 그리고 그 자본은 반드시 다른 사업에 투자되어 기술을 사업화하고, 기업을 출현시켜서 우리의 일자리가 되게 한다. 우리는 자본가를 미워하는 것이 아니라, 도리어 그들이 사업장을 꾸려서 우리의 일자리를 만들고, 또 그 일자리에 참여한 자는 소득을 누리며 소비활동을 해서, 지금 내가 속한 사업장의 수입이 되게 해서, 내가 속한 사업장이 폐쇄되지 않고 존속되게 만들었다. 이것이 올바른 자본에 대한 관점이다. 자본은 기업의 다른 이름이다. 그리고 기업은 어떤 기술력(창의성)에 자본이 투입되어서 나타난 것이다. 자본은 죄 덩어리가 아니라, 우리의 생업을 가능하게 하는 매우 고귀한 것이다.

1. 산업혁명과 국부론(1776)의 관계

산업혁명은 결국 『국부론』의 배경이라고 말할 수 있으며, 동시에 『국부론』은 산업혁명의 촉진자 역할을 하였다. 애덤 스미스는 영국의 제조업의 기업들을 관찰하였고, 그 활동원리를 기술하였다. 애덤 스미스는 당시의 프랑스의 중농주의 경제정책과 에스파냐의 중상주의 경제정책을 관찰하였으며, 영국에서 일어난 제조업 중심의 산업혁명을 관찰하였다. 그리고 무엇이 진정한 의미에서의 국부인지를 서술하는 『국부론』을 저술하였다.

영국 산업혁명의 성공요인은 몇 가지가 있는데, 먼저 16-17세기 약 200년 간의 해외식민지 및 대륙과의 교역으로 획득된 부의 축적(자본축적)이 그 근원이 되었다. 아울러서 물건만 만들면 판매할 수 있는 해외시장의 지속적으로 존재하였다. 두 번째, '농업혁명'[6]으로 다른 경제활동을 할 수 있는 인구의 여유가 확보되었다. 이때 1차 2차 인클로저 운동은 많은 농민들을 도시로 내몰았고, 도시 빈민층 형성의 계기가 되었다. 세 번째, 과학 기술의 발달이었다. 네 번째, 영국 정부가 아담 스미스와 같은 이론가를 따라서 자유방임주의 정책을 실시하고, 국내 관세를 철폐하여 재화의 유통을 원활하게 하였다. 프랑스는 영국보다 더 인구도 많고 부강한 나라였으나, 중농주의를 채택하였으므로 이 산업혁명의 대열에 한참 늦게 합류하였다. 독일도 마찬가지로 국내 관세동맹으로 인해 산업화가 100년가량 늦어졌다.

한편, 여기에서는 인클로저 운동과 산업혁명의 내용만 간단히 살펴본다.

가. 인클로저 운동

우리는 영국 산업혁명의 배경으로서 인클로저 운동을 살펴볼 수 있다. 해외시장의 발굴로 인해 지주들은 농업 대신에 목축업을 선택하게 되었다. 이에 따라 대규모 소작농들이 도시로 내몰리는 1차 인클로저 운동(15-16세기경)이 일어났다. 2차 인클로저 운동(18-19세기경)은 순수한 농업혁명이었는데, 경작 능률을 증진하기 위해 개방 경지와 공유지를 울타리로 둘러싸고, 경작지 면적의 확대를 위해 미개간지를 둘러싸는 일이 대규모로 이루어지게 되었다.

미개간지나 공유지 또는 농민 보유지를 울타리로 에워싸 완전 사유지로

---

[6] 파종방식의 농법공법의 개발과 다른 대륙에서 건너 온 감자는 또 다른 주식이 되어 농노제 폐지 이후 농민들의 식량부담을 완화시켜주었다. 이러한 농업공법의 개발은 농민들의 도시로의 이전인 인클로저 운동을 가능하게 되었다.

마르크스 사상 비판

전환함으로써 배타적인 소유권을 형성하는 것을 말하며, 종획운동이라고도 불린다. 인클로저는 주로 영국에서 나타났던 토지 소유 및 경영의 근대화를 대변하는 현상으로, 울타리로 둘러치는 토지의 종류와 목적도 다양했고 그 방법도 갖가지였다. 영국에서 인클로저 운동의 역사는 매우 유서가 깊어 이미 중세 때에 시작되었고, 19세기까지 끊임없이 계속되었다. 인클로저가 가장 활발하게 이루어진 것은 튜더 시대인 15~16세기와 산업화를 향해 나아가고 있던 18~19세기의 두 시기였는데, 일반적으로 그 첫 번째 시기를 제1차 인클로저, 두 번째 시기를 제2차 인클로저라고 한다.

제1차 인클로저는 농촌에서 널리 전개되고 있던 모직물 생산을 위한 양모 생산이 곡물 생산보다 더 유리했기 때문에, 경작지를 목초지로 전환하기 위해 공유지와 농민 보유지를 울타리로 에워싸는 것으로 이루어졌다. 이로 말미암은 농민의 이농현상과 농가의 황폐, 그리고 빈곤의 증대는 인클로저에 대한 격렬한 반감과 비난을 불러일으켰고, 정부도 그것을 막기 위해 자주 금지령을 내렸지만, 거의 효과를 거두지 못하였다.

이러한 형태의 인클로저는 18세기까지 계속되었지만, 17세기 중엽 이후로는 인클로저의 성격이 달라졌다. 경작 능률을 증진하기 위해 개방 경지와 공유지를 울타리로 둘러싸고, 경작지 면적의 확대를 위해 미개간지를 둘러싸는 일이 대규모로 이루어지게 되었던 것이다. 특히 18세기 중엽 이후 산업혁명으로 농산물 수요가 급증한 것은 이러한 성격의 인클로저를 더욱 촉진하였다. 더욱이 제1차 때와 달리 정부는 의회를 통해 인클로저를 합법화하고 촉진시켰다. 이러한 의회 인클로저는 1760년대부터 급격히 증가하여 1840년대까지 계속되다가 1845년 이후 쇠퇴하였는데, 이는 이른바 농업혁명의 일환을 이루었다.

이러한 인클로저를 통해 중소농은 몰락하여 농업 노동자가 되거나 산업 노동자로 몰락하였고, 그 결과 영국에서는 농업생산이 비약적으로 증가했을 뿐만 아니라 산업혁명이 본격적으로 진척되어 갔다.

(『역사용어사전』 in 『다음백과』, "인클로저", 이연규)

4장 『국부론』, 자본주의 이론

나. 영국의 산업혁명

산업혁명이 가장 먼저 일어난 곳은 영국이다. 당시 세계 제일의 선진국이던 영국은 산업혁명이 이루어지기 위한 전제 조건으로 자본, 노동력, 소비 시장의 삼박자를 고루 갖추고 있었다. 그리고 증기기관의 발명은 인간이나 동물의 힘을 빌리지 않고 순전히 기계의 힘으로 상품을 대량생산할 수 있는 길을 활짝 열었다. 뒤를 이어 교통의 발달, 통신 기술의 발달이 이루어졌다. 이 산업혁명에 대해 『세계사를 움직인 100대 사건』에서 박영흠은 '영국의 산업혁명'을 다음과 같이 기술하고 있다.

산업혁명이 가장 먼저 일어난 곳은 영국이다. 당시 세계 제일의 선진국이던 영국은 산업혁명이 이루어지기 위한 전제 조건으로 자본, 노동력, 소비 시장의 삼박자를 고루 갖추고 있었다. 먼저 영국은 일찍이 면직물 공업을 중심으로 한 공장제 수공업의 발달로 기술 혁신의 전제 조건이 되는 자본을 축적하고 있었다. 18세기 중반부터 벌어진 인클로저 운동은 농민들이 도시로 흘러들어와 값싼 노동력을 제공하는 배경이 되었다. 나라 안에는 명예혁명 이후 성장한 구매 능력을 갖춘 시민층이 광범위한 소비 시장을 형성했고, 나라 밖에서는 세계 곳곳에 거느린 식민지들이 해외 소비 시장 역할을 해 주었다.
그러나 기술의 혁신이 없었다면 모든 조건이 충족되었다 해도 산업화를 이룰 수는 없었을 것이다. 증기기관의 발명은 인간이나 동물의 힘을 빌리지 않고 순전히 기계의 힘으로 상품을 대량생산할 수 있는 길을 활짝 열었다. 뒤를 이어 교통의 발달, 통신 기술의 발달이 이루어졌다. 교통과 통신의 발달은 산업화의 성과가 세계로 뻗어 나가도록 부추겼다. 19세기 중반 프랑스, 독일, 미국이 산업화의 세례를 받았고, 19세기 후반에는 러시아와 일본 등도 산업혁명에 박차를 가했다. 그리고 그 결과 세계 각국은 속속 자본주의 체제로 탈바꿈했다.
산업혁명이 인류에게 가져온 변화는 그야말로 '혁명적'이었다. 생산력이 비약적으로 발전하면서 과거와는 비교할 수 없는 엄청난 양의 상품들이 생산되었다. 값 싸고 질 좋은 물품들이 쏟아져 나오면서 소비 능력을 갖춘 대중들의 생활수준은 크게 향상되었다. 가족과 친족을 중심으로 한 자급자족적 전통 사회가 붕괴되었고, 농경 사회는 산업 사회로 옷을 갈아입었다.
(박영흠, 『세계사를 움직인 100대 사건』 산업혁명, 청아출판사)

다. 산업혁명의 서유럽 확산

그 후 19세기 중엽까지는 프랑스·독일·미국 등으로 확대되었고, 19세기 말에는 러시아·일본 등에도 산업 혁명의 영향력이 확대되었다. 이에 대해 이상수는 다음과 같이 말한다.

18세기 중엽 영국에서 시작된 기술 혁신에 의하여 일어난 사회, 경제 구조상의 변혁을 뜻한다. 좁은 의미에서는 생산 수단이 공장제 기계 공업으로 전환되어 대량 생산이 이루어지게 된 것을 말한다. 산업 혁명은 중상주의 결과 상업의 발달로 자본 축적이 이루어졌고, 식민지를 통한 풍부한 원료 확보와 시장이 확보되고, 풍부한 지하자원과 값싼 노동력을 가지고 있던 영국에서 방직 기계의 발명과 기술의 발달이 이루어지면서 시작되었다. 그 후 19세기 중엽까지는 프랑스 · 독일 · 미국 등으로 확대되었고, 19세기 말에는 러시아 · 일본 등에도 산업 혁명의 영향력이 확대되었다. 산업 혁명은 생산 방법의 변화뿐 아니라 대량 생산에 의한 물질적 풍요를 가져오고, 인구의 증가와 도시화가 촉진되었으며, 자본주의가 발전하면서 자본가와 노동자 계층 간의 대립을 가져오기도 하였다. (네이버 지식백과, 산업 혁명, Basic 고교생을 위한 사회 용어사전, 2006. 10. 30, 이상수)

라. 산업혁명의 부작용

또한 자본주의가 등장하고, 부르주아와 프롤레타리아라는 새로운 신분 계

4장 『국부론』 자본주의 이론

층이 형성되었다. 자신의 농지를 빼앗기고 도시로 흘러들어온 농민들과 대규모 기계 생산과의 경쟁에서 밀려 파산한 전통 수공업자들이 프롤레타리아 계급으로 전락했다. 이것은 마르크스의 출현을 예고하였다. 박영흠은 다음과 같이 말한다.

또한 자본주의가 등장하고, 부르주아와 프롤레타리아라는 새로운 신분 계층이 형성되었다. 자신의 농지를 빼앗기고 도시로 흘러들어온 농민들과 대규모 기계 생산과의 경쟁에서 밀려 파산한 전통 수공업자들이 프롤레타리아 계급으로 전락했다. 근대적인 시민 정신이 고양될 수 있도록 물질적 기반을 제공한 것도 산업화였다. 사람들은 혈통에 근거한 신분제나 비이성적인 종교의 권위에서 벗어나 개인의 권리를 인식하기 시작했다.

그러나 산업혁명이 인류를 빈곤과 굶주림에서 해방시키고 장밋빛 미래를 약속한 것만은 아니다. 초기 자본주의 체제가 가져온 빈익빈 부익부와 부의 양극화는 인류에게 또 다른 과제를 남겼다. 생산량은 폭발적으로 증가했지만 그 과실은 고르게 분배되지 않았던 것이다. 자본가들은 주체할 수 없는 풍요로움을 누리며 사치와 소비를 즐겼지만, 노동자들의 삶은 극도로 비참했다. 여성과 어린이들조차 하루 17~18시간의 중노동에 시달렸다. 5세 미만의 아이들도 방직기 앞에 서야 했다. 이렇게 일하고도 임금은 최저 수준을 벗어나지 못했고, 빵과 감자로 겨우 입에 풀칠만 하는 수준이었다. 열악한 작업 환경에서 병이 들거나 산업재해로 불구가 되어 한 푼도 보상받지 못한 채 쫓겨나는 일도 허다했다.

당시 영국 노동자의 평균 수명이 17세 미만이었다는 사실은 노동자들의 삶이 얼마나 피폐하고 비인간적이었는지를 짐작하게 한다. 찰스 디킨스의 《올리버 트위스트》는 산업혁명 당시 노동자들의 비참한 생활상을 배경으로 하고 있다. 이 소설에는 찰스 디킨스 자신이 어린 시절부터 공장에서 중노동에 시달렸던 경험이 녹아 있다. 영국 노동자들은 1847년에야 여성과 어린이들에 한해 1일 10시간의 노동 시간을 얻어냈다. 1일 노동 시간의 기준이 8시간이 된 것은 비교적 최근의 일이다.

마르크스 사상 비판

도시가 처음으로 형성되면서 인류가 지금껏 겪지 못한 새로운 문제들도 등장하기 시작했다. 실업과 범죄, 주택, 위생, 교통과 같은 문제들이었다. 그런데도 정부는 팔짱만 끼고 있었다. 가만히 내버려 두면 애덤 스미스가 주장하는 '보이지 않는 손'이 저절로 모든 문제를 해결할 것이라는 믿음 때문이었다.

자본가들의 착취와 정부의 방치로 기본적인 생활을 보장받지 못한 노동자들이 저항을 시작하면서 자본가 계급과 노동자 계급 사이의 갈등이라는 새로운 사회 문제도 대두되었다. 노동조합이 결성되었고, 근로 조건 개선과 권익을 주장하는 정치 투쟁이 끊임없이 벌어졌다. 칼 마르크스를 비롯한 지식인들은 노동자들의 지옥과 같은 삶을 보면서 자본주의 체제의 모순을 극복하기 위해 사회주의 체제의 필요성을 주창했다. 양극단에 위치한 자본주의와 사회주의는 모두 산업혁명의 결과물이었던 것이다.

(박영흠, 『세계사를 움직인 100대 사건』 산업혁명, 청아출판사)

마. 경제적 자유로서의 소유

칸트(1724-1804)가 영혼의 본질로서 자유를 말하고, 헤겔(1770-1831)이 이 자유와 소유의 관계를 규명하였다. 그런데, 헤겔의 이와 같은 연구 이전에 이미 사회학적으로 애덤 스미스(1723-1790)는 이 소유 안에 있는 '이기심'의 정당성을 말하고 있었다. 애덤 스미스는 이 소유에 대한 본능이 교환이라는 시장을 발견하였고, 여기에서 분업과 직업이 출현하고, 또 여기에서 각종 기업들이 출현했다고 말한다. 이것은 정신의 활동이었던 것이다. 이 정신의 소유 활동이 정당화될 때, 정신의 창조활동이 출현하고, 인류의 경제문제를 해결하였던 것이다. 애덤 스미스는 시장 안에서 정당화된 이기심을 다음과 같이 표현한다. 시장경제는 우리의 자유에 대한 표현이었던 것이다.

"내가 원하는 것을 나에게 주시오, 그러면 당신이 원하는 것을 가지게 될 것이오." 이것이 이러한 거래에 담겨진 의미이다. 바로 이러한 방식으로

4장 『국부론』, 자본주의 이론

우리는 피차간에 자기가 필요로 하는 도움의 대부분을 얻게 된다. 우리가 매일 식사를 마련할 수 있는 것은 푸줏간 주인과 양조장 주인, 그리고 빵집 주인의 자비심 때문이 아니라, 그들 자신의 이익을 위한 그들의 고려 때문이다. 우리는 그들의 자비심에 호소하지 않고 그들의 자애심에 호소하며, 그들에게 우리 자신의 필요를 말하지 않고 그들 자신에게 유리함을 말한다. 거지 이외에는 아무도 전적으로 동포들의 자비심에만 의지해서 살아가려고 하지 않는다. (『국부론』)

'사유'로서의 '선한 이기심'이 용인이 될 경우, 수많은 정신들의 노동력이 생산 활동에 참여하게 된다. 그런데, 이것이 용인되지 않으면, 모든 자발적인 생산 활동은 중단되는 것이다. '선한 이기심'이 없는 생산 활동은 봉사 또는 강제에 의해서 수행되어야 한다. 공산주의가 이와 같았는데, 그들의 정부에서는 봉사의 정신으로 생산 활동을 하게 하였으나, 그 구성원들은 강제로 그 행위를 하였다. 여기에서는 아무런 정신의 속성으로서의 창의성은 나타나지 않는다.

2. 『도덕 감정론』

가. 『국부론』의 초석으로서의 『도덕 감정론』

애덤 스미스는 그의 『국부론』을 집필하기 전에 먼저 도덕철학 교수로서 『도덕 감정론』으로 유명하였다. 따라서 『국부론』의 기초개념은 『도덕 감정론』에 있었던 것이다. 이 책은 그의 스승인 프랜시스 허치슨과 데이비드 흄으로부터 이어 받았다. 스미스는 허치슨으로부터 인간에 내재하는 도덕 감각에서 사회질서의 원리를 구하고자 하였으며, 도덕 감각이 인간의 선천적 능력에서 오는 것이 아니라 경험에서 비롯된 것이라는 경험론적 전통도 물려받았다.

『도덕 감정론(The Theory of Moral Sentiments)』의 틀은 스미스의 스

승인 프랜시스 허치슨(1694-1746)에서 가져왔고, 『도덕감정론』의 핵심 개념인 '공감(sympathy)'의 원리는 그의 친구인 데이비드 흄(1711-1776)의 용어를 빌려왔다. 인간의 이기심이 공감의 원리와 충돌하지 않고, 오히려 사회구성의 원리로 작동하는 '의도하지 않은 결과'를 가져온다는 결론은 어떤 점에서는 그가 평생을 두고 비판해온 버나드 맨더빌(1670-1733)의 "개개인의 부도덕이 공공선을 만든다"는 주장과 역설적으로 일치한다. 스미스는 그보다 앞선 도덕철학자들의 주장을 잘 갈고 닦아 하나의 실에 꿰어 가장 빛나는 구슬로 만든 셈이다.

스미스의 도덕철학은 글래스고 대학 시절의 스승인 프랜시스 허치슨의 영향을 크게 받았다. 스미스는 학생시절에 허치슨으로부터 도덕철학을 배웠을 뿐만 아니라, 후에 모교에서 허치슨의 자리를 이어 받아 도덕철학을 가르쳤다. 스미스는 허치슨으로부터 인간에 내재하는 도덕 감각(moral sense)에서 사회질서의 원리를 구하고자 하는 스코틀랜드의 학문적 전통과 도덕 감각이 인간의 선천적 능력에서 오는 것이 아니라 경험에서 비롯된 것이라는 경험론적 전통도 물려받았다. ([네이버 지식백과], 애덤 스미스 경제원리 인간본성에서 찾다, 『생활 속의 철학』 정재영)

나. 허치슨의 도덕감각

한편, 허치슨의 도덕 감각은 경험에서 비롯되는데, 경험에 의하면, 인간은 자신의 행위를 자기애(self-love) 또는 자기이익(self-interest)에 의해서 선(good)이라고 승인하거나 거부할 수 있다. 이것이 바로 도덕의 원천이다. 그는 도덕 판단이 이성이 아니라 도덕 감각의 산물이라고 주장하였던 것이다.

허치슨은 도덕 감각을 철저하게 경험론적 시각에서 설명했다. 인간에게 보고, 듣고, 만지고, 냄새를 맡고, 맛을 보는 감각이 있는 것처럼, 인간에게는 또한 아름답고 추한 것을 느끼는 감각(미 감각)과 좋고 나쁜 것을 느끼는 감각(도덕 감각)이 있다고 상정했다. 그는 이런 비유도 했다. 뜨

4장 『국부론』, 자본주의 이론

거운 불에 화상을 입은 사람이 경험적으로 불을 멀리하는 것처럼, 사람은 경험적으로 자신에게 좋거나 아름다운 것에 가까이 하고 나쁘거나 추한 것을 멀리한다. 인간은 자신의 행위를 자기애(self-love) 또는 자기이익(self-interest)에 의해서 선(good)이라고 승인하거나 거부할 수 있다. 이것이 바로 도덕의 원천이다. 그는 도덕 판단이 이성이 아니라 도덕 감각의 산물이라고 주장한 인물이다. 이러한 허치슨의 주장은 스코틀랜드 계몽주의의 두 주역 데이비드 흄과 애덤 스미스에게 각각 지대한 영향을 끼쳤으며, 더 나아가 '최대다수의 최대행복(the greatest happiness for the greatest numbers)'을 원리로 하는 영국 공리주의의 씨앗을 뿌리기도 했다.(『생활 속의 철학』, 정재영)

그런데, 이 경우 개개인이 자신의 행위에 대해서 좋고 나쁘다는 판단을 내리는 최종 판관이 된다면, 공공의 이익 또는 공공선(commonly good)은 어떻게 보장되는가의 문제가 야기된다. 이에 대해 허치슨은 우리 안에 있는 이타심과 자선의 개념을 소환한다. 허치슨은 자선을 사회를 유지하는 가장 기본적이면서도 중요한 덕이라고 생각했으며, 공공의 이익으로 향하는 자선의 원리는 마치 중력의 원리와 같다고 주장하기도 했다.

그러나 이런 문제가 남는다. 개개인이 자신의 행위에 대해서 좋고 나쁘다는 판단을 내리는 최종 판관이 된다면, 공공의 이익 또는 공공선(commonly good)은 어떻게 보장되는가? 이에 대해 허치슨은 인간은 상호승인을 얻기 위해서 노력하는 과정에서 공공의 이익에 기여한다고 응답한다. 이 대목에서 허치슨은 이타심 또는 자선(benevolence)이라는 오래된 개념을 소환한다. 그는 자선을 적극적으로 해석한다. 자선은 타인의 이익을 우선하는 이타적 행위만 가리키는 것이 아니라, 타인에 해를 끼치는 않는 한도에서 사익을 추구하는 것도 자선이라는 것이다. 허치슨은 자선을 사회를 유지하는 가장 기본적이면서도 중요한 덕이라고 생각했으며, 공공의 이익으로 향하는 자선의 원리는 마치 중력의 원리와 같다고 주장

하기도 했다. (『생활 속의 철학』, 정재영)

다. 흄의 '공감'

이에 반하여, 흄은 인간이 사회 질서를 유지하는 것은 자연적인 도덕적 승인이 아니라 인위적인 정의(justice)라고 주장했다. 즉, 인간이 개인의 이익을 추구하는 것은 자연적 성향이지만, 개인의 충돌을 조정해서 사회질서를 유지하는 것은 '공동 이익에 대한 일반 감각'이 있기에 가능하다고 주장했다. 이것이 공동 이익에 기초한 정의의 규칙이며, 이러한 정의의 규칙이 작동할 수 있는 것은 인간이 가지고 있는 '공감(sympathy)' 때문이라고 했다. 흄이 말하는 공감은 공동의 이익에 대한 '효용(utility)'에 대한 판단에서 이루어지는 것이다.

흄과 스미스는 이 대목에서 이의를 제기한다. 흄은 도덕이 이성의 산물이 아니라 감정의 산물이라는 허치슨의 주장에는 동의한다. 쾌락 또는 고통의 감정이 선과 악을 구분하는 일정한 성질을 가지고 있다는 점에도 역시 동의한다. 그러나 흄은 자선을 바탕으로 한 개개인의 상호승인이 사회질서를 유지한다는 허치슨의 견해와는 달리, 사회 질서를 유지하는 것은 자연적인 도덕적 승인이 아니라 인위적인 정의(justice)라고 주장했다. 인간이 개인의 이익을 추구하는 것은 자연적 성향이지만, 개인의 충돌을 조정해서 사회질서를 유지하는 것은 '공동 이익에 대한 일반 감각(general sense of common interest)'이 있기에 가능하다고 주장했다. 이것이 공동 이익에 기초한 정의의 규칙이며, 이러한 정의의 규칙이 작동할 수 있는 것은 인간이 가지고 있는 '공감(sympathy)' 때문이라고 했다. 물론 허치슨도 공감의 기능을 주장하기는 했다. 그러나 허치슨이 말하는 공감이 개인의 이익을 추구하는 인간 사이에서 이루어지는 것이라면, 흄이 말하는 공감은 공동의 이익에 대한 '효용(utility)'에 대한 판단에서 이루어지는 것이다. 앞에서 우리는 허치슨의 도덕감각 이론이 공리주의로 이어진다고 했는데, 허치슨과 공리주의를 제창한 제러미 벤담

(Jeremy Bentham: 1748-1832) 사이에는 사상사적으로 흄이 제기한 효용 개념이 매개되고 있다.(『생활 속의 철학』, 정재영)

라. 애덤 스미스의 『도덕 감정론』

한편, 스미스는 공감의 개념을 흄과는 달리 효용을 매개로 하지 않고 '적정성(propriety)'을 매개로 주장한다. 그러면서 '공정한 관찰자'를 내세운다. 그는 "인간이 아무리 이기적이라고 가정해도 인간의 본성에는 이와 상반되는 몇 가지 요소가 분명히 존재한다. 바로 이 때문에 인간은 바라보는 즐거움 이외에는 자신이 얻는 것이 없다고 해도 타인의 운명에 관심을 가지고 타인이 행복해지기를 바란다"고 말한다. 공감은 우리가 모든 감정에 대해서 '동료로서 가지는 느낌(fellow-feeling)'을 가리킨다. 인간이 가지는 공감은 본능적이며, 모든 이익에 대한 판단에 선행한다. 이 공감의 원칙은 이중적인데, 하나는 관찰자가 타자의 행위가 적정한 것인가, 또는 과도한 것인가를 관찰한다. 또 관찰자는 그 판단을 자신의 행위에게도 적용한다는 것이다. 스미스는 이 관찰자를 '가상의 공정한 관찰자', 또는 '가슴 속에 있는 이상적 인간'이라고 부른다. 이 공정한 관찰자의 존재가 바로 사회질서를 유지하는 힘이다.

스미스는 공감의 개념을 흄과는 또 다르게 해석한다. 그는 공감의 원칙을 흄과 같이 효용을 매개로 하지 않고 '적정성(propriety)'을 매개로 주장한다. 스미스는 『도덕 감정론』에서 "덕을 효용에 있다고 보는 체계는 덕이 적정성에 있다고 보는 체계와 서로 일치한다"고 인정하면서도, "덕은 한 가지 감정에 있는 것이 아니라 모든 감정의 적절한 정도에 있다"고 흄의 효용론을 넌지시 비판한다. 스미스가 제기한 공감의 원칙에서 중요한 것은 공정한 '관찰자(spectator)'의 역할이다. 이 관찰자는 행위자와는 직접적 관련이 없는 제3자이지만, 사회 질서를 유지하는 역할을 할 수 있다고 그는 주장한다. 스미스는 『도덕 감정론』의 첫 대목에서 이렇게 말한다. "인간이 아무리 이기적이라고 가정해도 인간의 본성에는 이와 상반되는 몇 가지 요소가 분명히 존재한다. 바로 이 때문에 인간은 바라보는 즐거움 이외에는 자신이 얻는 것이 없다고 해도 타인의 운명에 관심을 가지고 타인이 행복해지기를 바란다"

공감은 우리가 모든 감정에 대해서 '동료로서 가시는 느낌(fellow-feeling)'을 가리킨다. 인간이 가지는 공감은 본능적이며, 모든 이익에 대한 판단에 선행한다. 여기서 스미스가 말하는 공감의 원칙은 이중적이다. 하나는 관찰자가 타자의 행위가 적정한 것인가, 곧 타자의 행위와 감정이 그것을 자극한 원인 또는 상황에 비추어 과도한지 또는 적절한 것인지를 관찰한다. 또 그 행위가 이로운 결과를 낳는지, 또는 해로운 결과를 낳는지도 아울러 관찰한다. 다른 하나는 관찰자가 타인의 행위에 대한 관찰자로서의 판단을 자신의 행위를 관찰하거나 판단할 때도 적용된다는 점이다. 스미스는 이 관찰자를 '가상의 공정한 관찰자(supposed impartial spectator)', 또는 '가슴 속에 있는 이상적 인간(ideal man within breast)'라고 부른다.

이 공정한 관찰자의 존재가 바로 사회질서를 유지하는 힘이다. 공정한 관찰자는 사회 구성원의 승인과 거부의 표현에 따라서 구성원 간에 동의할 수 있는 규칙을 만들어간다. 이 과정을 통해서 한 사회에 정의의 규칙이 형성될 수 있다. 그래서 인간사회는 서로의 사랑이 없어도 서로 합의된 가치평가에 따른 금전적 교환만으로도 사회질서를 유지할 수 있다고 스미스는 주장한다.(『생활 속의 철학』, 정재영)

이 공감의 원리가 곧 『국부론』에서의 시장의 원리로 확장되었던 것이다. 공감의 원리와 시장의 원리는 스미스의 철학체계에서 모두 인간의 본성에 연유한다. 스미스는 인간의 속성을 마치 자연의 속성을 관찰하듯 바라봤을 뿐이다. 그리고 그 관찰을 토대로 인간사회의 구성원리에 대한 탁월한 그림을 그렸다.

스미스가 도덕감정론에서 주장한 공감의 원리는 [국부론]에서 시장의 원리로 확장된다. 공감의 원리와 시장의 원리는 스미스의 철학체계에서 모두 인간의 본성에 연유한다. 스미스는 인간을 천상에 있는 존재처럼 파악하지 않았고, 그렇다고 인간에 대해 절망하지도 않았다. 그는 인간의 속성을 마치 자연의 속성을 관찰하듯 바라봤을 뿐이다. 그리고 그 관찰을 토대로 인간사회의 구성원리에 대한 탁월한 그림을 그렸다. 어떤 점에서 우리는 스미스가 2백여 년 전에 그린 세계의 그림 속에서 살고 있는 셈이다. 우리 모두는 지금 시장경제 체제에서 살고 있기 때문이다. (『생활 속의 철학』, 정재영)

3. 『국부론』, 무엇이 '국부'인가?

가. 생산과 분배와 소비의 관계 : 국부의 개념

애덤 스미스는 그의 『국부론』 서문의 맨 앞에서 "한 나라 국민의 연간 노동은 그들이 연간 소비하는 생활필수품과 편의품 전부를 공급하는 원천이다"고 말한다. 그는 여기에서 이미 '국민 총소비 = 국민 총생산'의 관계를 밝힌 것이다. 이것은 위대한 발견이었다. 그 내용은 다음과 같다.

한 나라 국민의 연간 노동은 그들이 연간 소비하는 생활필수품과 편의품 전부를 공급하는 원천이며, 이 생활필수품과 편의품은 언제나 이 연간 노동의 직접 생산물로 구성되고 있거나 이 생산물과의 교환으로 다른 나라로부터 구입해온 생산물로 구성되고 있다.
따라서, 한 나라 국민들이 필요로 하는 생활필수품과 편의품이 제대로 공급되고 있는지 그렇지 못한지는 이 직접 생산물 또는 그것과의 교환으로 다른 나라로부터 구입해온 생산물과 그것을 소비하는 사람의 수 사이의 비율에 의해 결정된다. (애덤 스미스, 『국부론』, 서론 1, 2)

논리의 단순화를 위해 해외 분야를 제외하고 생각할 때, 위의 이야기에서 한 나라의 국부는 어떻게 결정되는가? 한 나라 국민이 생산해낸 재화의 총액이다. 그리고 또한 이 모든 생산된 재화는 그 나라의 국민들에 의해 소비된다.

한 나라의 국민들은 재화를 생산하는 기업의 한 분야(분업화된 기업)에 취직을 해서 재화를 '생산'해 낸다. 그리고 그곳으로부터 '임금'을 받는나. 그리고 그 '임금'으로 자기에게 필요한 재화를 구매한 후 '소비'를 한다. 이것이 '생산 = 분배 = 소비'의 관계이다. 애덤 스미스는 이 세 관계를 극대화시킬 때, 국가의 부가 극대화된다고 말하고 있는 것이다.

이것이 경제학의 기본원리이다. 애덤 스미스의 이 이야기는 오늘날 경제학의 큰 틀을 이루고 있다. 이것이 '국민 총생산'의 개념이다. 이 크기를 극대화시키는 것이 오늘날 모든 나라들의 경제정책이다.

여기에서 우리는 '국부'의 개념을 명확하게 하기 위해 농업과 제조업의 사례를 통해 살펴볼 필요가 있다.

어떤 제품을 만드는 제조업의 경우 그곳에는 많은 노동력이 들어간다. 그렇게 해서 제품이 생산된다. 이때 노동력이라는 것은 사람이 하는 행위로서 정신적 활동의 일환이다. 즉 제품은 정신이 산출해낸 가치인 것이다. 그리고 이 정신활동을 한 각 개인에게 이제 급여라는 소득이 주어진다. 이것은 소비의 가능성으로서 시장을 통해 다른 제품을 구매할 수 있는 원동력이 되는 것이다. 그래서 제조업 중심의 국가는 전 국민이 노동에 참여를 하고, 나라의 국부는 방대해 진다.

농업의 경우를 보자. 쌀이라는 최종 생산물이 있는데, 여기에는 노동력이 그다지 크게 들어가지 않았다. 땅이 산출해 낸 가치인 것이다. 이것은 모두 지주의 몫이다. 그곳에서 일한 노동자들은 별로 한 것이 없다. 이들에게는 소득이 거의 주어지지 않는다. 기여한 것이 하나도 없기 때문이다. 사람이 별로 필요하지도 않다. 여기에는 노동력이 별로 들어가지도 않았다. 그렇다면, 농업에 종사하는 사람들은 다른 사람들이 만들어낸 생산품을 소비해줄 수도 없다. 그래서 농업 중심의 국가는 전 국민이 일자리가 없어지고, 나라는 빈곤해 진다.

애덤 스미스는 이 국부의 개념에 집중하고 있다. 일자리가 늘어날 때, 소득과 소비가 함께 늘어난다. 당시에 많은 학자들이 국부를 농업과 상업으로 삼고 있을 때, 제조업이 진정한 국부이다는 것을 말하였다.

[적용1] 낙수효과의 원리

오늘날 대한민국의 기업구조는 중소 제조기업은 거의 중국으로 이관되었으며, 대기업 중심의 국가가 되어 있다. 우리나라 4대 기업에서 생산한 제품의 총매출이 2021년 기준 총GDP 1,919조 원의 17%인 354조원이었다. 이렇게 생산된 제품의 판매액 354조원은 그와 동일한 금액으로 분배되어 354조원의 국민소득 증가를 가져온다. 이제 이 국민소득은 4대기업과 하청사들에게 분배가 되어진 후, 다시 타제품들에 대한 소비와 각종 교육, 음식, 서비스 등에 대한 소비가 이루어진다. 제조업 외의 소득을 누리는 자는 모두 이 파생효과로 인한 효과이다. 그러면 한 번 더 동일한 규모로 다른 자영업자의 소득을 창출한다. 이렇게 해서 결국 제조업의 GDP기여도는 그 배가 되는 것이다. 이런 형태로 계산을 해 보았을 때, 즉 주요GDP에 낙수GDP를 배부하는 형태로 계산해 보았을 때, 2021년도 우리나라 4대기업의 부가가치 기여도는 37%에 이르렀다.

이 대기업의 매출이 꺾이면 모든 자영업자의 소득에도 영향을 미친다. 이것이 대기업이 국유화되어서는 안 되는 이유이다. 사업가 정신이 아니라 공무원의 정신을 가진 사람들이 대기업을 운영할 경우, 그 매출이 꺾이면 국가 경제가 꺾이는 것이다.

[적용2] 중국의 초저가 공급과잉

이것을 기준으로 우리나라 대한민국을 살펴볼 수 있다. 지난 한강의 기적으로 제조업을 중심으로 발전하여 오늘날 세계 GDP12위의 경제부국을 이루었다. 그런데, 최근 중국의 초저가 과잉생산으로 대한민국 제조업이 몰락을 하기 시작했다. 중국의 알리·태무·쉬인은 대한민국의 중소 제조업을 전멸시켰고, 전자상거래와 도소매업과 무역업을 멸절시켰다. 쉬인은 의류제

마르크스 사상 비판

조업을 고사시키고 있다. 이러한 중소기업 제품에 국한하지 않고, 철강·캐미칼까지 저가공세를 통해 대한민국의 제조업을 붕괴시키고 있다. 이것은 신속히 경제관련한 주요 화두로 논의되어야 한다. 여기에서 Korea-Peak론이 나오는 것이나.

나. 중상주의와 중농주의를 비판한 애덤 스미스

국부론의 출현 당시의 나라들의 경제정책은 크게 세 분류였다. 하나는 프랑스를 중심으로 한 중농주의였으며, 또 하나는 에스파냐를 중심으로 한 중상주의였고, 또 하나는 제조업을 중심으로 한 영국이었다. 결국 산업혁명은 영국에서 일어났다. 이 셋을 나무위키에서는 다음과 같이 비교하고 있다.

① 중농주의·중상주의·공업주의
《국부론》이 나오던 당시, 전통적으로 우수한 토지를 바탕으로 중농주의를 채택한 프랑스나, 신대륙을 바탕으로 넘쳐나는 금과 새로운 문물들을 중점으로 한 상업 즉, 중상주의를 밀어붙인 에스파냐가 아닌 산업혁명을 바탕으로 성장한 영국이 세계적 부국으로 등극하게 되었다.
② 중농주의
동서양을 막론하고, 전통적으로 부의 원천은 토지에서 온다고 생각하는 사람들이 많았고, 실제로 중세는 토지가 많을수록 부자이던 시대였다.
③ 중상주의
그러다가 크리스토퍼 콜럼버스의 신대륙 발견 이후, 식민지에서 쏟아져 나오는 금과 새로운 문물들은 그간 땅만 있으면 돈이 굴러오던 경제와는 다른 새로운 경제, 즉 무역업이란 장르를 탄생시켰다.
④ 공업주의
그러나 애초부터 서유럽 지방 중에서도 기름진 땅을 독차지하는 프랑스도, 가장 먼저 신대륙을 발견해 독점무역을 해오던 에스파냐도 아닌 듣지도 보지도 못한 섬나라에 불과하던 영국이 산업혁명 이후 이 두 나라를 제치고 부국으로 자리잡은 이유는 당시의 기준으로는 도저히 이해할 수

없는 해괴망측한 일이었다.
⑤ 국부론
당시의 학자들은 이러한 현상을 설명하고, 새로운 관점에서 돈이 움직이는 현상을 설명해야 했다. 이를 설명하기 위해 탄생한 책이 애덤 스미스의 국부론이다. (『나무위키』)

위의 세 가지의 경제정책은 오늘날의 경제정책도 이해할 수 있는 큰 방향을 제시해 준다.
먼저, 프랑스의 중농주의로서 농업의 증진이 국가의 부를 이룬다고 생각하였다. 이때 토지는 당시 귀족들의 사업장이었다. 프랑스의 정부는 풍부한 농산물이 국가의 부이며 재산이라고 생각하였다. 애덤 스미스는 생산을 토지에만 의존하고 있는 중농주의를 비판하였다. 인간의 노동력에서 나오는 생산물이야말로 진정한 재화라는 것이다. 그러나 중농주의에서 주요 생산력은 토지로서 생산물이 모두 토지에서 주로 나온다.
인간은 전혀 생산과정에 참여하지 못하고 있다. 반면 제조업의 경우, 인간 자체가 생산과정에 참여하여 생활필수품과 편의품을 산출해 낸다. 심지어 오늘날에는 엔터테인먼트라는 재화까지 산출해 낸다. 우리는 이것을 싼 가격에 누리고 있다.

두 번째, 에스파냐는 중상주의로서 해외 식민지를 개척하여 그곳과의 무역을 통해서 가져오는 금이 국가의 부라고 생각하였다. 그들의 부국강병은 되도록 많은 화폐를 획득하고 축적하는데 있었다. 화폐는 단지 상품유통을 매개하는 역할을 할 뿐인데, 그들은 화폐를 실체적인 것으로 파악함을 통해서 오류를 범하였다. 그래서 정부에서는 막대한 자금을 들여서 해외 식민지 개척에 열을 올렸다. 중상주의는 유통과정에서 부가 창출된다고 보았다. 이 정책은 보호무역주의를 채택한다.
중상주의자들은 무역을 통한 마진, 즉 순이익을 국가의 부라고 생각하였다. 오늘날 우리나라의 어느 대기업이 해외에 공장을 세우고 그곳에서 막대한 이익을 누리고 다시 그 이익금을 우리나라에 들여온다고 해보자. 반면 어떤 기업이 우리나라에 공장을 세웠더라면 어떠한가? 마진 뿐만 아니라 모든 임금이 자국민에게 주어졌을 것이다. 즉 한 기업의 매출액 전체가 자국민에게 주어지는 것이나. 따라서 국부와 관련해서는 어떤 기업의 이익이 중요한 것이 아니라, 그 기업이 창출해내는 부가가치가 더욱 중요하다. 그 부가가치를 통해서 그 기업은 이윤을 제외한 모든 부가가치를 그 기업의 직원들과 국내의 다른 기업에 제공해 준다.

세 번째, 영국은 국민들의 노동을 통한 생산에서 부를 찾았다. 국민들이 노동을 통하여 생산해낸 생산물의 가치가 곧 국가의 부라는 개념이었다. 이 경우 부는 생산과정에서 산출된다고 생각한다. 한 기업의 모든 생산량은 그 생산과정에 개입한 모든 구성원들에게 분배를 한다. 이때 대부분은 그 근로자들의 임금으로 지불된다. 그리고 이들은 이제 그 모든 임금 등으로 그들이 생산해낸 생산물을 모두 소비한다. 이것은 그 나라에서 매년 반복적으로 나타난다. 애덤 스미스에 의하면, 이것 전체가 국가의 부라는 것이다. 그리고 이 부는 자본의 축적을 통해서 더욱 그 노동생산성이 증진된다.

애덤 스미스의 이러한 사상은 당시 영국의 산업혁명의 이론적 배경을 잘 설명해 주고 있다. 우리는 여기에서 국부의 개념이 어떻게 정의되느냐에 따라서 그 경제정책의 방향이 달라진다는 것을 알 수 있다.

다. 최소정부의 기업중심 주의

국부의 개념이 위와 같이 정해졌을 경우, 국부와 관련한 정부의 역할은 무엇인가? 정부가 개입하여 국부를 증가시킬 수 있는가? 전혀 존재하지 않는다. 한 나라의 경제성장은 그 기업의 생산과 또한 그 기업의 구성원들의 소비에 의해서만 결정된다. 따라서 국가가 해야 할 일은 기업을 장려하여 더 많은 근로자들이 그곳에서 생산활동을 하게 하는 것이다. 이것이 바람직한 정부 형태이다.

정부의 역할은 기업가와 노동자와의 관계가 편파적이 되었을 때, 이 양자

4장 『국부론』, 자본주의 이론

를 조율하는 정도의 역할만이 존재할 뿐이다. 그리고 자국민들을 보호하는 경찰국가 정도의 역할만이 요청될 뿐이다. 그는 『국부론』 5편 1장에서 국가의 업무는 작은 정부라야 한다고 말한다.

① 국가의 첫 번째 임무 : 국방
국왕의 첫 번째 의무는 다른 독립사회의 폭력과 침략으로부터 그 사회를 보호하는 것이며, 이것은 군사력에 의해서만 달성될 수 있다.…
② 두 번째 임무 : 구성원 보호
국왕의 두 번째 의무는 그 사회의 모든 구성원을 다른 구성원의 불의나 억압으로부터 가능한 한 보호하는 의무, 다시 말해 재판의 엄정한 시행을 확립하는 의무인데, 이런 의무의 수행도 서로 다른 단계의 사회에서는 서로 다른 정도의 비용을 필요로 한다.…
③ 공공시설의 유지
국왕 또는 국가의 세 번째이자 마지막 의무는 다음과 같은 공공시설과 공공기구를 건설하고 유지하는 의무이다. 이 의무의 이행에도 역시 시대가 다름에 따라 서로 다른 정도의 비용이 요구된다.…(『국부론』 5편 1장)

대체로 어떤 국정운영자가 자꾸 큰 정부를 꾸려나간다면, 그곳에는 어떤 비양심적인 그 무엇이 존재할 수 있다. 대부분의 큰 정부는 기업과 국민을 압박한다. 특히 기업의 역할에 자꾸 끼어들려하는 정부는 대단히 위험한 정부이다. 작은 정부를 말하는 자가 양심적인 사람이며, 나라를 사랑하는 사람이다.

4. 분업을 통한 기계화

가. 연간 생산물

애덤 스미스는 각 나라에서 1인당 연간 생산물은 '노동의 기교'와 '노동 종사자의 수'에 의해 결정된다고 말한다. 그 중에서도 '노동 생산력의 진보'

는 그 사회에 큰 '잉여 생산물'을 남긴다. 어떤 나라에서는 절대 다수의 일하는 사람보다 10배 때로는 100배의 노동생산물을 소비하는데도 불구하고, 그 생산물이 오히려 남는다. 그것은 분업의 원리가 가져온 생산성 때문이었다.

① 1인당 연간 생산물 : 노동의 기교 × 노동자의 수
각 나라에서 1인당 연간 생산물은 반드시 두 가지 사정에 의해 결정된다. 첫째는 국민이 노동을 할 때 발휘하는 기교, 숙련 및 판단이고, 둘째는 유용노동에 종사하는 사람의 수와 유용노동에 종사하지 않는 사람의 수 사이의 비율이다. 어느 한 나라의 토양, 기후 또는 국토의 크기가 어떠하건 간에, 주어진 상황에서는, 그 나라의 연간 공급의 풍족 또는 결핍은 반드시 위의 두 가지 사정에 의해 결정된다. 이 공급의 풍족 또는 결핍은 또한 위의 두 가지 사정 중 후자보다는 전자에 더 크게 의존하는 것 같다. …
② 풍부해진 노동생산물
문명화되고 번영된 나라들을 보면, 수많은 사람들은 전혀 노동을 하지 않으면서도 절대 다수의 일하는 사람들보다 10배, 때로는 100배의 노동생산물을 소비하는데도 불구하고, 사회의 총 노동생산물이 너무나 거대하기 때문에, 모든 사람들은 풍부하게 공급받으며, 가장 저급의 가장 빈곤한 노동자라도 그가 절약하고 근면하다면 어떤 야만인이 얻을 수 있는 것보다 더 많은 생활필수품과 편의품을 얻을 수 있다.
③ 노동생산력의 진보 : 분업
노동생산력의 이러한 진보와 개선의 원인과, 노동생산물이 사회의 상이한 계급 및 상이한 상황에 있는 사람들 사이에서 자연스럽게 분배되는 질서가 본서의 1편의 주제이다. (『국부론』 2)

사실 인간이 만든 재화와 이에 대한 소비가 인간을 행복하게 한다. 우리는 먼저 생활 필수품을 얻는다. 그 다음에 편의품을 얻는다. 더 나아가서는

4장 『국부론』 자본주의 이론

엔터테인먼트라는 즐거움의 상품마저도 얻는다. 이 모든 것은 인간의 정신에서 나온 창조물이다.

마르크스는 이 노동을 가리켜 노동자의 생명을 판 것이라고 말하는데, 그렇지 않다. 노동은 그의 정신이 다른 사람을 행복하게 만들기 위해 수행한 창조적 행위이다. 우리의 노동이 아무리 고달파 보일지 몰라도, 이것은 거룩한 산물이다.

나. 분업을 통한 노동 생산성의 증대

애덤 스미스는 분업의 원리에 의해 우리의 '노동 생산성'은 폭발적으로 증대된다고 말한다. 그는 노동자의 '기능, 숙련, 판단'은 분업의 결과라고 말한다. 어떤 한 사람이 스스로 핀을 만든다면 하루에 고작 20개를 만들지만, 10명이 협업하여 만든다면, 1인당 하루에 4,800개의 핀을 만든다고 말한다.

① 노동생산력을 증진시키는 분업
노동생산력을 최대로 개선·증진시키는 것은, 그리고 노동을 할 때 발휘되는 대부분의 기능·숙련·판단은 분업의 결과인 것 같다. 분업이 사회 전반적인 산업에 미치는 효과는 어느 특정 제조업에서 분업이 어떻게 작용하는지를 고찰함으로써 좀더 쉽게 이해할 수 있다. …
② 1인당 핀제조 : 20개
아주 소규모 제조업이지만, 그것의 분업이 자주 언급된 것이 있는 핀 제조업을 예로 들어보자. … 기계의 사용에 익숙하지 않은 노동자는 아무리 열심히 일을 하더라도… 하루에 20개의 핀은 도저히 만들 수 없을 것이다. …
③ 분업시 1인당 핀제조 : 4,800개
핀을 만드는 중요 작업은 약 18개의 독립된 조작으로 분할되고 있는데,… 나는 이러한 종류의 작은 공장을 본 적이 있다. 거기에는 10명만이 고용되어 있었고, 따라서 약간의 노동자들은 두세 가지 서로 다른 조

작을 하고 있었다.… 10명이 하루에 48,000개 이상의 핀을 만들 수 있고 한 사람은 하루에 4,800개의 핀을 만든 셈이 된다.…(『국부론』 7-9)

이 분업에서 나타나는 이러한 탁월한 효과를 가지고 오는 이유로서 애덤 스미스는 관리의 효율성 등을 말하는데, 우리는 이것을 정신의 능력이라고 말해야 한다. 인간의 노동에는 정신이 깃들어 있다. 이 정신은 어떤 일이 반복될 때 그 업무를 습득하게 되고 최대한의 창의성을 발휘한다.

다. 분업에서 나타난 여러 직업들 : 직업의 다양성

애덤 스미스는 분업에서 다양한 직업이 나타난다고 말한다. 진보된 사회와 미개한 사회는 이와 같이 직업의 다양성을 통해서 확인할 수 있다.

분업은, 그것이 도입될 수 있는 한, 모든 업종에서 노동생산성을 증대시킨다. 상이한 업종과 직업들의 분리는 이러한 이익 때문에 발생하는 것 같다. 일반적으로 산업과 노동생산력이 최고로 발전된 나라일수록 각종 직업의 분리가 가장 크게 진전되고 있다. 미개 사회에서 한 사람이 하던 일이 진보된 사회에서는 일반적으로 몇 사람이 나누어 하는 일로 되고 있다.… 어떤 하나의 완제품을 생산하는 데 필요한 노동도 거의 항상 다수의 노동자들에 의해 분담되고 있다.(『국부론』 9)

오늘날의 모든 기업의 제품들은 분업을 통해 생산된다. 어떤 대기업이 있다고 하면, 하청사들이 바로 그 분업의 결과이다.

라. 분업에서 출현하는 기계화

애덤 스미스는 분업의 결과 동일한 수의 노동자들이 수행할 수 있는 작업량이 크게 증가하는 원인을 세 가지로 보는데, 그 중에서도 특히 노동자에 의해서 일어난 '기계의 발명'이 한 사람으로 하여금 많은 사람의 일을 할 수 있게 한다고 말한다. 즉, 애덤 스미스는 기계화는 분업에 의해 일어

4장 『국부론』, 자본주의 이론

난다고 말한다. 이것이 분업의 원리에서 매우 중요하다.

① 전업으로 인한 숙련도, 노동시간의 절약, 기계의 발명
분업의 결과 동일한 수의 노동자들이 수행할 수 있는 작업량이 이처럼 크게 증가하는 원인은 다음과 같은 세 가지 사정 때문이다. 첫째, 전업으로 인하여 노동자 각자의 숙련도가 높아지고, 둘째, 한 가지 일로부터 다른 일로 옮길 때 보통 허비하는 시간이 절약되고, 셋째, 노동을 수월하게 해주고 단순하게 해주는 많은 기계의 발명으로 한 사람이 많은 사람의 일을 할 수 있게 되는 것이다.…
② 분업으로 인한 기계의 발명
…노동이 매우 세분되어 있는 공장에서 사용하는 기계의 대부분은 원래, 어떤 매우 단순한 조작에 종사하면서 자기의 생각을 그 조작을 수행하는 쉽고 간편한 방법의 발견에 집중시킨, 보통 노동자들이 자기 자신들의 일을 쉽고 신속하게 하기 위해 발명한 매우 편리한 기계들을 보았을 것이다.… 많은 개량은, 기계를 만드는 일 자체가 하나의 특수한 사업으로 되었을 때, 그 기계를 만든 사람들의 독창력에 의해 이루어진 것이었으며, 몇 가지의 개량은 이른바 과학자 또는 사상가에 의해 만들어진 것이다.… 산업에서의 분업과 마찬가지로, 과학에서의 이러한 분업은 기교를 증진시키고 시간을 절약한다. 각자는 자기 자신의 분야에서 점점 더 전문가로 되며, 그리하여 전체로서의 업적도 증가되며, 과학의 수량 및 내용도 크게 증가한다.(『국부론』 11-14)
분업의 효과로서 가장 중요한 것은 기계의 발명이다. 특히 이 기계의 발명은 기업의 출현을 가져오고 노동의 생산성을 폭발시킨다.

[적용1] 분업으로 인한 기계의 발명
우리가 어떤 제품이나 프로젝트를 기계화할 때, 혹은 거대 프로젝트를 수행할 때 그 업무를 잘게 조개어야 한다. 그러면 접근도 쉽고, 기계화도 가능해 진다. 바로 분업의 이러한 효과가 산업혁명을 가져왔다. 기계의 발명

이 무수히 일어난 것이다.

업무가 단순화된다고만 해서 기계의 발명이 이루어지는 것은 아니다. 여기에 노동자의 창의성이 개입되어야 한다. 그런데, 이 창의성은 시장이 존재하고, 이윤추구가 허용될 때 비로소 일어난다. 이것은 헤겔이 "대상의식-자기의식"의 관계를 통해 해명하였는데, 모든 사물들(대상의식)은 정신(자기의식)에게 소유를 당하여야 변증법적 종합이 일어난다고 말하였다. 창의성·기술·과학의 발견은 이렇게 소유에서 나오는 것이다. 이것이 자본주의 시장경제의 중요한 원리 중 하나이다.

그러나 공산주의 계획경제에서는 이러한 일이 일어나지 않는다. 시장이 존재하지 않으므로 이윤추구를 할 수가 없다. 그냥 맡겨진 일에만 수동적으로 임할 뿐이다. 스탈린 치하에서의 소련이 그랬다. 자동차를 만드는데, 탱크처럼 만들었다.

마. 분업을 가능하게 하는 시장

시장이 존재할 경우, 어떤 한 사람은 자신의 그 작은 부분만 효율적으로 수행하면 된다. 그러면 이것을 교환하여 자신의 필요로 충족시킬 수 있기 때문이다. 그리고 무엇보다도 시장이 방대하게 존재하므로 기계화를 통해 최대로 생산해 내면 된다.

① 분업의 결과 늘어나는 생산물

통치가 잘 되고 있는 사회에서 최하층의 국민까지도 전반적인 풍요로움을 누리게 되는 것은 분업의 결과 각종 생산물이 크게 증가하기 때문이다.

② 시장의 존재

각 노동자는 자기 자신의 노동생산물을 대량으로 가지고 있어서 자신의 수요를 충족시킬 뿐 아니라 대량으로 내다 팔 수 있으며, 다른 노동자들도 그와 마찬가지 상태에 있으므로, 그는 자기 자신의 대량의 생산물을 타인의 대량의 생산물과 교환할 수 있고, 또는 같은 이야기이지만, 그 생산물의 등가품과 교환할 수 있다.
③ 교환
그는 타인이 필요로 하는 것을 풍부하게 공급하고, 타인은 그가 필요로 하는 것을 마찬가지로 풍부하게 공급하는데, 이리하여 전반적인 풍요가 사회의 모든 상이한 계층들에게 확산된다. (『국부론』 14-15)

분업의 세계에서는 기계화를 통한 생산량의 증가가 주요 이슈가 된다. 여기에서 무수한 과학의 발전이 있게 되었다. 어떤 업무를 기계화시킬 때, 그 이윤을 극대화할 수 있는 시장이 존재하므로, 창의성이 극대화되었던 것이다.

바. 분업에서 출현하는 기업들

한 제품을 만들기 위해서는 무수한 공정을 거쳐야 한다. 애덤 스미스는 당시에 크게 성하였던 모직물을 그 한 예로 든다. 이 각 단계마다 분업이 이루어지고, 각 분업의 분야마다 기계가 출현하고, 그 기계를 기반을 한 기업들이 세워진다. 분업이 많은 기업들을 양산하는 것이다. 그 기업들은 근로자들에 의해서 이루어진다. 이 기업들은 모두 정신이 발휘하는 창의성을 바탕으로 하고 있다. 그 창의성이 나타나지 않으면 그 기업은 도태된다. 그리고 일단 이와 같은 창의성이 발견되면, 그곳에서 기업이 탄생한다. 그리고 그 기업에는 많은 근로자들이 취업을 하여 그곳에서 '생산과 분배와 소비'의 주체로 나타난다.

예컨대, 일용노동자가 입고 있는 모직 상의는, 비록 거칠게 보일지 모르지만, 수많은 노동자들의 결합노동의 생산물이다. 양치기·양모 선별공·소모공·염색공·방적공·직포공·끝 손질공 등의 이 거친 생활용품을 완성하기 위해 그들의 상이한 노동을 결합시켰음에 틀림없다. 그 밖에도 원료를 한 노동자로부터 나라 안의 매우 먼 곳에 살고 있는 다른 노동자에게 수송하는 데 얼마나 많은 상인들과 운수업자들이 관련되었는가! 염색공이 함께 섞어 사용하는 각종 약품들을 가져오기 위해서는 얼마나 많은 상인과 해운업자가 동원되어야 하며, 얼마나 많은 조선업자, 선원, 돛대 제조업자, 밧줄 제조업자가 필요한가!…
이러한 모든 것들을 살펴보고 각각에 얼마나 다양한 노농이 개입되어 있는지를 고려한다면, 수천 명의 도움과 협력 없이는 문명국의 가장 초라한 사람까지도 그의 일상의 단순한 생활을 영위할 수 없다는 것을 알 수 있을 것이다.…(『국부론』 15-16)

우리가 모직물이 아니라 오늘날을 이해하기 위해 어떤 자동차를 만든다고 가정해 보자. 그 자동차에는 부품이 20,000개 정도가 들어간다. 이 한 부품마다 최선의 기교와 창의성이 반영되어야 한다. 자동차를 발명할 때에도 창조의 능력이 작용하였지만, 이제 한 부품마다에도 창조의 능력이 작용한다. 애덤 스미스는 이것을 "분업(직공들)에서 나타난 기계의 발명"이라고 말한다. 이 기계를 발명한 직공은 이제 하나의 기업체를 이루게 된다. 따라서 모든 기업 마다 각각의 창의성을 가지고 있다. 오늘날에도 모든 기업은 그 창의성을 가질 경우에만 계속 기업으로서 존속한다.

만일 분업이 이루어지지 않을 경우 그곳에는 한 사람의 창의성만이 그곳에 반영된다. 그런데, 20,000명이 분업을 통해서 자동차를 만들 경우, 20,000개의 부품 각자에서 정신의 창의성이 발휘되는 것이다. 이 20,000개 각각의 부품들에 대해 10개의 기업들이 최선을 다해서 경쟁을 한다고 해보자. 200,000개의 정신들이 그곳에서 창의성을 발휘하고 있는 것이다. 그리고 이 200,000개의 분업은 대량생산을 위해서 200,000개의 기업을 형성하게 된다. 그 기업에는 많은 직원들이 존재한다. 이것이 분업의 효과이다. 이 분업은 시장경제에서 가능하다. 이 경우의 일자리와 기업의 수는 폭발적으로 증가한다.

4장 『국부론』, 자본주의 이론

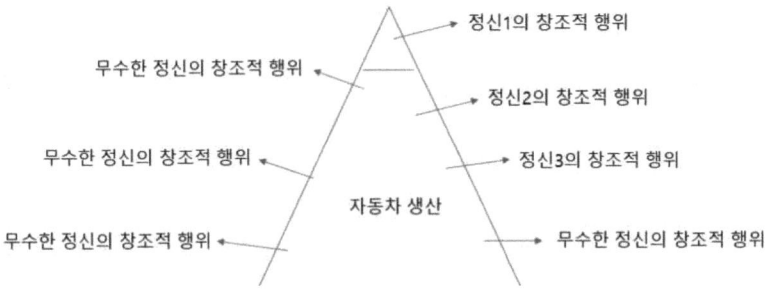

[적용] 대기업 국유화시 발생하는 기술력 저하

스탈린은 소련에 자동차 산업 등을 일으켰다. 어떤 경제가 시장경제가 아닌 공산주의 경제를 채택했다고 하자. 그러면, 한 개의 정신집단만이 그곳에 반영될 것이다. 그리고 경쟁이 허락되지 않기 때문에 각각의 부품 공장만 존재하게 될 것이다. 이곳에서는 생산수단이 국유화되어 있다. 따라서 별다른 창의성은 발휘되지 않는다. 관련 부품회사들이 있다고 하더라도, 한 모기업의 종속회사일 뿐이다. 이 경우에는 전체주의의 한 정신만이 창의성을 갖추고 살아있을 뿐이다. 이 경우 200,000개의 정신이 살아 창의성을 발휘하는 것과 1개의 정신이 살아 움직이는 것과 비교될 뿐이다. 그래서 자유민주주의 시장경제를 선택한 나라들은 모두 부유하게 된 반면, 사회주의를 선택한 나라들은 모두 가난하게 되었다.

이것은 사회주의 경제에서도 마찬가지이다. 사회주의는 대기업을 국유화한다. 국가가 대기업의 주인이 되기 때문에 이것을 국가자본주의라고 한다. 그런데, 이 자동차 최종생산자인 대기업이 국유화되면, 이제 각각의 부품사도 또한 모두 국가에 종속된다. 기술경쟁에 의해 납품하는 것이 아니라, 국가의 배정에 의해 정해지는 것이다. 결국 기술력의 증대는 분업과 시장에서의 이윤추구 행위에 의해서 이루어지는 것이다. 따라서 공산주의나 사회주의(국가자본주의)는 대기업의 경우 대동소이한 것이다.

5. 분업을 야기하는 시장경제

가. 인간성에 내재하는 교환성향

애덤 스미스에 의하면, 분업은 교환이라는 개념이 존재할 때에만 성립되는 이야기이다. 우리 인류에게 교환의 개념은 태초로 거슬러 올라가는데, 인간이 사회를 이루는 가장 중요한 이유 중의 하나일 것이다. 이에 따라 애덤 스미스는 시장의 출현, 혹은 우리 인간이 가진 교환성향은 인간만 가진 '인간의 본성'이라고 말한다. 그 내용은 다음과 같다.

수많은 이익을 가져오는 분업은 원래, 그것이 낳는 일반적인 풍족을 예상하고 의도한, 인류의 지혜의 결과가 아니다. 분업은 그와 같은 폭넓은 효용을 예상하지 못한 인간성의 어떤 성향으로부터, 비록 매우 천천히 그리고 점진적이긴 하지만, 필연적으로 생긴 결과이다. 그 성향이란 곧 하나의 물건을 다른 물건과 바꿔 갖고, 거래하고, 교환하는 성향이다.
…이 성향은 모든 인간들이 보편적으로 가지고 있는 것이지만 기타 동물에서는 발견되지 않는데, 다른 동물들은 이러한 교환이나 기타 어떤 종류의 계약도 알지 못하는 것 같다.(『국부론』 17)

메를로-퐁티는 정신들이 모여 있을 때, 발생하는 창조적 현상이 있다고 했는데, 그것은 언어의 출현과 종교의 출현이라고 했다. 그런데 여기에 한 가지 추가할 필요가 있는데, 그것은 시장의 출현이라고 말하고 싶다.

헤겔이 말한 것처럼, 우리의 정신은 어떤 사물에 대해서 소유하고자 하는 본능을 가지고 있다. 그리고 이 본능은 자연스럽게 내가 가진 잉여물과 다른 사람이 가진 잉여물을 서로 교환하여 그 효용을 극대화하려 한다.

나. 시장의 원리 : 선한 이기심 (영리행위)

우리 모든 인생들은 주어진 범위 내에서 자신의 '이익 극대화'를 위해 최선을 다한다. 이것이 곧 우리 사회 속에 존재하는 영리행위이다. 우리 각

4장 『국부론』, 자본주의 이론

사람은 자신이 처한 자리에서 자신의 이익을 극대화하기 위해 최선을 다한다. 그런데, 이러한 행위가 시장에 나타나면, 이 행위는 우리 모두에게 유익을 준다.

타인과 어떤 종류의 거래를 하고자 하는 사람은 누구든지 이렇게 제의한다. "내가 원하는 것을 나에게 주시오, 그러면 당신이 원하는 것을 가지게 될 것이오." 이것이 이러한 거래에 담겨진 의미이다. 바로 이러한 방식으로 우리는 피차간에 자기가 필요로 하는 도움의 대부분을 얻게 된다. 우리가 매일 식사를 마련할 수 있는 것은 푸줏간 주인과 양조장 주인, 그리고 빵집 주인의 자비심 때문이 아니라, 그들 자신의 이익을 위한 그들의 고려 때문이다. 우리는 그들의 자비심에 호소하지 않고 그들의 자애심에 호소하며, 그들에게 우리 자신의 필요를 말하지 않고 그들 자신에게 유리함을 말한다. 거지 이외에는 아무도 전적으로 동포들의 자비심에만 의지해서 살아가려고 하지 않는다. …
그때그때 필요한 것의 대부분은 다른 사람들과 같은 방식으로 유무상통, 물물교환, 구매 등에 의해 공급된다. … (『국부론』 18-19)

[적용1] 영리기업의 파워

우리나라의 의료행위의 예를 들어보자. 우리나라는 의료보험이 발달하여 모든 의료 행위에 대해 충분한 대가가 주어진다. 이 사실은 많은 사람들로 하여금 의사가 되게 하였다. 그 사람들이 의사가 된 이유는 부자가 되기 위해서였다. 그래서 그들은 부자가 되었다. 그리고 그들만 부자가 된 것이 아니라, 우리나라 전체가 의료천국이 된 것이다. 많은 사람들이 선진화 된 의료 혜택을 보고 있다. 이것이 영리기업의 파워이다. 만일 의료 행위를 비영리로 하였다면, 이러한 성과는 거두지 못했을 것이다. 우리의 정신은 사유재산 속에서 활동하고 있기 때문이다.

반면, 사회주의에서 영리행위는 원칙적으로 금지된다. 의료행위는 병든 자를 돕겠다는 일념만 가지고 수행되어야 한다. 그렇기 때문에 사회주의 하에서의 의료기술은 열악하기 짝이 없다. 그러나 자본주의 시장경제 하에서는 의료행위에 영리행위를 허용하고 있다. 그러자 인류는 인류의 숙제였던 질병의 문제를 거뜬히 해결해 버렸다. 이것이 영리행위의 파워이다.

[적용2] 이윤행위에서 나오는 창의성

사회주의자들은 경제평등을 추구한다. 그래서 대기업의 해체를 지상과제로 삼는다. 그것을 자신의 들의 이상의 실현이라고 생각한다. 그리고 그것을 민주주의라고 말한다. 따라서 사회주의자들의 민주주의는 경제적 평등이다. 자유주의자들의 민주주의는 소유의 자유이다. 경제적 평등을 실현하기 위해서 대기업의 지배구조를 해체하여, 국가가 그 경영을 한다고 하자. 이것은 엄밀히 말해서 이윤추구행위를 금지시킨 것이다. 그러면 이 기업은 곧바로 세계 경쟁력을 상실한다.

예컨대, 삼성전자의 경우 2021년도 매출액이 154조원이었다. 이때 이익이 15조원 정도 발생하였다. 이것도 대부분 소액주주들의 몫이 되고, 이재용씨 특수관계자의 지분은 21%(이재용 2%) 정도 밖에 되지 않는다. 사실상 154조원의 대부분은 근로자와 하청사와 소액주주들에게 배분되는 것이다. 154조원의 수익창출에 기여하고, 정작 당사자는 발생하는 이익에서 자신의 지분율 만큼이다. 경제적 평등을 실현하기 위해서 대주주의 지배구조를 해체하자고 말한다. 이것은 대주주를 몰아내고, 국가가 그 기업을 장악하겠다는 것이다. 그 기업의 창업자는 154조원의 매출을 만들어낸 경영자이다. 그리고 대부분을 직원들과 하청사와 소액주주들에게 모두 배분하고 있다. 이들을 해체하는 것이 무슨 경제민주화인가?

경제민주화는 진정한 경제적 평등을 위한 이야기가 아니라, 기만전술일 뿐이다. 그 기업을 자신들의 일자리로 생각하는 것이다. 그리고 그 기업을 이용하여 모든 근로자와 하청사의 직원들을 국가에 예속시키고 싶어서 그러는 것이다. 이 이익에 사회주의 이념이 맞아떨어진 것이다. 사회주의를 추구하는 자들은 "경제 민주주의!!!"를 외치면서 자신들이 민주주의의 투사인 양 몸을 부르르 떤다. 이것은 모두 위선이다. 우리는 자유 민주주의와 평등

(민중) 민주주의 사이에서 선택을 하여야 하는데, 평등 민주주의는 민주주의가 아니라 공산주의 혁명인 것이다.

다. 교환성향-이기심-분업

애덤 스미스는 "인간의 이러한 교환성향은 이기심에 의해 촉진되어 분업에 이른다"고 말한다. 즉 시장이 분업을 일으켰다는 것이다. 사람들은 시장이란 것이 존재하지 않으면, 창의성을 발휘하지 않는다. 즉 시장은 자신의 영리행위를 보장해 주는 곳인데, 이러한 시장이 존재하지 않는다면, 사람은 창조적인 행위를 하지 않는다. 반면 시장이 존재한다면, 우리 인간의 정신은 이제 자신이 몸담은 그곳에서 창의적인 생각을 하기 시작한다. 이것이 우리에게 분업을 가져왔으며, 많은 기업들의 출현을 가져온 것이다. 인류의 기아문제를 해결한 산업혁명은 이러한 행위를 통해서 이루어졌다.

우리가 필요로 하는 상호간 도움의 대부분이 유무상통, 물물교환, 구매를 통해 획득되는 것처럼, 당초 분업을 야기시키는 것도 이러한 교환성향이다. 예컨대, 수렵민족이나 유목민족에서 어떤 사람은 다른 사람보다 더 쉽고 훌륭하게 활과 화살을 만든다. 그는 자신이 만든 활과 화살을 다른 사람의 가축이나 사슴고기와 교환하는데, 마침내 그는 자신이 직접 들에 나가 사냥하는 것보다 이러한 교환을 통해 더 많은 가축과 사슴고기를 얻을 수 있다는 것을 알게 된다.(『국부론』19-20)

영국은 산업혁명을 일으킨 국가로서 우리에게 유명한데, 그들은 시장을 보호하는 정책을 통해서 국부를 실현하려고 하였다. 에스파냐의 중상주의처럼, 정부가 직접 식민지개척에 나서서 국가의 부를 증대시키려고 하지 않았다. 시장만 보호해주면 경제는 발전하는 것이다.

라. 영리행위(사유재산제도)에서 나오는 정신의 창조적 행위

시장은 이와 같이 우리의 개인적인 이기심을 창조적 질서로 바꾸어버린

다. 시장은 우리의 창조성이 서로 교환되는 장소이자, 그 창조성이 발휘되는 장소이다. 따라서 시장은 생명이 약동하는 장소이다. 우리는 우리 주변의 어느 시장을 가더라도 그곳에서는 활기가 차고 넘치는 것을 볼 수 있다.

그런데, 공산주의에서는 모든 생산수단의 국유화를 지향하고 있기 때문에 본질적인 시장이 허용되지 않는다. 이 세계 속에서 공산주의는 실질적인 의미에서 소련의 붕괴와 더불어 몰락하였다. 지금 있는 공산주의는 전체주의 정권유지의 방편으로 유지되고 있을 수 있다.

중국이나 베트남은 시장경제에 참여하여 어느 정도의 경제적 발전을 이루었다. 그러나 아직 그 본질은 드러나지 않았다. 주요 산업들은 여전히 공산당이 장악하고 있으며, 그 본질적인 의미에서의 시장은 아직 형성되어 있지 않기 때문이다.

6. 자본의 축적과 산업의 발전

시장에서의 이윤추구행위가 허용이 되면, 이제 기업들은 자본을 축적하게 된다. 이렇게 축적된 자본은 재고를 더 많이 보유하게 하여 노동자의 수를 늘릴 수 있다. 사업확장이 일어난다는 것이다. 더 나아가 연구개발이나 기계장치 등에 투자를 하여 더 많은 생산량을 늘릴 수 있다. 그리고 궁극적으로 다른 산업으로의 진출을 하게 된다. 이렇게 하여 산업의 발전이 이루어진다. 이것이 모두 우리의 일자리인 것이다. 따라서 자본의 축적을 부정적으로 바라보면 안 된다. 그 축적된 자본은 재투자로 이어지며, 그것이 우리의 일자리이기 때문이다.

가. 재고 혹은 잉여의 필요성

만일 어떤 기업의 총생산물이 임금과 지대와 이윤으로 배분이 되고, 이 배분된 소득으로 기업의 총생산물을 모두 소비한다면, 여기에서는 더 이상의 발전은 이루어지지 않는다. 애덤 스미스는 이러한 상태를 '노동빈민'의 상태라고 말한다.

4장 『국부론』, 자본주의 이론

 만일 어떤 사회에서 분업이 완전히 이루어지고 있는 상태에서, 한 기업이 어떤 사회의 과업을 수행하려 한다면, 이 기업은 총생산량 중에서 아직 판매되지 않은 재고를 가지고 있어야 한다. 그래야 이 기업은 그 사회적 과업을 수행하는 동안 기존의 재고를 판매하여 생존을 할 수 있기 때문이다. 이 판매되지 않은 재고가 결국은 이 기업의 잉여분으로서 대부분 경영자의 이윤에 속하여 있다. 이에 대해 애덤 스미스는 다음과 같이 말한다.

 분업이 존재하지 않고 교환이 거의 이루어지지 않으며, 각자가 모든 물건을 스스로 조달해야 하는 원시사회 상태에서는, 사회의 과업을 수행하기 위해서 어떤 재고도 미리 축적하거나 저축해 둘 필요가 없다. 각자는 자기 자신의 노력으로 수시로 발생하는 자기 자신의 수요를 충족시키려고 애쓴다. 배가 고프면 숲에 가서 사냥을 한다. 옷이 떨어지면 자기가 잡은 가장 큰 동물의 가죽으로 옷을 만든다.…
 그러나 일단 분업이 완전히 채용되고 나면 자기 자신의 노동 생산물은 수시로 발생하는 각자의 수요 중 매우 작은 부분만을 충족시킬 수 있을 뿐이다. 수요의 대부분은 타인의 노동생산물에 의해 충족되는데, 그것을 자기 자신의 노동생산물, 또는 같은 이야기지만, 노동생산물의 가격과의 교환으로 구매한다. 하지만 자신의 노동생산물이 이미 완성되어 판매되기 전에는 그것을 구매할 수 없다. 따라서 이렇게 될 때까지 자기를 먹여 살리고 자기에게 작업의 원료·도구를 공급하기에 충분한 양의 온갖 재화의 재고가 어디엔가는 비축되어 있어야 한다.… 이러한 축적은 그가 장기간 이러한 특수한 일에 몰두하기 이전에 진행되어야 한다는 것은 분명하다. (『국부론』 333-334)

[적용] 모든 잉여금을 처분하라?
 장하성은 2014년 『한국자본주의』를 저술하며, 경제민주화를 대한민국에 실현하기 위한 방안을 그곳에서 서술하였다. 그 책에서 그는 모든 기업으로 하여금 발생하는 이익을 모두 배당을 하고, 사업확장은 유상증자나 차입금

을 통해서 하게 하라고 말한다. 장하성은 이것을 문재인 정부에서 실행하기 위해서『자본시장법시행령』154조 1항에서 '배당'을 삭제함으로, 국민연금이 대기업들의 배당정책에 개입하게 하였다.

이익을 모두 배당을 해 버리면, 회사에는 운영자금이 없어진다. 득히 새 고량을 늘리고, 기계설비에 투자를 하여 회사를 확장해야 하는데, 이러한 모든 행위를 하지 말라고 한 것이다. 그것이 경제민주화라고 말하였다.

이것은 사회주의 전략인데, 대기업으로 하여금 잉여금을 모두 처분하고, 여유자금을 없앤 후에 사업확장시에 유상증자를 하게 하기 위해서였다. 그러면 대주주 지분은 자동적으로 희석되기 때문이다.

나. 재고의 용도

이 재고가 잉여로서 존재할 때, 이 기업은 또 다른 일에 몰두할 수 있다. 원료의 수량을 더욱 증대시켜 노동자의 수를 더 늘리기도 하고, 기계를 구입하여 그 노동의 질을 높이기도 한다. 그리고 심지어는 다른 사업의 분야에 진출하기도 한다. 만일 이 재고가 더 이상의 재투자에 사용되지 않을 때에 이 재고는 현금으로 환원하여 저축을 이룬다.(화폐의 역할) 그리고 이 저축은 또 다시 다른 사업기회를 가진 자에게 대출되어서 그가 더 좋은 사업에 재투자를 하게 된다. 결국 기업의 잉여는 경제발전의 원동력이 된다. 이러한 이론은 오늘날에도 고스란히 적용되고 있다.

사물의 본성상, 재고의 축적은 분업에 앞서 이루어져야 하며, 따라서 재고가 미리 더 많이 축적되면 될수록 그것에 비례해서 분업은 더욱 세분된다. 동일한 수의 사람들이 일하는 데 필요한 원료의 수량은 분업이 세분될수록 더욱 증가한다. 각 노동자의 조작이 점점 더 단순하게 됨에 따라 그 조작을 용이하게 하고 간단하게 하기 위해 다양한 종류의 새로운 기계가 발명된다. 분업이 진전됨에 따라, 동일한 수의 노동자를 항상 고용하기 위해서는 미개한 상태에서 필요한 것과 동일한 양의 식량과, 그것보다 더 많은 양의 원료·도구가 미리 축적되어 있어야 한다. 그러나 각 사업분야에서 노동자의 수는 분업의 진전에 따라 증가하게 된다. 또는 노동자의 수가 증가하기 때문에 그들 사이의 분업이 더욱 세분된다고도 말할 수 있다.

노동생산력의 커다란 개선을 이루기 위해서는 미리 재고가 축적되어 있을 필요가 있기 때문에, 재고의 축적은 자연히 이러한 개선을 가져온다. 노동자의 고용에 재고를 사용하는 사람은 당연히 가능한 한 많은 생산량을 얻을 수 있게끔 재고를 사용하려고 한다. 이것이 일반적으로 재고 증가가 노동과 노동생산력에 미치는 영향이다.(『국부론』 334-335)

다. 재고의 분할과 자본의 출현

애덤 스미스는 어떤 기업의 총생산물 중에서 재고라는 잉여가 존재하지 않을 경우, 그 기업가의 수입은 오로지 그의 노동으로부터만 나온다고 말한다. 이것은 한 기업 혹은 한 산업이 정체된 것을 의미한다. 산업자본이 형성되지 않으면, 그 나라는 노동빈민의 상태에 빠지고 만다. 기업들에게 재고라는 이윤이 충분히 남을 때, 이제 노동의 생산성 증대라는 새로운 비약이 시작된다. 애덤 스미스에게 이 재고는 '자본'과 '직접적인 소비'로 구성된다. 여기에서 '직접적인 소비'는 자본가의 생활비를 의미하며, 여기에서 의미가 있는 재고는 잉여로서의 '자본'이다. 이 '자본'은 다시 회사의 생산과 제조와 관련하여 사용되는 '유동자본'과 노동의 생산성 증가를 위해 기계나 생산도구의 구입에 사용되는 '고정자본'이다.

어떤 사람이 가지고 있는 재고가 자기 자신을 며칠 또는 몇 주 유지하는데 충분할 뿐이라면, 그는 그 재고로부터 어떤 수입을 얻어내려고 생각하지 않는다. 그는 가능한 한 그것을 절약해서 소비하고, 그것을 모두 소비하기 전에 그것을 채워 넣을 뭔가를 얻기 위해 스스로 노동한다. 이 경우 그의 수입은 오로지 그의 노동으로부터만 나온다. 이것이 모든 나라에서 대부분의 노동빈민이 처해 있는 상태이다.

그러나 그가 가지고 있는 재고가 몇 달 또는 몇 년을 유지하는데 충분하

마르크스 사상 비판

다면, 그는 당연히 그것의 많은 부분으로부터 수입을 얻어내려고 노력한다. 즉, 그 수입이 들어오기 시작할 때까지 먹고 살 수 있는 일부 재고만을 직접적인 소비분으로 남겨둘 뿐이다. 그러므로 그의 재고 전체는 두 부분으로 나누어진다. 그에게 수입을 가져다 주리라 기대되는 부분을 자본이라 한다. 나머지는 그에게 직접적인 소비를 제공하는 부분이다. …
자본을 사용해서 수입이나 이윤을 얻는 방식에는 두 가지가 있다. 첫째, 유동자본으로서 재화를 생산·제조하는 데, 또는 재화를 구입해서 다시 판매하여 이윤을 얻는 데 사용된다. … 둘째, 고정자본은 토지의 개량에 사용되거나, 유용한 기계·생산도구의 구매에 사용되는 자본이다. … (『국부론』 337-338)

[적용] 이윤 축적으로서의 자본 : 자본주의

자본주의라는 용어는 이윤추구의 극대화로 이루어지는 자본의 축적을 말한다. 우리는 이렇게 어떤 기업의 이윤이 축적되어 자본을 이루게 되었을 때, 이것을 부정적으로 바라보면 안 된다. 그 축적된 자본은 반드시 재투자 되기 때문이다. 그 기업의 사업가를 통해서 재투자 되든지, 아니면 은행을 통해 다른 사업가에 의해 그 자금은 재투자가 되기 때문이다. 그리고 그 투자가 곧 우리의 일자리인 것이다.

따라서 자본주의라는 용어는 상당히 긍정적인 용어이다. 소유의 자유를 말하고 있기 때문이다. 소유의 자유의 정점에 자본주의라는 용어가 있는 것이다. 소유의 자유가 허락되자, 그곳에서 창의성과 기술과 과학이 출현하였다. 그래서 시장에서 이윤활동을 하게 된 것이다. 그리고 이제 이 이윤이 축적되어 자본을 이룬 것이다. 이 자본은 또 다시 은행권 등을 통해 산업에 투자된다. 이 자본은 또 다시 창의성과 기술과 과학을 사업화하는 데 사용된다.

자본주의라는 용어는 소유의 자유의 정점에 있는 용어이다. 그래서 자본주의가 사실상 자유주의의 연결선상에 있다. 소득 격차로 인해 많은 부작용들이 존재하다보니, 이 용어가 부정적인 용어가 되어 있다. 그런데, 원래

이 용어는 소유의 자유를 의미한다. 그리고 창의성과 기술과 과학을 사업화하는 용도의 자금인 것이다.

라. 은행업과 '재고(잉여)-저축-투자'의 관계

애덤 스미스에 의하면, 은행은 여러 가지 유익을 제공해 주지만, 은행의 가장 현명한 활동은 "사장된 재고를 생산적 자본으로 바꾸는 것"이라고 말한다. 한 기업의 이윤 중 사용되지 않은 부분은 모두 은행에 저축의 형태로 남아 있다. 은행은 이것을 다른 투자처를 가진 사람에게 대부해 줌을 통해서 모든 재고 혹은 이윤이 산업에 투자되게 한다. 이 이자율을 초과하여 수익을 남길 수 있는 사람이 이 돈을 사용하는 것이다.

은행의 가장 현명한 활동이 한 나라의 산업을 증가시킬 수 있는 것은, 은행이 그 나라의 자본을 증가시키기 때문이 아니라. 그 자본의 대부분을 은행이 없었을 때보다 더욱 활동적이고 생산적이게 하기 때문이다. 어떤 상인이 자기의 자본 중 때때로의 지불 요구에 응하기 위해 현금으로 보유해야 하는 부분은 그만큼 죽은 자본인 셈이고, 그러한 상태로 남아 있는 한 그 자신에게나 나라에 아무것도 만들어주지 않는다. 은행의 현명한 활동들은 그로 하여금 이 죽은 자본을 활동적이고 생산적인 자본으로, 즉 노동재상인 원료와 노동수단인 도구, 노동목표인 식량·생필품으로, 그리고 그 자신과 나라에 무엇인가를 만들어 주는 자본으로 전환시킬 수 있게 해준다. (『국부론』 392)

한편, 이러한 은행은 오늘날 국민총생산의 개념에서 "저축=투자"라는 등식이 성립되게 해준다. 이것은 "국민총생산 = 국민총소득"을 "소득(Y)=소비(C)+저축(S)=소비(C)+투자(I)"로 해석할 수 있는 근거를 제시해준다. 이것은 오늘날 국민 총소득의 계산 근거를 제시해 주고 있다.

마. 자본에 의해 나타나는 생산적 노동

애덤 스미스에 의하면, 노동이라고 해서 모두 같은 생산성을 가져오는 노동이 아니다. 어떤 기업가가 기획한 제품의 아이디어를 보고, 그 제품을 만들기 위한 원료에 자신의 유지비의 가치를 투하했을 때 생산적 노동이 나타난다. 이것을 제조공의 노동이라고 부르는데, 이 경우 원료의 가치에다 자기 자신의 유지비와 고용주의 이윤의 가치를 부가한 것이다. 반면 원료나 아이디어가 반영되지 않은 하인의 노동은 아무런 가치도 부가하지 않는다. 이것은 비생산적 노동이다. 즉, 자본과 결합되지 않은 노동은 아무런 생산성을 가져오지 않는다.

노동에는 그것이 가해지는 대상의 가치를 증가시키는 노동이 있고, 그런 효과를 갖지 않는 노동이 있다. 전자는 가치를 생산하므로 생산적 노동이라 할 수 있고, 그런 효과를 갖지 않는 노동이 있다. 전자는 가치를 생산하므로 생산적 노동이라 할 수 있고, 후자는 비생산적 노동이라 할 수 있다. 제조공의 노동은 일반적으로 그의 작업 대상인 원료의 가치에다 자기 자신의 유지비의 가치와 고용주의 이윤의 가치를 부가한다. 반대로 하인의 노동은 아무런 가치도 부가하지 않는다. 비록 제조공의 임금은 고용주로부터 선대(선급)되지만, 임금의 가치는 일반적으로 그의 노동이 가해진 대상의 증대된 가치의 형태로 이윤과 함께 회수되기 때문에, 사실 고용주는 아무런 비용도 들이지 않는 것이다. 그러나 하인의 유지비는 결코 회수되지 않는다. 다수의 제조공을 고용하는 사람은 부자가 되지만, 다수의 하인을 유지하는 사람은 가난해진다.(『국부론』 404)

축적된 이윤으로서의 자본은 반드시 사업화된다. 내 자신의 사업을 확대시키든가, 은행권을 통해서 다른 사람의 창의성과 기술과 과학을 사업화한다. 우리에게 일자리를 가져오는 자본을 자꾸 적대시하면 안 된다.

바. 자본에 의한 연간생산물의 증가

그리하여 결국 한 나라의 자본의 증감은 그 나라의 연간 생산물을 증감

4장 『국부론』 자본주의 이론

시킨다. 그리고 한 나라의 생산물을 증가시키기 위해서는 자본의 증가가 필요하다. 그러므로 만일 생산물이 증가했으면 자본도 증가했다고 확신해도 좋다. 평화시에는 거의 모든 나라가 이러했다.

한 나라의 토지·노동의 연간 생산물의 가치를 증대시키려면 오직 생산적 노동자의 수를 늘이거나 이전에 고용된 노동자의 수를 늘이거나 이전에 고용된 노동자들의 생산력을 증가시키는 방법밖에 없다. 일국의 생산적 노동자의 수는 자본의 증가, 즉 그들을 유지시키기 위한 재원의 증가에 의해서만 증가할 수 있다는 점은 분명하다. 동일한 수의 노동자들의 생산력은 노동을 쉽게 하고 단축해주는 기계·도구들의 추가·개선이나 더욱 적절한 분업·작업배치의 결과로서만 증가될 수 있다. 두 경우 모두 자본은 거의 항상 추가로 더 필요하다. 어떤 사업이든 경영자가 노동자들에게 더 좋은 기계를 제공해 주거나 노동자들 사이에 작업을 더 적절하게 분배할 수 있는 것은 오직 이 추가되는 자본을 통해서이다.… 이것은 조용하고 평화로운 시기에는 거의 모든 나라가 그러했다.…
(『국부론』 420-421)

결국 애덤 스미스는 자본의 축적이 노동생산성을 가져다 준다는 것을 말해주고 있다.

사. 자본축적에 의한 경제성장의 원리

오늘날의 새로운 산업군은 재투자를 통해 이루어진다. 단순한 소비의 증대가 아니라, 하나의 산업군이 출현하기도 한다. 모든 국가의 실질적인 경제성장의 원리는 바로 이와 같은 투자에서 나타난다. 투자는 노동의 생산성을 증대시킬 뿐만 아니라, 새로운 산업군을 만들어내며, 한 나라의 경제성장을 주도한다.

마르크스 사상 비판

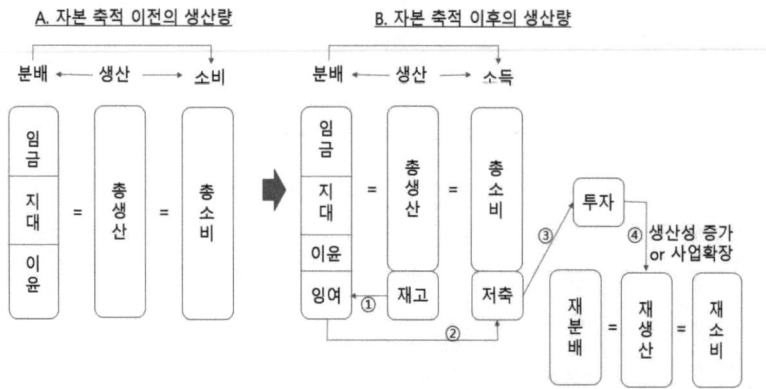

위의 그림을 설명하자면, 먼저 "A. 자본축적 이전의 생산량과 분배와 소비"는 정체된 상태를 말한다. 생산되는 대로 모두 소비되어 버리고 재투자가 되지 않는다. 즉 기업가의 이윤도 모두 그의 생계유지비로 소비된다. 그런데, 교환을 중심으로 이루어지는 시장경제에서는 이 그림은 성립되지 않는다.

경영자는 이윤을 책정하고, 재고를 새로운 투자의 재원으로 삼아, 재고를 직접적으로 재투자하여 노동생산량 증대를 위해 사용하기도 하고, 기계설비를 구매하여 노동생산성을 향상시킨다. 그렇게 하고도 이윤이 존재한다면, 그것은 화폐로 환원되어 저축으로 되어진다. 그러면, 이제 그 저축은 다른 투자자에게 대출되어 새로운 사업에 투자된다. 이렇게 축적된 자본은 재생산을 이루게 된다.

한편, 마르크스는 자본가의 이 이윤을 부정하게 여긴다. 노동자의 피와 땀을 착취한 것이라고 말한다. 반면, 시장경제를 추구하는 사람들은 이 투자금이 사용되어 또 다른 기업을 양산하는 것을 보면서 고용의 기회가 확대되는 것을 바라본다. 그래서 국민 총생산이 늘어나고 이에 맞추어서 분배가 더욱 늘어나는 것을 바라본다. 이제 이렇게 증가된 노동자들은 시장에서 다른 물품을 소비함을 통해서 또 다른 기업들의 생산물을 소비해준다.

[평가] 자본주의 : 자유냐 평등이냐?

애덤 스미스의 『국부론』은 "무엇이 국부인가?"를 연구한 책이다. 중농주의자들은 음식물을 생산해 낼 수 있는 토지 등을 국부로 보았는데, 이것은 농업을 중시하는 태도로 이어진다. 중상주의자들은 금과 같은 재화의 구매력을 국부로 보았는데, 이 경우는 상업을 중시하는 태도로 이어진다. 이에 반하여 애덤 스미스는 오히려 한 국가의 '생산량'과 '소비량'에서 국부를 발견하였다. 이때 그 생산과 소비 사이에는 분배가 전제되는데, 생산에 참여한 자들에게 분배된 대가가 소비를 일으켰던 것이다. 즉 '생산'과 '분배'와 '소비'가 계속 반복되면서 이어진다. 따라서 애덤 스미스는 무엇인가가 생산되고 소비된 양이 곧 국부를 결정한다고 보았다. 이것은 제조업을 중시여기는 태도로 나타났다.

국부에 대한 바른 이해

어떤 생산품이 있다. 여기에 노동력이 들어간다. 그래서 생산품이 나온다. 모든 노동은 인간 존재 노동의 산물이다. 그러면 그 생산품에 대한 대가는 그 노동자에게 이윤을 제한 부분이 주어진다. 물론 농업 생산물이 다량으로 생산된 것도 국부이지만, 이렇게 노동자에게 노동의 대가가 주어지는 것이 곧 진정한 국부이다. 이 양자의 차이는 무엇인가? 노동자에게 노동의 대가로 주어진 것은 그들에게 소비의 잠재력이 주어진 것이다. 다른 생산품들을 구매할 수 있는 구매력이 주어진 것이다. 그런데 농업생산품은 어떤가? 이 때 그 대가는 지주에게 모두 간다. 여기에서 소비의 잠재력은 그 지주 한 사람에게만 주어지므로 극히 미미하다. 이 원리를 잘 이해하여야 한다.

오늘날 대한민국을 비롯한 수많은 선진 국가들에서 중국의 초저가 공급 초과의 공격을 받아서 모든 제조업이 붕괴되어 버렸다. 심지어는 무역업과 전자상거래과 도소매업까지 공격을 받아 일자리가 사라져 버렸다. 이것이 실질적인 국부의 상실이다.

거대한 국가가 개인들이 경쟁하는 시장경제에 개인과 똑같은 입장에서 경쟁에 뛰어든 것이나. 모든 각국의 개인기업들은 이제 국가기업과 생생을 하여야 한다. 지금 중국경제는 자신들의 일자리를 위해 초저가공급과잉으로 세계경제를 파괴하고 있다. 자유시장경제에서는 수요공급의 법칙에 따라 가격을 중심으로 공급량을 조절한다. 그래서 초과공급이 발생하지 않는다. 그런데, 사회주의 국가에서는 국가가 기업들의 주인이므로 굳이 이윤극대화의 법칙을 따르지 않는다. 가격을 올릴 필요도 없이 자국 인민들의 일자리를 위해서 그냥 재고가 쌓이건 말건 공장을 돌릴 뿐이다. 세계경제에 초비상이 걸렸다. 수요와 공급의 법칙을 무시한 공산세력의 초저가 공세에 대해서는 차라리 보호무역이 더욱 요청된다.

시장경제 : '소유의 자유(이윤추구)'에서 나타나는 과학·기술·창의성

애덤 스미스는 『국부론』(1776)에서 사유재산 곧 소유를 인정하고 있다. 헤겔은 그의 『법철학』(1816)에서 정신의 본질은 '자유'인데, 이 자유는 정신의 자유로운 활동을 의미한다. 그리고 정신은 그의 자유로운 활동을 할 때, 그 활동의 대상에 자신을 얹는다. 즉, 정신의 자유는 사유를 기반으로 하여 활동을 한다는 것이다. 이때 어떤 사물에 대한 사유를 제한해 버리면, 이제 더 이상 그곳에서는 정신의 활동이 일어나지 않는다. 그렇기 때문에 사유가 인정되지 않는 곳에서는 더 이상 정신의 창의적인 활동이 일어나지 않는다. 즉 과학기술의 발전은 존재하지 않게 된다는 것이다. 그런데, 시장경제에서는 이것이 허용된다. 그래서 우리의 정신은 끝없이 우리에게 만족을 주고 행복을 주는 어떤 것을 산출해낸다. 정신의 활동을 최대한 보장해 주는 것이 곧 애덤 스미스의 시장경제론이었던 것이다.

애덤 스미스는 이것을 '선한 이기심'이라고 했다. 사회가 그 선한 이기심을 허용하자, 온갖 창조적인 행위들이 일어났다. 매우 싼 가격의 제품들이 나와서, 일정 급여보다 훨씬 이하의 금액을 지불하고도 온갖 필요한 모든 생필품들을 구매하고도 저축을 할 수 있는 여유가 생겼다. 산업혁명의 시대의 일반 근로자는 고대 세계의 왕과 같은 식생활을 할 수가 있게 되었다. 이렇게 하여 한 국가의 빈곤 문제가 해결되었다. 그리고 오늘날에는 의료활동에도 영리행위가 허용되자 인류의 숙원이었던 질병의 문제가 해결이 되었다.

산업군(일자리)을 만들어내는 자본

시장에서의 이윤추구 행위의 허용은 자본의 출현을 가져온다. 그리고 그 자본은 사업확장의 재투자로 이어진다. 혹은 재투자로 이어지지 않은 자본은 금융권을 통해 또 다시 다른 창의성을 가진 자의 사업에 재투자된다. 이것은 모두 우리의 일자리들이다. 이것이 한 나라에서 가장 선한 것이다. 우리는 이것을 먼저 바라보아야 한다.

우리는 축적된 이윤으로서의 자본에 대해 일단 "소유의 자유"를 인정하여야 한다. 그에게서 이 소유의 자유를 빼앗아 버리면, 자신들의 일자리를 빼앗긴다는 것을 알아야 한다.

공산·사회주의자들은 이 이윤 중에서 상당부분이 노동자들의 몫이라고 주장을 한다. 그런데, 자본가들은 시장에 형성된 임금을 보고, 그 마진을 따진 후에 한 사업을 결정한다. 일단 기계의 구입이나 임금 등은 고정된 것으로 보고, 시장에서 형성된 그 제품의 가격을 본다. 그 후에 사업을 개시하는 것이다. 이것을 인정하여야 한다. 거대자금에 대한 투자가 이루어지고, 이윤이 남자 그 결과물을 함께 나누자고 한 것은 약속위반이다. 그러면 그 사업가는 그 사업을 접게 된다. 그러면 일자리가 사라진다.

자유가 먼저인가, 평등이 먼저인가

무엇이 진정한 민주주의인가? 사회주의자들은 우리 모든 인생들은 평등하다고 말한다. 이제 국민투표의 1인1투표제의 정치적 평등은 성취되었다고 말한다. 그런데, 더욱 중요한 것은 경제적 평등이 진정한 평등이라고 말한다. 이 경제적 평등이 이루어지면, 이 세계에 경쟁이 없는 유토피아의 시대가 온다고 말한다. 그리고 이 유토피아를 이루기 위해 투쟁을 하자고 말한다. 사회주의자들의 민주주의는 평등 민주주의이다.

한편에서는, 이 평등을 강제화할 경우, 프로크루스테스의 신화처럼 모든 여행자들에게 침대에 맞추어서 키가 큰 사람은 다리를 자르고, 키가 작은 사람은 머리를 잡아 빼었다. 사람들은 다양하게 탄생하므로 평등은 기회의 평등이며 법 앞에서의 평등이다고 말한다. 경제에서 쉽게 표현하자면, 평등을 주장하면, 자신의 사업이 위축되고, 일자리가 날아간다는 것을 염두에 두어야 한다.

그런데, 자유란 무엇인가? 사실은 소유의 자유가 핵심인 것이다. 우리가 정치적 자유를 빼앗겼을 때, 왜 분노를 하는가? 잘못된 위정자가 나타났을 때, 경제가 망가지고, 나에게 손해가 오기 때문에 분노를 하는 것이다. 자유 중에서 여러 사상의 자유, 집회·결사의 자유, 종교의 자유 등이 있는데, 그 본질은 소유의 자유로 귀착될 수 있다.

헤겔의 『법철학』은 모든 정신을 가지지 않은 대상들은 정신적 존재에게 소유를 당할 때, 그곳에서 풍요로움이 나타난다고 하였다. 어떤 황무지가 정신적 존재에게 소유를 당하면, 그곳에서 꽃이 피고, 곡식이 자라는 것이다.

결론적으로

성경에서는 종말이 가까워올수록 미혹이 크게 일어난다고 하였다. 오늘날 이 세계경제를 위협하는 가장 큰 미혹은 공산·사회주의라고 보여진다. 그들은 평등을 이용하여 정권을 장악하고, 그 정권의 힘을 이용하여 대기업의 지배구조를 해체하여 국가로 귀속시킨다. 그래서 한 국가의 생산수단 곧 일자리를 장악하려 한다. 심지어 재벌을 해체하여 모두가 평등하게 되었으니, 이것을 민주주의라고 말한다. 심지어 이러한 민주주의 이념을 위해서 평생을 투신한 사람도 있다. 그 사람들에게 이 민주주의는 선이다. 그래서 이 민주주의를 위해 자신의 몸을 불사를 뿐만 아니라, 이 평등의 실현을 위해서 악도 서슴치 않고 저지른다. 이것을 알면 그 동안 이해되지 않았던 좌경화된 많은 정치인들을 이해할 수 있다.

5장 마르크스 『자본론』과 『경철수고』

[개요] 공산주의 이론 : 『자본론』과 『경철수고』

마르크스는 젊은 날에 『경철수고(경제학·철학수고)』를 쓰고 이것을 기반으로 『공산당선언』을 작성하며, 유럽세계에서 공산주의 혁명(운동)을 일으켰다. 이 운동이 실패로 돌아가자, 그의 남은 여생을 애덤 스미스의 『국부론』을 비판하는 데에 일생을 보내었다. 그런데, 『국부론』의 모든 선한 주제를 없애버리고, 노동의 부분만 집중하여 논리를 전개한다. 그래서 『국부론』을 아는 자는 곧바로 『자본론』의 허구를 알아차린다. 그런데, 『국부론』을 읽지 않고, 『자본론』만 접한 자들은 마르크스의 이론에 현혹된다. 마르크스의 이론은 프롤레타리아트를 선동하기 위한 이론으로 보인다. 현실감 없이 사변적이며, 한 가지 노동에만 몰두하고 있어서 현실에서는 존재할 수 없는 이론이다.

노동가치설 비판

마르크스 이론은 상당히 현실적이고 감각적이다. 그러나 그 이면의 지식이 모두 빠져있다. 예컨대, 마르크스 주의자들은 이렇게 말한다. "우리 주변의 모든 자동차아 건물과 같은 생산품들을 보라. 이 모든 것을 노동자가 만들지 않았느냐? 그러므로 모든 사물의 가치는 노동가치이다"고 말한다. 이러한 주장을 한번 논박해 보라. 그 이면의 것들을 보지 않으면, 이 말에 대거 넘어간다. 대부분의 좌파들이 그렇다. 그런데, 이 모든 생산품들은 '자본+기술+노동'으로 되어 있다. 따라서 노동가치설은 틀린 이론이다. 문제는 마르크스는 이 노동가치설을 전제로 하고, 또 다시 삼단논법처럼 이것을 전제삼아 이론을 전개한다.

잉여가치설 비판

마르크스는 이렇게 모든 것의 가치가 노동가치라면, 어떤 생산품의 가치

5장 마르크스 『자본론』과 『경철수고』

에서 원료의 대가, 노동의 대가, 자본의 대가를 지불하고 남은 모든 이윤이라는 잉여금은 노동자의 몫이라는 것이다. 이 잉여금이 누적되어 자본을 이루는데, 이 자본을 소유한 자본가들은 노동자들의 몫을 탈취한 것이라고 말한다. 잘못된 전제하에서 나타나는 그 다음 명제는 그 차이가 더 커진다.

 모든 사건은 원인관계를 따져야 한다. 그 원인관계에 따라 그 다음이 전개되기 때문이다. 과학기술 혹은 창의성이 존재하지 않으면, 어떤 제품이 나올 수 없다. 자동차의 엔진 등의 기술이 없이는 자동차 공장에 세워질 수 없는 것이다. 노동자들이 아무리 많이 모여 있어도 기술이나 창의성을 가진 그 한 사람이 존재하지 않으면, 기업과 공장은 세워지지 않는다.

 어떤 기술이 있다고 하더라도, 이제 자본이 필요하다. 자본이 있어야 공장을 짓고, 기계장치를 설치하며, 원재료를 구매하고, 그 다음에 근로자의 노동을 구매해야 한다. 이 자본은 자칫 잘못된 투자를 하면, 투자한 금액을 모두 날릴 수 있다. 이 자본가는 큰 위험부담을 안고 있는 것이다. 그 사업의 실패시 그 손실은 말로 표현할 수 없을 정도로 크다. 많은 사람들이 창의성이 발동하여 어떤 사업을 시작하지만, 그것의 성공확률은 그리 높지 않다.

 이 자본가 혹은 투자자는 사업의 성공여부를 검토한 후, 그 사업을 전개한다. 이때 노동자의 임금도 중요한 변수이다. 이때 노동자의 임금은 상수로서 시장에서 고정되어 있고, 예측가능하다. 이 노동자의 임금이 변수가 되어서 서로 잉여금을 나누어야 한다면, 애초부터 그렇게 처음부터 제시되어야 한다. 회사가 성공을 한 후, 그 잉여금을 나누자고 하면 안 된다. 그런데 마르크스는 성공한 회사의 경우, 잉여금을 노동자에게 주어야 한다고 말한다. 지금 누가 누구의 것을 탈취하고 있는가?

자본, 사회적 재산화

 마르크스의 이론은 잘못된 전제에서 계속 그 이론이 삼단논법처럼 발전하고 있다. 모든 제품의 가치는 노동가치설이라고 말한 후, 모든 잉여금은 노동자의 것이라고 주장한다. 그런데, 그 잉여금을 자본가가 가져갔다. 그

마르크스 사상 비판

래서 자본가의 모든 자본은 노동자로부터 빼앗은 탈취물이다. 그래서 이제 프롤레타리아는 그 자본가의 자본을 빼앗아서 그것을 사회적 재산으로 하여야 한다. 그리고 그것이 사회주의이다. 모든 재산과 생산수단을 사회가 소유한다.

이렇게 하여 자본가의 자본을 몰수해버리면, 이제부터 이루어지는 모든 노동은 착취에서 벗어나게 된다. 마르크스는 착취된 노동을 소외된 노동이라고 하는데, 이 소외된 노동의 해방은 오직 자본을 사회적 재산으로 할 때에만 이루어진다. 이것만이 노동자의 해방이다. 노동자의 해방은 사유재산 제도의 폐지를 통해서만 이루어진다.

계획경제 : 능력에 따라 일하고, 필요에 따른 분배

자본가들이 가진 모든 자본이 몰수되어 사회적 재산이 된다는 것은 모든 생산수단이 공유된다는 것을 의미한다. 즉 생산수단의 국유화를 의미한다. 이제 국가가 모든 생산품의 생산을 계획하고, 필요에 따른 분배를 하여야 한다. 이때 생산품의 생산은 각자의 능력에 따라 일자리를 배정하여 생산을 하게 된다. 그리고 완성된 제품은 필요에 따라 분배 되어진다. 이제 경쟁이 없는 사회가 펼쳐지는 것이다.

이러한 꿈같은 이야기가 실제로 이 세계 역사 속에서 펼쳐졌는데, 그것은 곧 러시아를 중심으로 한 소련이었다. 스탈린은 아주 강력한 독재를 펼치면서 위의 세계를 소련에 건설하였다. 스탈린이 위의 계획경제를 시작하였을 때, 처음에는 뭔가가 되는 것 같았다. 이때 미국을 중심으로 한 서방세계는 대공황에 시달리고 있었다. 그래서 서방에서는 수많은 사람들이 경제시찰단을 꾸려서 견학을 왔다. 그런데, 1922년도에 이렇게 시작한 소련은 그후 스탈린 이후에도 경제발전을 위해 온 정부가 애를 썼으나 1991년도 붕괴되어 해체되어 버렸다.

5장 마르크스 『자본론』과 『경철수고』

1. 『경제학·철학 수고』 : 소외된 노동

마르크스의 『경제학·철학 수고』는 1845년에 집필된 것으로 추정되지만, 오늘날의 형식으로 이 세상에 공표된 것은 1932년의 『마르크스·엥겔스 전집』 속에서이다. 한편, 이 『경제학·철학 수고』는 마르크스의 노트에 "소외된 노동"으로 나타난 사상을 좀더 체계적으로 발전시킨 것이다. 따라서 우리는 "소외된 노동"이라고 불리우는 이 마르크스의 노트도 함께 살펴볼 필요가 있다. 마르크스의 노동의 개념이 적나라하게 드러나 있기 때문이다. (한편, 우리는 다음의 내용을 소개할 때 그에 대한 평가도 함께 병행하고자 한다.)

가. 유적본질의 실현으로서의 노동

『국부론』에 의하면, 노동은 신성하다. 한 나라의 부는 그 구성원들의 노동을 통한 생산물의 가치라고 말해질 수 있다. 그 동안 중상주의나 중농주의의 부의 개념이 달라진 것이다. 그 어떤 재화보다도 노동의 생산물을 가장 고귀하게 보고 있다. 중농주의에서는 땅에서 생산되는 생산물이다. 한편, 제조업에서 나오는 노동에 의한 생산물은 인간의 정신의 노동의 산물이다.

이에 대하여 칼 마르크스도 또한 노동을 거룩하게 여기고 있다. 인간의 유적본질 혹은 사회적 본질의 실현이라고 한다.

동물은 다만 욕망대로 살고 있을 뿐이다. 그런데 인간은 의식적으로 자각적으로 산다. 다시 말해서 이렇게 할까 저렇게 할까를 곰곰이 생각해서 생활한다. 그러므로 인간의 본질이 무엇인가를 생각하고 거기에 어울리는 생활을 할 수도 있는 것이다. 인간은 혼자가 아니라 유적인 존재(사회적 연결이 있는 존재)였다. 유(類)나 사회는 단순하게 원자적인 개인의 집합체가 아니라 서로 어우러져 이루어졌다. 그러나 유적 생활이란 방관하는 것이 아니다. 자연스럽게 일을 찾아서 노동하는 것이다. 노동하고 생산하여 인간의 유적 본질(사회적 공존)을 실현하는 그것이 인간의 참모습이고 참된 자유이다. 요컨대 생산적 노동이야말로 자기실현이고 유를 이루고 있는 인간의 본모습이요 본질이다.("마르크스의 노트", 『경제학·철학수고』 역사(김수행)해세, 687)

인간들의 노동은 인간 정신의 활동이다. 정신의 활동은 거룩하고 고귀한 것이다. 그런데, 정작 우리의 노동이 세상에서 그렇게 여김을 받고 있는가? 마르크스는 이것을 묻고자 한다.

나. 소외

마르크스는 노동자가 자신은 일정액의 급여만을 받고, 그 이윤을 자본가가 가져가는 것에 대해서 그의 인간본질이 탈취를 당한 것이라고 말한다. 그래서 자기실현이 되어야 할 일터가 자기의 비실현이 되었다고 말한다. 그는 이것을 노동의 소외라고 말한다. 이 사상은 마르크스에게 평생토록 인간해방과 관련한 핵심 구호가 되었다.

① 생산자와 소유자의 괴리 : 자기의 비실현

그런데 상태는 어떠한가? 시민사회 안에서는 거꾸로 되어 있다. 노동 실현의 성과, 다시 말해서 노동자가 생산한 생산물은 그의 본질의 실현 일터이다. 그런데 시민사회에서는 이 생산물은 그것을 만든 노동자의 것이 아니다. 자기 것이어야 하는 생산물이 자기 것이 아니게 되어 있다. 노동자의 것이 아님은 물론 노동자에게는 냉담하고 소원한 것으로 대항하고 노동자를 예종시키고 노동자를 괴롭힌다. 자기의 실현이 비실현이 되어 있다.

② 생산할수록 가난해 짐으로 자기본질의 상실

자기본질의 획득이어야 할 것이 여기서는 상실이다. 요컨대 노동도 하지 않은 사람, 자기실현을 하지 않은 사람에게 독점당하고 사유되었다. 생산물이 가장 중요한 실현자(생산자)에게는 냉담하게 대립하여 그를 괴롭히고 노예로 만들었다. 노동자는 자기실현으로서의 재물을 많이 생산할수록, 생산력과 양을 증대할수록 차츰 더 가난해진다.

③ 유의 본질의 상실 : 소외

요컨대 노동에 의해서 자기 자신을, 자기의 본질을, 인간이라는 유의 본질을 실현해 나갈 수가 없다. 노동에 의하여 물건을 만들고 그것으로서 자신을 풍요롭게 해 간다는 인간다움에서 버림을 받게 된다. 이것이 '소외'라고 하는 현상이다.

④ 생산활동 과정에서의 소외

그러나 시민사회로부터의 이 소외는 단순히 생산의 결과(생산물)에 있어서뿐만 아니라, 생산활동 그 자체, 요컨대 인간이 자기본질을 실현하는 과정 자체가 이미 냉담한 것이 되고, 남의 것이 되고, 그 자신에게는 속해 있지 않다. 그러므로 노동자는 노동하고 있는 것에 스스로의 창조적 기쁨이나 행복을 느끼지 않고 괴로움이나 불행을 느낀다.

⑤ 자기실현의 노동이 도리어 자신을 황폐케 함

자유로운 자기실현의 움직임은 육체적·정신적 에너지를 발전시키지도 못하고 반대로 육체를 괴롭히고 정신을 황폐화시킨다. 그러므로 노동자는 노동 속에서 괴로움을 느끼고, 노동하지 않을 때 자유나 편안함을 느낀다. 시민사회에서의 노동은 고난이자 자기희생이고 남의 것이 되었다. 노동자의 생산활동은 자기활동·자기실현이 아니라 남의 소유로 돌아갔다. ("마르크스의 노트", 『경제학·철학수고』 역자(김수행)해제, 687-688) (참조 : 『경제학·철학수고』 1권 4장 소외된 노동)

우리 주변의 모든 가치 있는 것들, 예컨대 집이나 자동차 등을 보면 모두 노동자가 생산한 것이다. 그런데, 정작 그것을 소유하는 자는 자본가이다. 생산자와 소유자가 다르다는 것이다. 이것을 마르크스는 노동의 소외라고 말한다. 그리고 노동자의 삶을 보면, 일주일 동안 회사에 매여서 자유를 상실하고 산다. 이것이 노동의 2차적 소외이다. 정신의 활동으로서의 노동은 거룩하고 신성한 것인데, 이 거룩한 노동이 소외를 당한 것이다. 마르크

마르크스 사상 비판

스는 이에 대해 분노하고 있다.

다. 민중 민주주의 이슈인 '노동의 소외'에 대한 평가

마르크스적 '노동의 가치'와 '노동의 소외'는 훗날 민중 민주주의자들의 이슈가 되었다. 그런데, 위의 이슈에는 중요한 현실적인 문제들이 결여되어 있다. (다음은 필자의 견해이다.)

먼저, 모든 생산품은 노동자의 노동만으로 만들어지는 것이 아니다. 과학기술과 자본과 노동의 결합이다. 마르크스의 가장 취약한 점은 상품을 노동가치로만 파악한다는 것이다. 그런데, 자동차가 나오기 위해서는 먼저 기술이 있어야 한다. 그리고 사업장을 개설할 자본이 있어야 한다. 그 다음에 노동이 투입되는 것이다. 노동자가 모든 것을 소유해야 한다는 것은 잘못된 논리이다.

두 번째, 우리는 일자리를 파악할 때 분업으로 인한 생업의 수단으로 파악을 한다. 분업에 의해 직업들은 다양하다. 나는 자동차 만드는 일을 하지 않았는데, 자동차를 소유하고 있으며, 집을 소유하고 있다. 나는 내 일만 하는데, 세상의 모든 것을 누리고 있다. 이것은 분업의 원리이다. 세상에 그 모든 것은 전부 분업에 의해 만들어졌다. 만든 자가 모든 것을 소유해야 한다는 것은 매우 감각적인 논리이며, 틀린 논리이다.

세 번째, 자본가는 이윤극대화가 허용되어 기업을 시작하였고, 여기에서 노동자의 귀중한 일자리가 창출되어 생계의 근거가 마련되었다. 이것은 국가에서 가장 거룩한 행위이다. 그런데, 이것이 마르크스에 의해 영혼살해라고 간주되고 있다.

네 번째, 노동의 신성성은 각자가 개발해 내는 것이다. 어떤 사람은 과학기술을 하며, 어떤 사람은 경영을 하고, 어떤 사람은 근로자를 하는 것이다. 그리고 자신의 대가를 받고 세상의 모든 것을 누린다. 노동을 신성하게 할 수 있는 모든 기회가 각 사람에게 열려있다.

5장 마르크스 『자본론』과 『경철수고』

마르크스와 민중 민주주의자들은 위의 문제제기에 대한 답변을 하여야 한다. 위의 문제제기가 객관타당한 데, 마르크스와 그의 추종자들은 '소외된 노동'이라는 구호는 거의 신성한 구호이다. 자신들에게 제공된 일자리가 자신의 생업의 수단이라고 말하지 않고, 자신의 영혼을 살해하고 있다고 말한다. 이것이 과연 객관적인 판단인가? 각 나라에는 마르크스에게 현혹된 많은 지성인들이 존재하는데, 모든 판단을 감각적으로 하지 말고, 근원부터 분석해서 하여야 한다.

라. 적대적인 투쟁에 의해서 책정되는 임금

마르크스의 '노동소외' 사상은 이제 '노동임금'의 문제로 확장된다. 마르크스는 임금노동은 언제나 자본가와의 적대적인 투쟁에 의해서 결정된다고 말한다. 이때 승리자는 항상 자본가라고 말한다. 마르크스는 기업에 이윤이 발생하였을 경우, 노동자도 자신의 급여 외에 그 이윤에도 참여할 수 있어야 한다고 말한다. 그런데, 어떤 사업장이 개설될 때, 기업가들은 사회에 펼쳐진 임금체계를 보고 그 사업을 시작한다. 따라서 기업가들은 임금체계는 맨 처음의 약속이라고 한다. 어떻게 보면, 이것이 자본가가 임금협상에서 승리하는 이유이다.

① 자본가와의 적대적 투쟁에 의해 결정되는 임금노동
임금노동은 자본가와 노동자의 적대적인 투쟁에 의해서 결정된다. 승리하는 쪽은 언제나 자본가 쪽이다. 자본가는, 노동자가 자본 없이 살아갈 수 있는 것보다 더 오래 노동자 없이도 살아갈 수 있기 때문이다. 자본가들 사이의 단결은 상습적이고 효과적이지만, 노동자들의 단결은 금지되어 있고, 이는 그들에게 좋지 않은 결과를 초래한다.
② 산업상의 이익을 덧붙일 수 없는 노동자
또, 토지 소유자와 자본가는 자기들의 수입에 산업상의 이익을 덧붙일 수 있으나, 노동자는 자신의 소득에 지대도 자본이자도 덧붙일 수가 없다.

③ 노동자들 사이의 심한 경쟁관계

그러기 때문에 노동자들 사이에서의 경쟁은 매우 심하다. 이렇게 해서 자본 및 토지 소유와 노동과의 분리가 필연적·본질적이고, 더욱이 유해한 것이 되는 것은 노동자에 대해서뿐이다. 자본과 토지 소유 쪽은, 이런 추상(적 분리 상태)에 머무를 필요는 없으나 노동자의 경우에는 그렇게는 되지 않는다. 그러므로 노동자에게 치명적인 것은, 노동이 자본이나 지대로부터 분리되어 있다는 점이다.

④ 노동자 생계비가 최저한도의 임금수준

노동임금을 정하는 최저한도의 임금 수준은 노동하는 노동자의 생계비이며, 노동자가 가족을 먹여 살릴 수 있고 노동 종족들이 사멸하지 않을 만큼이다. 애덤 스미스에 의하면, 통상적인 노동임금이란, 순수한 인간생활, 다시 말해 가축 정도의 생존에 알맞은 최저임금이다.

⑤ 상품화된 노동자

…노동자는 하나의 상품이 되었으며, 노동자 스스로를 팔 수 있으면 그것은 노동자에게 있어 행운이다. 더욱이 노동자의 생명을 좌우하는 수요는 부자나 자본가의 자의에 달려 있다.…

⑥ 노동자의 손해는 생존, 자본가의 손해는 이윤

일반적으로 주목되어야 할 일은, 노동자와 자본가가 똑같이 손해를 입는다 해도, 노동자의 경우에는 손해를 입는 것은 자기 자신의 생존이지만, 자본가의 경우에는 그의 죽은 화폐가 낳는 이윤에 지나지 않는다는 것이다.

⑦ 노동을 얻기 위해 요청되는 투쟁

노동자는 자신의 물리적인 생활필수품 때문만이 아니라, 일자리를 얻기 위해서, 즉 [노동이라고 하는] 자신의 활동을 실현할 수 있는 가능성과 수단을 얻기 위해서도 싸우지 않으면 안 된다. (마르크스, 『경제학·철학 수고』 1권 1장 노동임금, 15-17)

마르크스가 말하는 것처럼 모든 노동자의 임금에도 이윤의 일정부분이

배당되어야 하는 것이 맞는가? 아니면, 임금체계는 기업가와 노동자 사이의 맨 처음의 약속이라는 말이 맞는가? 일반적으로 기업가들은 후자 쪽에 서 있다. 그런데, 노동자들이 단체를 조직하여 전자를 강압할 경우, 기업가들은 그것을 약속의 위배라고 말한다.

근로계약의 형태에는 이윤을 나누는 형태의 근로계약도 존재할 수 있다. 그리고 심지어는 손실까지도 서로 나누어 부담할 수도 있다. 그러나 그것은 처음부터 그렇게 약속이 되어야 한다. 그런데, 마르크스의 말은 일반적으로 약속되지 않은 것을 요구하는 것으로 보인다.

이러한 요구가 일반화될 경우, 많은 문제가 발생한다. 만일 위와 같은 일이 오늘날과 같이 선진화된 사회에서 발생한다면, 어떻게 될 것인가? 일반적으로 국내기업이 해외로 이탈을 한다. 그러면, 그 만큼의 일자리가 감소하게 된다.

예를 들어, 어떤 대기업이 최근 미국에 3조원을 투자하여 케미칼 회사를 세웠다. 자본금이 3조원이라면 그 매출은 머지않아 30조에 이를 것이다. 이 매출액이 매년 그 나라에 주입이 된다. 우리는 이것을 상실한 것이다. 이 30조원이 낙수효과가 되어 전 산업에 골고루 퍼지는 것인데, 이 부가가치를 상실한 것이 된다. 많은 대기업들이 해외투자라는 명분으로 자국을 이탈할 것이다. 대기업들이 이런 형태로 의사결정을 하기 시작했다면, 이미 그 나라의 일자리는 빠져나가기 시작한 것이다.

오늘날 국내기업들이 해외로 빠져 나가는 이유가 위와 같은 명분으로 노조를 조직하여 경영주를 압박함 때문이다. 이러한 현상이 일반화되면, 이것은 한 나라의 경제에 매우 큰 타격을 입힌다.

2. 자본과 자본의 이윤

마르크스는 『경제학 철학수고』에서 자본과 이윤을 논한다. 그는 자본가의 이윤이 어떻게 발생하였는지의 그 시원은 고찰하지 않는다. 당장에 나타난 현상만을 고찰하며, 그것을 실체로 여기고 이에 대해 판단을 한다. 마르크스는 "자본이란, 어느 일정량의 집적, 축적된 노동"으로서 노동자에게서 탈취한 것이라고 말한다.

그는 이 '자본'에 대한 개념을 아담 스미스『국부론』의 '자본' 개념에서 고스란히 가져왔는데, 우리는 이 둘을 동시에 고려하여야 한다. 아담 스미스는 그렇게 말하고 있지 않기 때문이다.

가. 자본의 본질

아담 스미스는 노동의 생산성은 자본의 투자와 더불어서 발생한다고 말한다. 원재료가 투자되어야 하며, 기계장치가 투자되어야 그 노동의 생산성이 증대된다. 그리고 무엇보다도 맨 처음 그 사업의 시작시부터 계속해서 그 기업에서 힘을 발휘하는 것은 그 기업가의 기술력을 내포하고 있는 창의성에 있다. 그 기업가는 여기에 투입되는 노동에 대한 임금을 계산하여 사업을 시작하고 이윤을 남긴다. 이때 노동자들은 기업가들의 이러한 투자 행위가 있었기 때문에 그 직업을 가질 수가 있었다. 다음은 애덤 스미스의 논의의 요약이다.

① 애덤 스미스의 논리는 이윤은 사업을 전개한 자본가의 몫이다. 좀더 구체적으로 말하자면, 기술(혹은 창의성)과 자본에 대한 대가이다. 기업가는 시장에 형성된 비용으로서 임금을 고려한 후, 자본을 투여하여 이 사업을 시작하는데, 여기에는 실패의 위험도 있다.
② 한편, 아담 스미스는 그의 '자본'에 대한 이론을 전개할 때, '생산물'과 '재고'를 분리해서 논리를 전개하였다. 기업가는 '생산물'을 통해서 모든 이해관계자(지대, 이윤, 임금)에게 배분을 마치고, 또 '재고'가 있어야 또 다른 사업기회에 도전할 수 있기 때문이었다. 기업가는 원래 이 '잉여생산물'로서의 '재고'를 고려하고 사업을 전개한다. 이것은 기업가의 '이윤'의 일부로서 '자본'을 형성한다.

5장 마르크스 『자본론』과 『경철수고』

③ 그리고 그 '잉여 재고'로서의 '자본'은 또 다시 투자에 활용되어 생산성을 증대시키고, 고용을 증대시킨다. 그리고 이것이 한 나라 '경제성장의 원동력'이다. 이 잉여재고가 그 기업에 재투자되어 노동 생산성을 증가시키지 않는다면, 그 잉여재고는 은행에 저축되어 또 다른 투자자를 통해서 산업에 투자된다. 그래서 그곳에서 또 다시 고용을 창출한다.

마르크스는 아담 스미스의 이 '재고'의 축적으로서의 '자본'은 노동자가 만든 '재고'로서 '축적된 노동'이므로 이것은 노동자의 소유이거나, 아니면 기업가와 노동자가 나누어야 한다고 말한다. 이에 대해 기업가는 노동자에게 약속한 대가는 모두 주었으며, 그 잉여는 자본에 할당되는 이윤이라고 말한다.

일반적으로 생산요소는 '자본+기술(경영)+노동'인데, 마르크스는 생산요소로서 항상 '노동'만 생각하는 '노동가치설'을 취한다. 이에 근거하다보니 '자본'은 "타인의 노동 생산물에 대한 사유화"(노동착취)이다. 자본이란 "어느 일정량의 집적, 축적된 노동이다"고 말한다. 그리고 국가의 실정법은 그것을 사유화시켜 주었다. 그래서 그것은 계속 상속되어 일정 자본가에게 귀속되었다. 이렇게 타인의 노동 생산물이 특정인에게 귀속된 것은 상속재산을 정당화시키는 실정법 때문이라고 말한다. 그래서 그는 사유재산제 속에서 모든 문제를 찾고 있다. 마르크스는 다음과 같이 말한다.

① 실정법 : 타인의 노동생산물에 대한 사유화의 근거
자본, 즉 타인의 노동 생산물에 대한 사유재산은 무엇에 근거하는가?…사람들은 어떻게 해서 생산자금의 소유자가 되는가. 어떻게 해서 이 자금에 의해 만들어지는 생산물의 소유자가 되는가. 실정법에 의해서이다.…
② 자본은 노동과 그 생산물에 대한 지배권
자본은 노동과 그 생산물에 대한 지배권이다. 자본가가 이 권력을 갖는 것은 그의 개인적 또는 인간적 특성 때문이 아니라, 그가 자본의 소유자이기 때문이다. 그의 자본이 휘두르는 구매의 권력, 그 무엇도 저항할 수

없는 이 권력이야말로 그의 권력인 것이다. 우리는 후에, 자본가가 자본에 의해 노동에 대한 자신의 지배권을 어떻게 행사하게 되는가를 우선 보게 될 것이지만, 그 다음에는 이 자본이 자본에 휘두르는 지배권도 보게 될 것이다.

③ 자본이란 축적된 노동 : 노동자의 착취

자본이란 무엇인가? "어느 일정량의 집적, 축적된 노동이다."(아담 스미스, 『국부론』 2편, 312) 자본이란 축적된 노동인 것이다. 농업 생산물이든 공업 생산물이든, 이들이 축적되면 모두 자금이 되고 밑천이 된다. 밑천이라고 불리는 것은 그 소유자에게 수익이나 이윤을 가져오는 경우 뿐이다. (마르크스, 『경제학·철학수고』 1권 2장 자본의 이윤, 30-31)

위의 마르크스의 논리는 다음과 같은 일반적인 반대에 직면한다. 왜 이렇게 양자 간의 판단에 차이가 발생하는가?

① 실정법 : 우리는 먼저 실정법을 따라야 한다. 만일 실정법이 마르크스처럼 정해져 있다면, 그러한 사회에서는 그렇게 하면 된다. 거기에 맞추어서 기업을 하면 되는 것이다. 이윤을 기업가의 몫으로 정해진 자유민주주의 국가에서는 그렇게 하여야 한다. 이 약속을 나중에 뒤집으면 안 된다.

② 자본의 본질 : 우리는 자본가의 자본을 사전적으로 파악하여 우리들의 일자리로 보는데, 우리는 자본이 투자로 진행되어 우리의 일자리를 증가시켜 주길 원한다. 감사의 대상이다. 그런데, 마르크스의 관점은 자본가는 그 자본을 권력처럼 휘두른다고 말한다.

③ 이윤 : 기업가는 위험을 무릅쓰고 기업을 운영하여 이윤을 낸다. 사후적으로 이것을 파악하여 그것을 노동 착취의 산물이라고 하면 안 된다.

나. 자본 이윤

마르크스는 노동은 일정한데 반하여 자본의 이윤은 일정하지 않음에 대해 불만을 가지고 있다. 이때 그는 항상 추가되는 이윤만 생각하고 있기 때문으로 보인다. 파산의 위험은 전혀 생각하지 않고 있다. 마르크스는 당시의 산업혁명만 생각하고 있다. 또 하나는 자본가는 노동을 하지 않고, 이윤을 가져간다고 말한다. 노동자들에 대한 관리도 노동자 중의 한 사람이 하고 있다. 자본가는 아무런 일도 하지 않는데, 이윤은 모두 가져간다. 그의 이야기는 '무노동 유임금'을 말하고 있는 것으로 보인다. 그는 모든 이윤은 노동이 수행한 진보를 통해서라고 말하며, 더 나아가 분업과 화폐와 같은 유통수단의 간편화의 결과라고 말한다. 그런데, 자본가는 이 이윤을 독식했다고 말한다. 이것은 사업을 해보지 않고, 외부에서 기업을 바라보는 사람의 견해이다.

① 자본의 이익 : 이윤 + 급여
자본의 이익 또는 이윤은 노동임금과는 전혀 다르다. 이 차이는 두 가지 점에 나타난다. 우선 첫째로, 감독이나 관리와 같은 노동은 자본이 달라도 같을 수가 있는데, 자본이윤 쪽은 전적으로 사용되는 자본가치에 따른다.
다음으로, 큰 공장에서는 그런 노동의 모두가 한 사람의 현장 책임자에 맡겨지지만, 그의 급여는, 그가 그 성과를 관리하고 있는 자본과 아무런 비례관계도 없다. 그런데 공장소유자는 노동은 이 경우 아무것도 없는데도 그는 자신의 자본에 비례한 이윤을 요구한다.
② 자본가의 이중 이윤 : 급료 + 지불한 원료 이윤
왜 자본가는 이윤과 자본 사이의 이런 비율을 요구하는가?… 이렇게 해서 자본가는 첫째 급료를 기초로, 둘째 돈을 미리 지불한 원료에 의해서 이윤을 이끌어 내는 것이다.… 따라서 자연 생산물이나 가공된 자연 생산물을 다루는 인간의 노동이 진보했다고 해서 노임이 늘어나는 것이 아니고, 오히려 어떤 면에서는 이윤을 낳는 자본들의 숫자가 늘어나고, 또 어떤 면에서는 앞선 자본에 대한 모든 후속하는 자본들의 이득을 증가시킨다.… 자본가는 이중으로 이윤을 얻는다.

마르크스 사상 비판

③ 분업이윤 + 노동의 진보 이윤
우선 첫째는 분업에 의해서, 둘째는 일반적으로 자연 생산물을 다루는 인간의 노동이 수행한 진보를 통해서이다.… 자본이윤이 (예를 들어 지폐 등에 의한) 유통수단의 간편화나 그 비용의 경감에 의해서도 상승한다는 것은 분명한 일이다.(마르크스, 『경제학·철학수고』 1권 2장 자본의 이윤, 31-35)

오늘날, 자본이 항상 이윤을 낸다고 생각하면 이것은 사업 경험이 없는 자들의 큰 오산이다. 오늘날 일반적인 소기업의 경우 생존율이 그다지 높지 않다. 그 사업의 파산에 대한 위험은 어디로 갔는가? 왜 항상 이윤을 낸다고만 생각을 하는가? 이윤 내는 것이 정확하다면, 자신이 기업을 하면 되는데, 왜 본인은 그렇게 하지 않는가? 노동자는 그 기업으로 인해 일자리를 얻은 것이다. 노동자는 그 손실을 담당하지 않는다.

마르크스는 나타난 현상만을 자신이 유리한 관점에서 보고 "공장 소유자의 노동은 아무것도 없는데도, 그는 모든 이윤을 독차지한다"고 말한다. 그는 자본가의 이윤을 '무노동 유임금'이라고 말한다.

① 무엇보다도 오늘날에는 "자본과 경영"이 분리가 되어 있다. 자본가는 주주로서 사업에 투자를 하고, 경영자는 경영만을 전담한다. 그래서 경영자에게는 경영자로서의 급여가 지불된다.
② 주주에게는 이윤에 대한 배당이 지급된다. 마르크스는 이 이윤이 주주의 몫이 아니라, 노동자의 몫이라고 한다. 분업과 노동 진보의 이윤은 노동자의 몫이라는 것이다.
③ 이럴 경우, 어떤 자본가도 투자를 하지 않는다. 자본가 이윤을 인정하지 않으면 그 기업 자체가 일어날 수 없다. 그러면 일자리도 발생하지 않는다.

마르크스의 논리에 의하면, 자본가들이 투자를 하지 않는다. 그러면 일자리도 나오지 않는다. 자본을 정죄하는 것은 자신들의 일자리를 정죄하는 것이다.

다. 마르크스의 자본주의 vs 애덤 스미스의 자본주의

마르크스는 자본을 이렇게 "탈취한 노동"으로 보았다. 따라서 마르크스의 자본주의는 '죄' 자체이며, 자본주의 제도는 탈취한 노동으로 부자가 된 자들을 실정법으로 옹호하는 제도이다. 이것이 마르크스의 자본주의이며, 좌파들의 자본주의에 대한 개념이다. 자본주의 제도를 채택한다는 것은 이러한 자본주의의 경제식민지가 되는 것이다. 그래서 좌파 경제학자들은 자본주의를 매우 혐오스러운 단어로 프레임을 씌운다.

그렇다면, 애덤 스미스의 자본주의는 어떠한가? "소유의 자유·이윤추구의 자유"로 인해 창의성과 기술이 발현되어서 축적된 '자본'으로서, 많은 사람들에게 일자리를 만들어 내는 투자의 원천이다. 이윤추구로 축적된 자본은 눈먼 돈과는 다른 "기술과 창의성이 탑재된 자본"이라는 것이다.

원래 자본주의 시장경제라는 용어는 애덤 스미스의 국부론을 통해 출현하였다. 자본주의와 시장경제는 서로 연장선에 있는 같은 개념이다. 시장에서의 이윤추구 활동의 결과 축적된 이윤으로서, 또 다시 일자리 창출에 기여하는 기업의 설립에 투자될 자금인 것이다. 일자리를 창출하는 거룩한 자본인 것이다. 따라서, 이것이 자본주의의 원래적 개념이다.

그리고 이 자본에게 지속적인 이윤추구행위 곧 소유의 자유를 허용하면, 이 자본은 또 다시 일자리 창출에 기여를 한다. 그러나 이러한 이윤추구의 행위 곧 소유의 자유를 빼앗으면, 그 자본은 그 사회에서 사라져 버리는 것이다.

3. '사회 재산화'를 통한 '노동의 해방'

가. 노동과 자본의 대립

마르크스는 자본을 노동의 집약된 축적물이라고 부른다. 그런데 이 자본

마르크스 사상 비판

이 노동자 위에 군림하며 지배력을 행사한다. 노동에 의해 산출된 자본, 노동자의 몫으로 분류되어야 할 자본이 노동과 대립관계에 서있다. 이 현상은 사유재산이 모순의 관계에까지 발전하였다. 그렇다면 이제 사유재산은 해체되어야 할 단계에 이른 것이다.

① 자본과 노동의 대립
사유재산의 주체적인 본질인 노동은 재산과는 양립하지 않고, 객체적인 노동인 자본은 노동과는 양립하지 않으므로, 이 노동과 자본은, 사유재산이 모순의 관계에까지 발전한 것이며, 따라서 해체에까지 돌진할 것 같은 동적인 관계를 취하기에 이른 것이다.
② 철폐되어야 할 자본
자기소외의 지양은 자기소외의 같은 길을 걷는다. 우선 사유재산은, 그 객관적인 측면에서만 고찰되지만, 그럼에도 불구하고, 노동이야말로 그 본질이라고 여겨진다. 그래서 한편에서는 사유재산의 존재 형태는 '그 자체로서' 철폐되어야 할 자본이다. (프루동) 다른 한편으로는 노동의 특수한 존재양식(즉, 평균화되고 세분화되고, 따라서 부자유한 것 같은 노동)이야말로 사유재산과 그 인간 소외적인 존재양식과의 유해성의 원천이라고 이해된다. (푸리에)…
③ 보편적인 사유재산 : 공산주의
마지막으로, 공산주의야말로 지양된 사유재산의 적극적 표현인데, 우선은 보편적인 사유재산(만인이 사유재산을 갖는)의 형태를 취한다. 공산주의는 사유재산이라고 하는 관계를 그 보편성으로 파악하기 때문에. (마르크스, 『경제학·철학수고』 3권 2장 사유재산과 공산주의, 92)

노동의 축적물인 자본이 도리어 노동을 통제하러 들어오며, 결국 자기가 자기를 압박하는 기이한 제도가 곧 사유재산 제도이다. 사유재산은 그 인간 소외적인 존재양식과의 유해성의 원천이다.
반면, 애덤 스미스적인 견해에 의하면, 이윤추구와 자본축적을 인정하는 사유재산 제도는 또 다시 그 자본을 이윤추구활동에 투자되게 한다. 그래서 사유재산제도는 모두를 풍요롭게 하는 거룩한 제도이다.

사유재산제도의 유익으로서 마르크스와 애덤 스미스의 두 견해 중 어떤 것이 타당한가? 푸르동이나 푸르에와 같은 공상적 사회주의자들은 공산주의를 보편적인 사유재산 제도라고 말한다. 모두 공동으로 소유한다는 것은 아무것도 소유하지 못하게 하는 것을 말한다.

나. 노동자 해방의 방법 : 사유재산제도의 철폐

마르크스는 '자본'의 개념을 "다른 사람의 노동의 축적물"로 해석함을 통해서 자본주의제도는 "남의 것을 빼앗아 자기 것으로 삼는 원리"가 작동하는 사회라고 말한다. 이 원리는 교정되어야 한다. 그리고 그 길은 사유재산제도의 폐지라고 말한다. 그리고 이러한 사회를 건설하기 위해서는 먼저 노동자의 해방이 있어야 한다고 말한다.

① 남의 것을 빼앗아 자기 것으로 삼는 원리
노동의 소외라는 거꾸로의 상태, 소외는 도대체 어디에서 비롯되는 것일까? 그것은 이기적이고, 배타적이며, 서로가 남의 것을 빼앗아 자기가 갖는 것을 원리로 삼는 시민사회 자체에 뿌리가 있다.
② 시민사회의 원리의 교정
그러므로 원인은 그런 시민사회를 만들어 낸 인간 자신에게 있다. 그래서 우리들은 이 소외라고 하는 거꾸로 된 상황을 자유로운 참된 것으로 되돌려야 한다.
③ 사유재산의 폐지, 사회재산
그러기 위하여는 사유재산을 참된 인간적인 것으로 하여 사회재산으로 만들어야 한다. 여기에 사회주의 또는 공산주의의 문제가 있다.
④ 노동자의 해방을 통해 가능해 지는 제도
그리고 그것은 소외나 예속의 극단에 있는 노동자의 해방을 통해서만 가능해진다. 노동자 계급의 해방은 동시에 인간의 해방이다. 완전히 소외된

노동자계급의 해방 없이는 인간 전체의 참된 해방은 있을 수 없다.("마르크스의 노트", 『경제학·철학수고』 역자(김수행)해제, 689)

마르크스는 '자본주의제도'를 "남의 것을 빼앗아 자기 것으로 삼는 원리"가 작동하는 사회라고 말한다. 자본주의 제도를 창설한 애덤 스미스의 개념 정의를 완전히 뒤집은 것이다. 이러한 인류의 죄악은 사유재산제도의 폐지를 통해서만 교정된다는 것이다.

다. 『국부론』에 의한 자본과 사유재산의 역할 이해

아담 스미스는 자본의 축적은 더 많은 노동자를 고용할 수 있도록 원재료의 구매량을 늘려주고, 노동자의 생산성이 증가할 수 있도록 더 좋은 기계장치를 구매하게 한다. 더 나아가 그 자본은 금융권을 통해 다른 사업기회를 가진 사람들에게 대여 되어 또 다른 영역의 기업을 탄생시킨다. 얼마나 방대한 고용창출인가? 이것이 아담 스미스의 '자본'에 대한 개념이자, 사유재산제도였다.

우리는 거대한 놀이공원 관람을 하면서 거대 자본이 제공해주는 편익을 맘껏 누리고 있다. 거대 자본은 값싼 가격에 높은 만족을 주는 행복을 구매하게 해준다. 어떤 자본가가 그 유익을 누리는 것이 아니다. 어떤 거대 자본가가 자신의 재산을 모두 누리는 것이 아니다. 그는 잠시 그것을 맡아서 관리하는 청지기일 뿐이다. 우리는 우리에게 혜택을 주는 그를 즐겁게 맞이해야 한다.

새로운 하이테크 기술이 출현하여 새로운 신산업이 일어나면, 자본가는 거기에 투자를 하여 그 산업을 일으킨다. 우리는 교육과 훈련을 통해 그 산업의 신기술을 익혀서 그 산업 분야로 진출하게 된다. 노동의 차별화가 이루어지는 것이다. 그리고 신기술만 있으면, 투자자가 투자를 하여 그 노동자를 경영자로 변화시켜준다.

역사 속에서 살펴보면, 자본이 이와 같은 경제발전을 이루어내었다. 우리는 우리에게 혜택을 주고 있는 그 자본가이다. 그가 내 노동을 빼앗아간 것

5장 마르크스 『자본론』과 『경철수고』

이 아니라, 내 정신이 창조활동을 할 수 있도록 기회를 준 존재이다. 상품은 내 생명도 아니고, 내 주인도 아니다. 내 정신이 낳은 유익한 제2의 창조물일 뿐이다. 많은 사람들이 내 정신 낳은 상품을 보고 즐거워할 것이다. 어떤 엔터테인먼트사의 연예인은 자신의 기교로 사람들에게 즐거움을 주고 있는 것이지, 그 기교를 즐기는 그 사람이 내 영혼을 빼앗아 간 것이 아니다. 마르크스는 내 피땀이 어린 내 노동의 결과물(상품)을 다른 사람이 빼앗아갔다고 말한다. 그렇지 않다. 자본가는 그 노동자와 소비자의 중간에서 그 중개의 역할을 한 것이다. 자본가가 없었더라면 그 노동자의 기교는 생산되지 않았을 것이다. 이처럼 오직 자본이 모든 노동을 가치 있게 만든다. 이러한 관점이 옳지 않은가?

마르크스의 철학은 편견과 증오가 가득하다. 이 『경제학·철학 수고』가 평생 그의 사상이었다. 그의 『자본론』 또한 그 연장선에 있고, 모든 글은 이 관점에서 써졌기 때문에 그의 모든 글들에는 이와 같은 설명을 달아야 한다.

라. 『국부론』 vs 『경제학·철학 수고』『자본론』의 관점

애덤 스미스의 『국부론』을 알지 못하고, 『경제학·철학 수고』와 『자본론』을 접한 사람들은 대부분 마르크스의 관점으로 넘어간다. 그리고 그것은 하나의 안경과 같은 역할을 하여서 올바른 개념을 갖는 데에는 상당한 노력을 하여야 한다.

마르크스는 그의 『자본론』을 저술할 때, 애덤 스미스의 『국부론』을 반박하기 위해 썼다. 마르크스는 그의 평생을 『자본론』 저술에 투신하였다. 이때 마르크스는 그의 글에서 이러한 애덤 스미스의 자본의 개념을 모두 생략해 버렸다. 애덤 스미스의 『국부론』은 "무엇이 국부인가?"를 비롯해서, "분업·시장·이윤추구"를 거쳐서 "자본의 신성함"에 이른다. 그리고 이것을 보장해주는 제도가 자본주의 제도이며, 사유재산제도이다. 마르크스는 『경제학·철학 수고』나 『자본론』에서 이러한 중요한 내용들을 모두 생략해 버렸다.

상품의 가치구성요소가 "자본+기술+노동"인데, 여기에서 오직 "노동"만을

상품의 가치라고 말하는 "노동가치설"을 주장하면서, 애덤 스미스의 모든 핵심개념들을 생략해 버렸다. 그래서 애덤 스미스를 모르고 마르크스의 『자본론』을 접하면, 대부분 마르크스의 경제관으로 빠져 버린다. 그러나 애덤 스미스의 『국부론』을 알고 마르크스의 『경제학·철학 수고』와 『자본론』을 접한 사람은 신속히 그의 관점의 오류를 발견한다. 마르크스의 관점은 하나의 공상적 사회주의이다. 과학적 사회주의라는 용어도 그가 용어혼란을 위해서 지어낸 용어일 뿐이다.

4. 『자 본 론』, 물신화 된 상품

가. 상품의 개념

마르크스는 자본주의 분석의 출발점을 상품으로 잡고 있다. 사실 우리 눈에 보이는 모든 것은 인간 노동의 결과이다. 기독교 세계관에 의하면, 하나님은 인간에게 정신을 주시며 제2의 창조명령으로서 문화명령을 하였다. 과학 기술의 발명과 오늘날의 모든 풍요는 이와 같은 문화명령 덕분이다. 그리고 이러한 모든 문화유산으로서의 부는 오늘날 "상품의 방대한 집적"으로 나타난다.

그렇다면, 상품이란 무엇인가? 마르크스는 상품은 타인을 위한 사용가치가 있어야 한다고 말한다. 상품은 자신을 위한 것이 아니라 타인과의 교환 목적으로 생산 된 것을 말한다. 이것은 노동생산물이 상품으로 전환된 것이다. 그리고 이 상품의 사용가치의 변화는 역사적 발전 단계가 반영된 것이다.

① 사회의 부 : 상품의 방대한 집적
자본주의적 생산 양식이 지배하는 사회의 부는 '상품(Ware)의 방대한 집적'으로 나타나며, 개개의 상품은 이러한 부의 기본형태로 나타난다. 그러므로 우리의 연구는 상품의 분석으로부터 시작한다.(『자본론』 1권 49/43)[7]

② 상품의 사용가치

상품(Ware)을 생산하기 위해서는, 그는 사용가치를 생산할 뿐만 아니라 타인을 위한 사용가치, 즉 사회적 사용가치를 생산해야 한다.(1권55/51)

③ 다양한 가치개념들의 출현

노동 생산물은 어떤 사회 제도에서도 유용한 대상이지만, 그것의 생산에 지출된 노동이 그 물건의 '객관적' 속성 즉, 가치로 나타나는 것은 오직 역사적으로 특수한 발전 단계에 속하는 일이다. 바로 그러한 발전 단계에서 노동 생산물이 상품으로 전환된다.(1권76/79)

경제학 이론에 의하면, 상품의 가치는 사용가치와 교환가치가 존재한다. 그리고 이것은 화폐의 등장과 더불어 저장의 기능까지 갖추면서 자본의 축적이 가능해 지게 되었다. 마르크스는 이러한 기존의 화폐이론을 자신의 『자본론』에 접목을 하였다.

나. 사용가치와 교환가치 : 노동가치설

마르크스는 상품이 '사용가치'와 '교환가치'(가치)라는 두 가지 요소로 구성되어 있다고 말한다. 사용가치란 물건의 유용성을 말한다. 또한 상품은 판매를 위해 생산된 물건으로서 화폐를 비롯한 다른 물건과의 교환을 목적으로 하는데, 이것이 교환가치이다. 마르크스는 상품의 교환가치를 규정하는 것은 상품의 가치라고 보면서 '교환가치' 개념을 '가치' 개념과 동일한 것으로 간주한다.

이러한 상품의 가치 또는 교환가치의 원천, 혹은 어떤 상품이 다른 상품과 교환될 때 일정한 양적 비율을 유지하는 근거나 기준은 인간의 노동이라고 한다. 사용가치 또는 유용한 물건이 가치를 가지는 것은 다만 거기에 추상적 인간 노동이 체현되어 있거나 대상화되어 있기 때문이다. 이러한 가치는 각각의 상품에 투입되어 있는 '노동의 양'에 의해서 결정된다. 따라서

---

7) 여기의 인용문은 모두 손칠성의 『마르크스 자본론』에 있는 것을 재인용한 것이다. 그리고 해설도 또한 그의 견해가 많이 반영되어 있다.

마르크스 사상 비판

가치의 원천은 '노동'이다.

① 사용가치 : 한 물건의 유용성
한 물건의 유용성은 그 물건으로 하여금 사용가치가 되게 한다. 그러나 이 유용성은 공중에 떠있는 것이 아니라 상품의 물리적 속성에 의해 주어지고 있으며, 그 상품체와 별도로 존재할 수 없다.(1권50/44)

② 교환가치 : 사용가치의 교환비율
교환가치는 우선 양적 관계 즉, 어떤 종류의 사용가치가 다른 종류의 사용가치와 교환되는 비율로 나타난다.(1권50/45)

③ 가치의 크기 측정 : 노동의 양에 의한 측정
그 가치의 크기는 어떻게 측정되는가? 그 물건에 들어 있는 '가치를 형성하는 실체'인 노동(Arbeit)의 양에 의해 측정한다. 노동의 양은 노동의 지속 시간으로 측정하고, 노동 시간은 시간, 일, 주 등을 기준으로 측정한다.(1권53/48)

여기에서 우리는 잘 판단해 보아야 한다. 상품의 종류는 다양하다. 쌀이 있고, 생필품이 있고, 사치품이 있고, 자동차도 있고, 집과 같은 건물도 있다. 이것 모두가 상품이다. 이때 이것의 가치를 '노동가치'로만 판단하여야 하나? 특정 기업에서 이러한 상품들을 생산한다고 하자. 이때 그 상품의 가치가 오로지 인건비로만 구성이 되나? 그렇지 않다. 전통적으로는 "지대(임대료)+임금(노동자)+이윤(자본가)"이라고 말한다. 오늘날에는 임대료 비중이 현저히 줄었다. 그리고 그 자리를 일반적으로 "기술과 창의성"이 대체하고 있다. 그래서 오늘날의 생산요소는 "자본+기술(창의성)+임금"으로 구성된다.

어떤 사람이 하나의 사업화가 가능한 기술 또는 아이디어를 가지고 있다. 이 사람이 자본가에게 찾아가 투자를 받는다. 그리고 그 자금으로 공장을 짓고 원재료를 구입한 후, 노동자를 채용하여 상품(제품)의 생산을 한다. 그리고 이 상품을 판매한 대금으로 인건비 등을 지급하고, 남은 것은 이윤으로 삼는다. 따라서 이윤은 "기술과 자본"에 대한 몫이다.

어떤 제품, 특히 산업이 발달할 경우, 노동가치설은 더욱 멀어진다. 노동자를 아무리 모아 놓아도, 자동차에 들어갈 엔진을 만드는 기술이 없으면, 자동차는 생산되지 않는다. 기술만 있다고 해도 되는 것이 아니다. 자본이 없으면, 아무리 좋은 기술이 있어도 무용지물이다.

마르크스의 노동가치설은 자본과 기술의 가치를 거의 없는 것으로 파악한다. 그러면서 이 노동가치설로 그의 『자본론』 전체를 도배하듯 한다. 노동가치설은 『자본론』의 출발부터 삐걱거리게 하고 있다.

다. 가치와 노동 생산성의 반비례 관계

마르크스는 이러한 상품의 가치가 노동 생산성으로부터 영향을 받는다고 본다. 만약 상품의 생산에 걸리는 노동 시간이 불변이라면 그 상품의 가치도 불변이지만, 그러나 그러한 노동 시간은 노동 생산성에 따라 변하기 때문에 상품의 가치도 변하게 되는데, 이때 이 관계는 반비례의 관계라고 말한다. 즉 노동생산성이 높아질수록 상품의 가격은 낮아진다. 마르크스의 이 말을 손칠성은 다음과 같이 해설한다.

① 노동량
상품의 가치는 그 상품에 체현되어 있는 노동량에 정비례하고 노동 생산성에 반비례한다. (1권55/50)

② 노동생산성
'노동 생산성'은 여러 요소로부터 영향을 받지만 특히 노동자들의 숙련도, 과학 기술의 발전 정도, 조직 방식, 생산 규모 등으로부터 큰 영향을 받는다.

③ 노동생산성 증가에 따른 가치 감소
그런데 이러한 요소들에서 발전이 이루어져 노동 생산성이 향상된다면, 그 상품의 생산에 걸리는 노동시간 즉 노동량도 그 만큼 줄어들므로 그 상품의 가치도 감소하게 된다. 예를 들어 A라는 상품을 생산하는 데 예

전에는 10시간이 소용되었는데, 이제 노동 생산성이 향상되어 8시간만 걸린다면 그 상품의 가치도 그 만큼 감소하게 된다. 이처럼 상품의 가치는 노동 생산성과 반비례의 관계에 있다.(손철성, 『마르크스의 자본론』, 50)

마르크스는 자본과 기술에는 상품의 가치를 부여하지 않으려 한다. 어떤 상품에 대한 생산에 있어서 자본과 기술이 반영된 기계장치를 구매하였다. 이것은 노동생산성을 늘리고, 더 많은 제품의 생산이 가능하게 하였다. 그러면 상품의 가치가 낮아지는가? 그렇지 않다. 단위당 단가는 낮아지지만, 총량에 있어서 그 가치는 늘어나는 것이다. 그리고 한 상품의 가치를 계산할 때, "노동+자본+기술"로 배분하여야 하는 것이다. 한 상품의 가치를 책정할 때, 노동만의 가치라고 말하면 안 된다.

상품의 대가로서 '이윤'을 투자자 곧 자본가가 가져갔다고 해서, 그것을 '노동의 착취'이며, 자본은 '부정한 것'이라고 말하면 안 된다. 마르크스는 애덤 스미스의 『국부론』에서 핵심이 되는 논리들은 모두 제거하고, 노동에 관한 것만 따로 떼어내어서 자신의 논리를 구축하고 있다.

라. 노동의 이중성 : 사용가치와 교환가치의 결합체의 상품

이처럼 마르크스는 하나의 상품에 사용가치와 가치가 결합되어 있다고 본다. 어떤 물건이 사용가치와 가치라는 두 가지 요소를 동시에 지닐 때 그 물건은 하나의 상품이 되는 것이다. 그리고 마르크스는 이와 같이 상품을 노동의 측면에서 분석해보면 거기에는 노동의 두 가지 측면이 존재한다.

마르크스는 상품에 투여된 노동을 '구체적 유용 노동'과 '추상적 인간 노동'이라는 두 가지 측면에서 고찰할 수 있다고 보는데, '구체적 유용노동'은 상품의 사용가치의 창출을 의미하며, '추상적 인간 노동'은 그 상품의 교환가치의 창출을 의미한다. 마르크스는 기계 등의 도입으로 인해 노동생산성이 증대되면서 인간의 노동은 획일화되어 그것의 사용가치는 사라지고, 교환가치만 남게 되었다고 말하는 것이다. 마르크스와 이에 대한 손철성의 해설의 내용은 다음과 같다.

① 사용가치와 교환가치
우리가 고찰하는 사회 형태에서 사용가치는 동시에 교환가치의 물질적 담지자이다. (1권50/45)
② 상품 : 사용가치와 교환가치의 이중성
처음 상품은 사용가치와 교환가치라는 이중성을 가진 물건으로 나타났다. 그 뒤 노동도 또한 이중성을 가지고 나타났다. (1권56/52)
③ 사용가치로 표현되는 노동 : 유용노동
우리는 다음과 같은 노동, 즉 그것의 유용성이 그 생산물의 사용가치로 표현되는 노동, 또는 그것의 생산물을 사용가치로 만들어 스스로를 표현하는 노동을 간단히 '유용 노동'이라고 부른다. 이 경우 우리는 노동의 유용 효과만 고려한다. (1권56/52)
④ 추상적 인간의 노동
만약 상품의 사용가치를 무시한다면, 거기에는 오직 하나의 속성, 즉 그것이 노동 생산물이라는 속성만 남는다.… 노동 생산물의 유용성이 사라짐과 동시에 노동 생산물에 투하되어 있는 노동의 유용한 성질도 사라지고, 따라서 노동의 상이한 구체적 형태도 사라진다. 이들 노동은 더 이상 서로 구별되지 않고 모두 동일한 종류의 노동 즉, 추상적 인간 노동으로 환원된다. (1권52/47)
⑤ 교환비율을 결정하는 추상적 인간의 노동
상품의 구체적 유용성과 관련된 사용가치를 무시한다면, 생산활동은 인간 노동력의 지출에 지나지 않는다. 비록 옷을 만드는 재봉 노동과, 천을 만드는 직포 노동은 서로 다른 종류의 특수한 노동이기는 하지만 인간의 두뇌, 근육, 신경 등을 사용한다는 점에서는 일반적인 인간 노동력의 지출이라고 볼 수 있다. 옷과 천이 일정한 비율로 교환되는 가치를 지니는 것도 두 상품에 동일한 인간노동력, 즉 추상적 인간 노동이 들어 있기 때문이다. 이처럼 '추상적 인간 노동'이란 상품의 (교환)가치를 창출하는

인간 노동력 일반을 가리킨다.(손칠성, 『마르크스의 자본론』, 52)

전통적 경제학에서의 가격결정은 수요와 공급의 원리에 의해서 결정된다고 말한다. 예컨대, 황금의 경우 수요자는 많은데 그것은 매우 귀하다. 그러면 사용가치는 낮은데 그 교환가치는 높아진다. 쌀이 있다고 하자. 이것은 사용가치는 높지만, 교화가치는 황금보다 작다.

이에 비하여 마르크스는 "추상적 인간의 노동"이라는 개념을 사용하고 있다. 여전히 상품의 가치는 "노동의 가치"라는 의미이다.

마. 상품의 가치 형태의 발전 단계

마르크스는 상품의 존재 방식과 관련하여 상품이 '현물 형태'와 '가치 형태'를 동시에 취하고 있다고 말한다. 마르크스는 상품이 사회적 관계 속에서 일정한 가치 형태로 표현될 때 그 상품의 가치가 드러난다고 말한다.

① 상품의 이중적 형태 : 현물형태와 가치형태
상품은 철, 아마포, 밀 등과 같은 사용가치 또는 상품체의 형태로 세상에 나타난다. 이것이 상품의 평범한 현물 형태이다. 그러나 그것들이 상품인 것은 그것들의 이중적 성격, 즉 사용의 대상임과 동시에 가치의 담지자이기 때문이다. 그러므로 그것들은 오직 이중적 형태, 즉 현물 형태와 가치 형태를 가지는 경우에만 상품으로 나타난다.(1권62/59)

② 가치형태 : 상품 사이의 사회적 관계
가치로서의 상품의 객관적 성격은 순수하게 사회적인 것이라는 점을 기억한다면, 가치는 오직 상품과 상품 사이의 사회적 관계에서만 나타날 수 있다는 것은 자명하다.(1권62/60)

마르크스는 상품의 가치 형태가 단순한 가치 형태에서 출발하여 여러 단계를 거치면서 발전한다고 본다. 마르크스는 이러한 가치 형태의 발전 과정을 규명함으로써 화폐 형태가 어떻게 형성되는지를 밝히려고 한다.

바. 화폐의 출현과 그 기능들

상품의 이러한 가치는 결국 화폐를 통해 그 가치가 일반화된다. 마르크스는 그 과정을 "단순한 가치 형태→전개된 가치 형태→일반적 가치 형태→화폐 형태"라고 설명한다. 화폐는 이와 같이 출현한 것이다.

① 상품의 가치 형태 : 상대적 가치 형태

마르크스는 상품의 가치 형태는 우선 '상대적 가치 형태'를 취하게 된다. 즉 상품은 다른 상품과의 교환 관계를 통해서 자신의 상대적 가치를 드러낸다. 마르크스는 이러한 상대적 가치 형태를 그것의 발전 단계에 따라서 고찰하는데, 제일 먼저 등장하는 것이 '단순한 가치 형태'이다. (손칠성, 『마르크스의 자본론』, 56)

② 전개된 가치형태

마르크스는 '단순한 가치 형태'는 불완전한 형태인데, 이것은 좀더 발전한 형태인 '전개된 가치 형태'로 이행한다고 말한다.… 어떤 상품의 가치가 다양한 종류의 등가물을 통해 표현됨으로써 '가치'가 '인간 노동일반의 응고물'이라는 점이 좀더 뚜렷하게 나타난다. 이처럼 어떤 상품이 여러 등가물을 통해 자신의 가치 형태를 표현하는 것을 '전개된 가치 형태'라고 한다.(손칠성, 『마르크스의 자본론』, 56)

③ 일반적 가치형태

마르크스는 '전개된 가치 형태'도 이러한 등식 형태가 잡다하게 계속 이어질 수 있기 때문에 미완성이라고 하면서, 이제 가치 형태는 더 발전한 단계인 '일반적 가치 형태'로 이행한다고 말한다. 이 교환 관계에서는 저고리, 차, 커피, 밀 등의 여러 상품은 아마포라는 하나의 상품을 통해 자신의 가치를 표현하고 있다.…

④ 일반적 등가물

이제 아마포는 다른 상품들의 '일반적 등가물'로 기능하면서 여기에 공통적으로 인간 노동 일반이 들어 있음을 보여준다. 이처럼 여러 상품들이 하나의 공통된 등가물을 통해 자신들의 가치 형태를 표현하는 것을 '일반적 가치 형태'라고 한다.(손칠성, 『마르크스의 자본론』, 57)
⑤ 화폐 형태
가치 형태의 발전과 더불어 일반적 가치 형태에서 등가물로 기능하는 상품이 특수한 하나의 상품으로 고정되면, 이제 가치 형태는 화폐 형태로 이행하게 된다. '일반적 가치 형태'에서 일반적 등가물로 기능하던 상품 대신에 그 자리에 '금'이라는 특수한 상품이 들어서게 되면 '화폐 형태'(Geldform)가 성립한다.(손칠성, 『마르크스의 자본론』, 58)

그런데 화폐에는 다양한 기능이 존재한다. 마르크스는 화폐의 그 기능을 "가치 척도의 기능, 유통 수단, 축장 기능, 지불 수단의 기능" 등의 역할을 담당한다고 말한다. 그런데 이것은 이미 화폐경제이론에 존재하던 이론을 여기에서도 함께 차용한 것이다.

사. 상품과 화폐의 물신적 성격

마르크스는 노동 생산물이 상품 형태, 특히 화폐 형태를 취하게 되면 그것은 마치 독자적인 힘을 지닌 것처럼 보인다고 하면서 이것을 가리켜서 '상품의 물신적 성격'이라고 말한다. 이에 대해 손칠성은 상품이 인간 노동의 산물임에도 불구하고 마치 그것과는 전혀 상관이 없다는 듯이 하나의 독자적인 힘을 가진 것처럼 나타나는 것을 말한다.
마르크스는 이러한 상품의 물신적 성격이 발생하는 원인에 대해, 인간은 상품에 들어가 있는 인간노동이라는 가치를 보는 것이 아니라, 다른 상품과의 교환가치만을 보기 때문에, 그 상품 안에서 인간노동을 상실해 버렸다는 것이다.

① 물신숭배
상품 형태의 신비성은, 상품 형태가 인간 자신의 노동의 사회적 성격을 노동 생산물 자체의 물질적 성격, 즉 물건들의 사회적인 자연적 속성으로

보이게 하며, 따라서 총노동에 대한 생산자들의 사회적 관계를 그들의 외부에 존재하는 관계, 즉 물건들의 사회적 관계로 보이게 한다는 사실에 있을 뿐이다. … 이것을 나는 물신숭배(物神崇拜)라고 부르는데, 이것은 노동 생산물이 상품으로 생산되자마자 거기에 부착되며, 따라서 상품 생산과 분리될 수 없다.(1권 86-7/93)
② 신이 된 노동생산물
노동 생산물이 상품의 형태를 취하게 되면서 그것은 신비한 '물신적 성격'(物神的 性格)을 갖게 된다. 상품의 '물신성' 즉 '물신적 성격'이란 상품이 인간 노동의 산물임에도 불구하고 마치 그것과는 전혀 상관이 없다는 듯이 하나의 독자적인 힘을 가진 것처럼 나타나는 것을 말한다. 즉 상품 자체가 갖고 있는 자연적인 속성으로 인해서 상품이 다른 상품과 교환될 수 있는 독자적 가치를 지닌 것으로 보이게 된다. 이로 인해 상품 교환을 둘러싼 생산자들 사이의 사회적 관계는 은폐되고, 그 대신에 상품들의 힘에 의해 상품들 사이에 독자적인 관계가 형성되는 것처럼 보이게 된다.(손칠성, 『마르크스의 자본론』, 68-69)
③ 인간노동과 동등시 되는 노동 생산물
사람들은 자기들의 노동 생산물이 단순히 동질의 인간 노동의 물질적 외피이기 때문에 서로 가치로서 관계를 맺는다고 보지 않고, 그 반대로 생각한다. 즉 사람들은 그들의 상이한 생산물을 교환에서 서로 가치로 등치함으로써 그들의 상이한 노동을 인간 노동으로 동등시하는 것이다.(1권 88/95)
교환 관계에서 상품들 사이에 일정한 가치 관계가 형성되는 것은 그 상품들 속에 인간의 노동, 특히 추상적 인간 노동이 공통으로 들어가 있기 때문이다. 그런데 사람들은 이것을 제대로 보지 못하고 오히려 상품들이 서로 가치 관계를 맺기 때문에 여기서 인간 노동의 동질성이 확보된다고 본다. 동질의 인간 노동이 상품들 사이의 가치 관계를 형성시키는 바탕이 아니라, 상품들 사이의 가치 관계가 동질의 인간 노동을 형성시키는 바탕이라고 본다는 것이다. 마르크스는 이러한 착각으로 인해 상품의 물신적

성격이 형성된다고 비판한다.(손칠성, 『마르크스의 자본론』, 70)
이 상품체, 즉 금과 은은 지하로부터 나오자마자 모든 인간 노동의 직접적 화신으로 된다.… 그러므로 화폐 물신(物神)의 수수께끼는 상품 물신의 수수께끼가 사람들의 눈을 현혹시키고 있는 것에 불과하다.(1권 107-8/119)

아. 상품에 내재하는 모순

마르크스는 상품에는 대립과 모순이 내재하고 있다고 말한다. 사용가치와 교환가치가 일치하지 않는다. 그리고 특수한 구체적 노동이 동시에 추상적 일반적 노동으로서만 계산된다. 또한 사물이 인격화되어 사람을 지배하려 한다. 그는 여기에서 경제공황까지 내다본다.

상품에는 다음과 같은 대립과 모순이 내재한다. 사용가치와 가치의 대립, 사적 노동이 동시에 직접적으로 사회적인 노동으로 표현되어야 한다는 모순, 특수한 구체적 노동이 동시에 추상적 일반적 노동으로서만 계산된다는 모순, 사물의 인격화와 인격의 사물화 사이의 대립. 상품에 내재하는 이러한 대립과 모순이 한 상품의 변태의 대립적인 국면들에서 자기를 드러내고 자기의 운동 형태를 전개한다. 따라서 이러한 형태들은 공황의 가능성을, 그러나 오직 가능성만을 암시하고 있다.(1권147/146)

마르크스는 인간이 만들어낸 상품과 화폐가 인간을 지배한다는 매우 드라마틱한 이야기를 한다.

자. 상품자체가 문제인가? 우리 안의 결핍과 욕심이 문제인가?

마르크스는 우리가 노동으로 만든 상품이 화폐로 발전을 하면서, 결국 화폐가 신이 되어 있다고 말한다. 그래서 그 돈이 우리를 지배한다. 내가 만든 상품과 화폐가 나를 지배한다는 것이다. 마르크스의 이야기를 들어보면 맞는 것 같은데, 그 사이에 뭔가가 생략되어서 트릭에 빠져있음을 알 수 있

5장 마르크스 『자본론』과 『경철수고』

다.
 상품 혹은 화폐 자체가 진정으로 우리의 신이 되어 있나? 내 안의 욕심과 결핍이 재물에 투영되어 그것이 우리의 신이 되어 있나? 후자이다. 내 안에 있는 결핍과 욕심이 재물을 추구하게 되어서 그것이 신이 된 것이다. 그 신은 내 결핍과 욕심이 만들어낸 것이지, 상품이나 돈은 그저 노동생산물일 뿐이다.

 우리가 이 세상에 살면서 큰 결핍 속에 빠지게 되면, 그때 재물은 우리에게 마치 신처럼 다가온다. 그 재물이 없으면 죽기 때문이다. 그래서 재물만을 좇으면서 평생을 살아간다. 마치 재물이 신이 되어 있다. 마르크스는 이때 그 재물은 우리의 노동력이 만들어낸 것이라고 말한다. 우리가 만든 것이 우리의 신이 되어 있다는 이야기이다.
 우리가 결핍하게 된 이유는 무엇인가? 마르크스가 아담 스미스를 이용하여 위의 이야기를 하고 있다. 그래서 우리는 아담 스미스의 방식대로 이 결핍에 대한 답변을 하여야 한다. 각 사람들이 자신들의 노동력을 통해서 만들어낸 상품들이 있다. 나도 이 상품을 만들어서 교환을 통해 내 생활 용품을 구매하여야 한다. 그런데 내가 만들어야 할 내 상품을 만들지 않아서 결핍하게 되었다. 그래서 나는 내가 상품을 만들 수 있는 그 분업의 장소인 일터를 찾아야 한다. 이것이 존재한다면 나에게 필요한 '상품'이 내 신이 되고 나를 지배할 이유가 하나도 없다. 나에게 일자리가 없어서 내게 필요한 상품이 나에게 신이 된 것이다. 나에게 일자리만 있으면, 그 상품은 늘 내 뒤를 따라다닌다.
 마르크스는 직업을 갖지 않았으므로 평생토록 가난 속에서 살아야 했다. 그는 가난으로 인해 자식들까지 잃었다. 모직물 공장을 운영하는 엥겔스의 도움이 없었더라면, 그는 더욱 비참하였을 것이다. 생활에 필요한 상품이 그에게는 항상 신과 같은 존재였다. 그는 경제적인 노동을 하지 않아서였다. 자신의 경제문제가 해결된 사람은 돈을 많이 가져서 뽐내는 사람을 이상한 사람으로 여긴다. 그들에게 상품이나 화폐는 결코 신이 아니다.

혹은 상품과 화폐에 대한 욕심으로 인해 상품이나 화폐가 신이 된 사람이 있다. 그것은 그 사람 안에 있는 욕심이 만들어낸 우상이다. 그래서 그 사람은 성숙할수록 그 자신 안에 있는 우상으로 작용하고 있는 자신의 욕심을 제거하려 하지, 그 상품을 제거하려 하지는 않는다.

5. 경제시대 구분지표로서의 '생산수단'

가. 노동의 개념

마르크스는 노동을 인간과 자연의 상호 작용이라고 하며, 인간은 이 운동을 통해 외부의 자연에 영향을 미치고, 또한 자기 자신의 천성을 변화시킨다고 말한다. 그리고 이 인간의 노동은 동물의 활동과 대비되는 '합목적적 활동'이라고 말한다. 또한 인간의 노동의 과정은 인간의 욕구 충족의 측면을 가지고 있다. 또한 이러한 노동은 인간 존재가 지니고 있는 보편적인 삶의 활동이다.

> 노동(Arbeit)은 무엇보다도 먼저 인간과 자연 사이에서 이루어지는 하나의 과정이다. 그는 이 운동을 통해 외부의 자연에 영향을 미치고, 그것을 변화시키며, 그렇게 함으로써 동시에 자기 자신의 자연[천성]을 변화시킨다. (1권192/235-6)
> 노동자는 자연물의 형태를 변화시킬 뿐만 아니라 자기 자신의 목적을 자연물에 실현시킨다. (1권193/236)
> 노동 과정은 사용가치를 생산하기 위한 합목적적 활동이며, 또한 동시에 인간의 욕망을 충족시키기 위해 자연에 존재하는 것을 사용하는 것이다. (1권198/244)
> 노동 과정은 인간 생활의 특정 형태로부터도 독립하고 있으며, 오히려 인간 생활의 모든 사회적 형태에 공통된 것이다. (1권198/244)

마르크스는 인간의 노동을 아주 신성한 것으로 잘 정의하고 있다. 우리는 성경에서 사람이 밭에서 땀을 흘리며 고된 노동을 하지만, 이것은 그러한 의미만 이는 것이 아니라, 이 노동은 문화명령으로서 자연을 개척해 나가는 행위인 것이다.

한편, 마르크스는 노동 과정은 다음의 세 가지 요소로 구성되어 있다고 말한다. ① 인간의 합목적적 활동, 즉 노동 그 자체, ② 노동 대상, ③ 노동 수단이다.(1권193/236-7) 이 중에서 '노동 대상'과 '노동 수단'을 합쳐서 '생산 수단'이라고 부른다.

나. 노동(노동력)

노동이 이루어지는 구체적 과정 즉 노동 과정에서 인간의 '노동' 또는 '노동력'은 가장 중심적인 역할을 담당한다. 노동이란 인간과 자연의 합목적적 활동이다. 이 노동은 이제 생산수단과 결합하여 나타난다.

① 노동 : 노동 수단 통한 노동 대상의 변화
노동 과정에서는 인간의 활동이 노동 수단을 통해 노동 대상에 처음부터 의도하고 있던 변화를 일으킨다.(1권195/239)
② 노동과정에서 가장 중요한 요소는 인간의 '노동'
노동 과정에서 가장 중요한 요소는 인간의 '노동' 또는 '노동력'이다. 여기서 '노동력'(Arbeitskraft)이 노동을 할 수 있는 잠재적 힘이라면, '노동'(Arbeit)은 이러한 노동력이 실제로 사용된 것이다.
③ 노동이란 인간과 자연의 합목적적 활동
이미 앞의 '노동' 개념에서 살펴보았듯이, 노동이란 인간이 자신의 욕구를 충족시키기 위한 보편적 삶의 활동으로서 인간과 자연의 상호 작용이자 합목적적 활동이다.
④ 생산수단과 결합하여 나타나는 노동
노동은 노동 수단을 사용하여 노동 대상에 변형을 가하는 활동이기 때문에, 노동 과정에서 노동은 이러한 생산 수단과 결합된 형태로 나타난다.

⑤ 노동은 주체적 요소, 생산수단은 객체적 요소

이때 노동이 '주체적 요소'라면 생산 수단은 '객체적 요소'가 된다.(손칠성,『마르크스의 자본론』, 75)

다. 생산 수단

노동 과정에서 중요한 요소로는 인간의 '노동'과 더불어 생산에 사용되는 '생산 수단'이 있다. 마르크스는 이 생산 수단은 노동 수단과 노동 대상으로 구성되어 있다고 한다. 그리고 '노동 대상'(Arbeitsgegenstand)이란 노동이 가해지는 대상, 따라서 노동을 통해서 가공되거나 변형되는 대상을 가리킨다. 이러한 노동 대상에는 '천연적 노동 대상'과 '가공된 노동 대상'이 있다.

① 노동 + 생산수단(노동수단과 대상) = 생산물

이 과정 전체를 그 결과인 생산물의 입장에서 고찰하면, 노동 수단과 노동 대상은 생산 수단으로 나타나며, 노동 그 자체는 생산적 노동으로 나타난다.(1권196/240)

② 토지 : 천연적 노동대상

인간을 위해 최초부터 식량 또는 생활 수단을 마련해 주고 있는 토지(경제학적 관점에서는 물도 여기에 포함된다)는 인간 노동의 일반적 대상으로서 인간의 수고 없이 존재한다. 노동에 의해 자연 환경과의 직접적 연결로부터 분리된 데 불과한 물건들은 모두 천연적으로 존재하는 노동 대상이다. 예컨대, 그 자연 환경인 물로부터 떨어져 나와 잡힌 물고기, 원시림에서 벌목된 원목, 광맥에서 채취된 광석들이 이에 해당된다.(1권 193/237)

③ 원료 : 가공된 노동대상

노동 대상에는 위와 같은 '천연적 노동 대상'도 있지만, 다른 한편으로 '가공된 노동 대상'도 있다. 만약 노동 대상(Arbeitsgegenstand) 그 자체가 이미 과거의 노동이 스며든 것이라면, 우리는 그것을 원료라고 부른다. 예컨대 이미 채굴되어 세광 과정에 들어가는 광석이 그것이다. 원료는 모두 노동 대상이다. 그러나 모든 노동 대상이 원료인 것은 아니다. 노동 대상이 원료로 되는 것은 그것이 이미 노동에 의해 어떤 변화를 받은 경우뿐이다. (1권193/237)

라. 경제적 시대이 구분지표가 되는 생산수단

생산 수단에는 노동 대상과 더불어 노동 수단이 존재한다. 노동 수단은 인간의 노동과 노동의 대상을 매개하여 작업을 수월하게 하기 위한 도구이다. 이때 마르크스는 인간을 도구를 제작하는 동물로서의 인간이라고 말한다. 마르크스는 이러한 생산 수단들 중에서도 특히 노동 수단이 그 사회의 생산력의 수준을 보여주는 척도가 되며 나아가 사회 관계와 사회 형태를 규정하는 핵심적 요소라고 본다. 노동 수단은 인간이 육체적, 정신적 능력을 발휘하여 만든 것으로서 인간의 노동력의 발달 정도와 함께 생산력의 수준을 보여주는 척도가 된다.

① 노동수단 : 노동자와 노동대상사이에 끼워넣은 활동의 전도체
노동 수단(Arbeitsmittel)이란, 노동자가 자기와 노동 대상 사이에 끼워 넣어 이 대상에 대한 자기의 활동의 전도체로 이용하는 물건 또는 여러 가지 물건들의 복합체이다. 노동자는 여러 물질들의 기계적, 물리적, 화학적 성질들을 이용해서 그 물질들을 자기의 힘이 도구로서 자기의 목적에 따라 다른 물질들에 작용하게 한다. (1권194/237)

② 인간은 도구를 제작하는 동물
노동 수단의 사용과 제조는 비록 그 맹아적 형태는 약간의 동물에서도 볼 수 있지만 인간 특유의 노동 과정을 특징짓는다. 그러므로 프랭클린(B. Franklin)은 인간을 '도구를 제작하는 동물'(a toolmaking animal)이라고 정의하고 있다. (1권194/238)

③ 경제적 시대를 구분하는 노동수단
경제적 시대를 구별하는 것은 무엇이 생산되는가가 아니고 어떻게, 어떠한 노동 수단으로 생산되는가 하는 것이다. 노동 수단은 인간의 노동력

마르크스 사상 비판

발달의 척도일 뿐만 아니라 노동이 그 속에서 수행되는 사회적 관계의 지표이기도 하다.(1권194-5/238-9)

④ 사회발전의 결정적 계기가 되는 노동수단

노동 수단은 인간이 육체적, 정신적 능력을 발휘하여 만든 것으로서 인간의 노동력의 발달 정도와 함께 생산력의 수준을 보여주는 척도가 된다. 그리고 이것은 나아가 생산 과정에서 맺게 되는 사회 관계뿐만 아니라 사회 구성체의 형태에도 커다란 영향을 준다. 노동 수단이 경제적 시대나 사회 구성체를 구분하는 지표가 되기 때문에, 마르크스는 "손절구가 봉건 영주의 사회를 낳았다면, 증기 제분기는 자본가의 사회를 낳았다"고 말한다. 이처럼 노동 수단의 형태는 사회 발전의 결정적 계기가 되는 것이다.(손칠성, 『마르크스의 자본론』, 80)

마. [적용] 생산수단의 국유화로서의 공산주의

마르크스는 생산수단을 노동대상(토지 또는 원료)과 노동수단(도구)으로 구분하였는데, 오늘날에는 생산수단을 이 양자를 한꺼번에 포괄적으로 판단한다. 과거에는 토지가 생산수단이었으며, 오늘날에는 기업이 생산수단이다. 기업은 원료를 만들고, 기계장치들을 만들기 때문이다. 그런데, 생산수단의 본질은 이것이 우리의 일자리라는 것이다.

과거에는 토지에서 모든 생산품이 나오기 때문에 토지가 우리의 일자리였다. 그래서 토지를 소유하고 있지 않으면, 일자리가 없는 것이기 때문에 토지 소유자에게 종속 되어야 한다. 그런데 오늘날의 생산수단은 기업이다.

공산주의의 이상을 품은 자는 일차적으로 공산주의로 이행하기에 앞서서 전체의 국민들을 장악하여야 한다. 공산주의란 모든 사람의 소유를 없애야 하는데, 그것은 소유를 뺏는 것이다. 이것을 불법적으로 하면 반발이 있기 때문에 합법적으로 그 소유를 뺏어야 한다. 과거에는 토지를 국유화해버리면 되었다. 그런데 오늘날에는 어떻게 해야하나? 그것은 기업의 지배구조를 변화시켜버리면 된다.

5장 마르크스 『자본론』과 『경철수고』

　예컨대, 러시아의 푸틴은 러시아를 공산화할 때, 먼저 국부펀드를 이용하여 가즈프롬과 로스네프찌에 과반수의 지분투자를 하여 그 경영권을 장악하였다. 이 두 회사의 지배권을 획득하였다. 그 다음이 이 두 회사의 내부 자금을 이용하여 모든 하청사를 투자하여 그 지배권을 획득하였다. 그 다음이 이 두 회사와 하청사의 내부자금을 이용하여 다른 대기업들에 투자하여 또 다시 과반수의 지배주주가 되어 경영권을 확보하였다. 이렇게 해서 러시아의 모든 대기업들을 국유화해 버렸다. 이렇게 하는데 3년 6개월 밖에 걸리지 않았다. 국민들은 무슨 올리히가르(재벌) 숙청하는 줄 알았다. 그런데, 러시아의 모든 주요 생산수단이 국유화 되어 버렸다. 그 아래에 중소기업들이 존재하는데, 이들은 모두 대기업에 예속되어 있다. 이렇게 하여 러시아 전체의 일자리를 장악해 버린 것이다. 이렇게 국가자본주의(사회주의)를 건설하였다.
　원래 공산주의 이론에 의하면, 사회주의가 건설된 후에 이제 공산주의로 이행해야 하는데, 러시아는 공산주의로 이행을 하지 않고, 그 자리에 머물고 있다. 프롤레타리아 독재만을 하는 것이다.

　러시아의 이 모델은 모든 나라의 공산주의 혁명모델이 되어 있다. 공산주의를 시도하는 사람들은 각종 포퓰리즘을 통해 프롤레타리아의 지원을 받아 정권을 장악한다. 그리고 곧바로 자국의 연기금과 금융기관의 자금을 이용하여 대기업 국유화를 시도한다. 이때의 명분은 재벌들에 대한 지배구조 해체이다. 경영권을 획득할 만큼의 지분을 확보하는 것이다.
　그런데, 이렇게 대기업이 국가에 귀속되어 경제의 허리가 꺾여 버리면, 그 나라는 이제 망하게 되는 것이다. 정치적 공산화는 다음에 정권이 바뀌면 회복될 수 있다. 공산주의자가 대통령이 되고, 입법부가 공산화되어도 그 나라는 회복할 수 있다. 그런데, 그 나라를 이끄는 대기업이 국유화되면, 이것은 회복이 불가능한 것이다. 그 나라는 이제 나락으로 떨어지는 것이다. 오늘날 각국은 이러한 혁명세력을 견제하여야 한다. 이 사회주의를 막아내는 것이 국민들이 하여야 할 첫 번째 애국활동이다.

6. 노동가치설에서의 잉여가치

가. 화폐의 자본으로 전환

마르크스는 잉여가치의 발생 과정을 해명하기 위해서 우선 화폐가 자본으로 전환하는 과정을 고찰한다. 그리고 일반적인 상품 유통에서는 상품(C)을 판매하여 화폐(M)를 획득한 다음에 이렇게 획득된 화폐(M)를 가지고 상품(C)을 구매하게 된다. 이것은 '화폐로서의 화폐'가 유통되는 과정이다. 화폐로 상품을 구매하는 용도를 '화폐로서의 화폐'가 유통되는 과정이라고 하며, 화폐(M)로 상품(C)을 구매한 다음에 이렇게 획득된 상품(C)을 판매하여 화폐(M)를 얻는 과정도 있다. 이것은 '자본으로서의 화폐'가 유통되는 과정이다고 한다.

① 화폐로서의 화폐 : C―M―C(상품-화폐-상품)
화폐로서의 화폐와 자본으로서의 화폐는 우선 양자의 유통 형태가 서로 다르다는 점에 의해서만 구별된다. 상품 유통의 직접적 형태는 C―M―C(상품-화폐-상품)이다. 즉 상품의 화폐로 전환과 화폐의 상품으로 재전환, 다시 말해 구매를 위한 판매이다.
② 자본으로서의 화폐 : M―C―M(화폐-상품-화폐)
그러나 이 형태와 아울러 그것과는 전혀 다른 형태로서 M―C―M(화폐-상품-화폐)을 발견하게 된다. 즉 화폐의 상품으로 전환과 상품의 화폐로 재전환, 다시 말해 판매를 위한 구매를 발견하게 된다. 후자의 형태로 유통하는 화폐는 자본으로 전환하여 자본이 되고, 그 기능의 관점에서 보면 이미 자본이다. (1권161-2/190)

기업가에게 현금(화폐)은 기업운영을 위한 운영목적의 현금이 있으며, 얼마 후 이 자금은 축적되어서 운영자금을 넘어서는 자금이 나타나게 된다. 이제 이 자금은 일정구매력을 가지고 있기 때문에, 굳이 해당 상품의 용도로만 사용될 필요가 없다. 이제 이 자금은 다른 상품의 구매용도(투자처)로 사용될 수 있다. 그리고 이러한 자금의 용도가 고도화되면, 여기에서 상품시장과 같은 금융시장 자체가 출현한다. 경제학에서 전자는 '실물시장'이라고 하며, 후자를 '금융시장'이라고 한다. 이 양자는 이자율을 매개로 해서 서로 영향을 주고받는다.

아담 스미스의 논법으로 위의 자금을 구분하자면, 특정 기업에서 그 회사의 설립과 관련한 기계장치의 도입 등의 전체와 관련하여 최초로 투자되는 거액의 자금을 '자본'이라고 한다면, 원재료 구입이나 인건비 지급 등의 운영과 관련한 자금을 '재고' 혹은 '잉여'라고 표현한다. 그리고 후자가 쌓이면, 이것은 또 다시 '자본'을 형성하게 된다. 이 자본은 또 다른 투자처를 찾기 위해 연구개발비로 사용되기도 하며, 혹은 금융기관에 저축이 되어서 또 다른 기업에 투자되어 또 다른 기업을 탄생시키기도 한다.

이러한 축적된 현금의 구분을 마르크스는 '화폐로서의 화폐'와 '자본으로서의 화폐'라고 구분하였다. 그리고 그는 이 '자본으로서의 화폐'를 부정적으로 바라본다.

나. '잉여가치' 개념과 모순

마르크스는 화폐가 자본으로 전환하게 되면, 자본은 이제 '잉여가치'의 획득을 목적으로 삼는다고 말한다. 즉 투자의 이유는 이윤을 목적으로 한다. 만일 투자자가 이윤을 취하지 못하게 하면, 기업이 일어날 수 없다. 한편, 마르크스는 이것을 '자본의 일반 공식'이라고 부른다. 이것은 $M-C-M'(M+\Delta M)$으로 표현될 수 있다.

마르크스는 앞에서 언급한 '자본의 일반 공식', 즉 자본의 일반적인 운동 형태는 모순을 안고 있다고 말한다. 마르크스는 '산업자본'에서 파생한 '상업자본'이나 '대부자본'은 정상적이지 않은 자본으로 파악한다. 마르크스는 자본가가 활동의 목적으로 삼는 것은 단순한 상품의 교환에서 나오는 가치만이 아니라 잉여가치의 획득이라고 말한다.

① 자본으로서의 화폐의 유통 : M—C—M'의 잉여가치

[자본으로서 화폐의 유통이라는] 이 과정의 완전한 형태는 M—C—M'이다. 여기서 M'=M+⊿M이다. 다시 말해 M'는 최초에 투하한 화폐액에 어떤 증가분을 더한 것과 같다. 이 증가분, 즉 최초의 가치를 넘는 초과분을 나는 잉여가치라고 부른다. 그러므로 최초에 투하한 가치는 유통 중에 자신을 보존할 뿐만 아니라 자신의 가치량을 증대시키고 잉여가치를 첨가한다. 바꾸어 말해, 자기의 가치를 증식시킨다. 그리고 바로 이 운동이 이 가치를 자본으로 전환시키는 것이다. (1권165/195)

② 자본이 유통 자본일 경우 : 잉여가치는 발생하지 않음

[자본 유통의 과정인 M—C—M'에서] 만약 등가물끼리 서로 교환된다면 아무런 잉여가치도 발생하지 않으며, 또 비등가물끼리 서로 교환된다고 하더라도 잉여가치는 전혀 발생하지 않는다. 유통, 즉 상품교환은 아무런 가치도 창조하지 않는다. (1권177-8/212-3)

상품의 구매와 판매에서 등가물이 서로 교환된다면 여기서 잉여가치는 발생하지 않는다. 그리고 만약 비등가물이 서로 교환된다고 할지라도 유통의 과정 전체를 본다면 여기서도 잉여가치가 발생한 것은 아니다.

③ 잉여가치가 발생하는 산업 자본

그럼에도 불구하고 자본의 유통은 잉여가치를 획득하여 M'가 되어야 한다. 마르크스는 이것을 '자본의 일반공식의 모순'이라고 하였다. 마르크스는 잉여가치가 생산 과정에서 발생한다고 보았기 때문에 '산업 자본'이야말로 이러한 자본유통의 전형적 모습이며, 반면에 '상업 자본'이나 '대부 자본'은 이로부터 파생된 형태에 불과한 것으로 보았다. (손칠성, 『마르크스의 자본론』, 83)

④ 자본가의 목적으로서 잉여가치

자본가의 목적은 다음의 두 가지이다. 첫째, 그는 교환가치를 가지고 있는 사용가치, 즉 판매하기로 예정되어 있는 물품인 상품을 생산하려고 한다. 둘째, 그는 생산에 사용한 상품들의 가치 총액, 즉 그가 상품 시장에서 자기의 귀중한 화폐를 투하해 획득한 생산 수단과 노동력의 가치 총

액보다 그 가치가 더 큰 상품을 생산하려고 한다. (1권201/247)

마르크스는 자본시장을 부인하고 있다. 그런데, 투자자는 이윤이 있기 때문에 투자를 한다. 그리고 이 투자금은 일자리를 가져온다.

금융시장의 거대 자금이 현대의 모든 나라의 산업을 일으켰다. 우리나라의 경우도 박정희 대통령의 경제개발을 위한 차관이 오늘날의 대한민국이 있게 하였다. 모든 선진화된 나라들은 이러한 거대 자금에 대해 이자를 주고 받으며, 그 나라의 산업을 일으키고, 그 나라 국민들의 실업을 해결하였다.

우리는 무비판적으로 마르크스의 논리에 빠져들면 안 된다. 잉여가치가 존재하지 않으면 투자는 이루어지지 않는다. 마르크스는 그 잉여가치가 왜 부정한 것이지를 밝혀야 하는데, 그 잉여가치가 노동의 착취 때문이라고 한다. 그 잉여가치는 노동으로 이루어졌다는 것이다. 따라서 그것은 노동자의 몫인데, 그것을 자본이 가져갔다는 것이다. 자본은 말한다. 임금은 처음에 상수로 정해져 있었고, 자본은 그 투자의 이윤 가능성을 보고 위험을 감수하며 들어왔다. 그 이윤의 소유권을 다시 주장하는 것은 약속위배이며, 그것이 처음부터 이야기 되었더라면, 투자하지 않았을 것이라고 말한다. 즉, 그 노동자의 일자리는 생겨나지 않았다는 것이다. 그리고 선택권은 이제 노동자에게 있다. 자신의 실업상태를 택하든지, 일자리를 택하든지이다.

다. 잉여가치의 원천으로서 노동력 : 상품화된 노동력의 가치

'노동력'(勞動力)이란 노동을 할 수 있는 인간의 능력을 가리킨다. 즉 노동력이란 인간의 신체 속에 존재하는, 일을 할 수 있는 육체적, 정신적 능력을 가리킨다. 그리고 인간의 신체 속에 존재하는 '노동력'이 현실화된 것, 구체화된 것을 '노동'(勞動, Arbeit)이라고 한다. '노동력'이 자연을 가공할 수 있는 잠재적 능력을 가리킨다면, '노동'은 이러한 노동력을 발휘하여 자연을 실제로 가공하는 활동을 가리킨다. 이때 마르크스는 노동력을 하나의

마르크스 사상 비판

상품이기는 하지만 그러나 다른 상품들과는 구별되는 특수한 상품으로 본다. 이 상품의 가치는 가치의 원천일 뿐만 아니라 그 자신이 가지고 있는 것보다 더 많은 가치의 원천이라는 것이었다. 노동력이 창조한 가치는 노동력의 가치보다 훨씬 더 크다. 인간에게는 정신의 능력이 있기 때문이다. 마르크스는 이와 같이 노동력이 자신의 가치를 넘어서는 초과 가치를 생산할 때 '잉여가치'가 형성된다고 본다. 따라서 잉여가치의 원천은 인간의 노동력이다. (결국 마르크스의 이 이야기는 자본가가 노동자에게서 이 가치를 횡령했다는 것이다.)

① 노동력의 가치 : 노동자 생활수단의 가치에 의해 결정
자본주의 사회에서는 노동력도 하나의 상품으로 간주되므로, 노동력의 가치는 일반적인 상품의 가치와 같은 방식으로 계산된다. 노동력의 가치는, 다른 모든 상품의 가치와 마찬가지로 이 특수한 상품의 생산과 재생산에 필요한 노동 시간에 의해 규정된다.… 노동력의 생산에 필요한 노동 시간은 결국 이 생활 수단의 생산에 필요한 노동 시간으로 귀착된다. 다시 말해, 노동력의 가치는 노동력 소유자의 생활을 유지하는 데 필요한 생활 수단의 가치다. (1권184-5/223)

② 노동력의 가치와 다른 노동력이 창조하는 가치
노동력의 가치와 노동 과정에서 노동력이 창조하는 가치는 그 크기가 서로 다르다. 자본가는 노동력을 구매할 때 이미 가치의 이와 같은 차이를 염두에 두고 있었다.… 자본가에게 결정적으로 중요한 것은 [노동력이라는] 이 상품의 독특한 사용가치, 즉 가치의 원천일 뿐만 아니라 그 자신이 가지고 있는 것보다 더 많은 가치의 원천이라는 것이었다. (1권 208/256-7)

노동력은 일반적인 상품과는 다른 독특한 성격을 지니고 있다. 생산 과정에 투입된 일반적인 상품은 그 형태만 바뀔 뿐 가치량에서는 변화가 없다. 그런데 노동력의 경우에는 '노동력의 가치'와 '노동력이 창조한 가치' 사이에 차이가 있다. 생산 과정에 투입된 노동력은 자신의 가치보다

더 큰 가치를 창출하는 것이다. 예를 들어 10원의 가치를 지닌 노동력은 생산 과정에서 10원 이상의 가치를 만들어 내는데, 이렇게 10원을 초과하는 가치가 바로 '잉여가치'이다. 이처럼 노동력은 일반 상품과는 다른 독특한 상품으로서 잉여가치의 원천이 되고 있다.(손칠성, 『마르크스의 자본론』, 86)

우리의 현실을 살펴보면, 마르크스의 위의 이야기에는 조정이 필요하다. 여기에는 다음과 같은 반론이 재기된다.

(1) 기업가는 시장에 형성된 노무비를 보고, 사업의 개시여부를 결정한다. 그렇게 해서 정해지는 노무비이다.
(2) 노동자 능력의 생산성이 증가하는 이유는 자본이 투자하여 만들어낸 기계장치의 덕분인 경우가 많다.
(3) 근로자에게는 직업이전의 자유가 있어서, 자신의 능력에 맞추어서 다른 곳으로 이직을 할 수가 있다. 근로자의 노무비와 이와 같이 수요와 공급의 법칙에 의해 결정된다는 것이다.

이러한 반론은 그냥 모든 일반인이 이해하는 상식적인 반론이다. 직업이 필요하여 직업을 얻은 후에 자신의 능력은 이보다 월등하니, 기업의 이윤은 자신의 몫이라고 주장을 하면 당초의 계약을 위한 것이 된다.

라. 노동가치설

마르크스는 상품의 가치 또는 잉여가치의 원천이 노동력에 있다는 점을 근거로 '노동 가치설'을 주장한다. 따라서 노동이야말로 모든 생산물의 가치를 창출하는 원천이며 나아가 모든 사회적 부의 원천이라고 할 수 있다.

결국 자본가에게 결정적으로 중요한 것은 [노동력이라는] 이 상품의 독특한 사용가치, 즉 가치의 원천일 뿐만 아니라 그 자신이 가지고 있는 것

마르크스 사상 비판

보다 더 많은 가치의 원천이라는 것이었다. (1권208/256-7)

'노동 가치설'(勞動價値說)은 노동을 가치의 원천으로 보는 이론이다. 이 이론에 따르면 노동력은 가치의 원천일 뿐만 아니라 또한 추가적으로 창출된 가치, 즉 잉여가치의 원천이기도 하다. 어떤 상품의 '가치'(교환가치)는 그 상품을 생산하는 데 투입된 사회적 필요 노동 시간에 의해 형성된 것이며, 또한 생산 과정에서 추가적으로 산출된 '잉여가치'도 노동을 통해 형성된 것이다. (손칠성, 『마르크스의 자본론』, 88)

마르크스의 위의 이야기에는 중요한 결점이 있다. 그것은 어떤 기업의 경영자에게 존재하는 전체적인 사업계획력, 전문적인 기술력, 시설 자금에 대한 투자, 영업력, 직원의 관리 통솔력, 자금조달 능력, 위기시의 판단력, 사업파산의 위기 등이 모두 빠져있다. 즉 기업가정신과 기술력 등이 빠져있다.

마르크스의 주장에 의하면, 기업의 잉여금은 모두 노동자의 몫이다. 그러면 어느 기업가도 다른 노동자들과 함께 기업을 하려고 하지 않을 것이다. 오직 자신 스스로 할 수 있는 일만 하려 할 것이다. 그는 고용시장에 펼쳐진 상황을 보고 노동자들과 함께 하려는 사업계획을 세웠을 뿐이다.

한편, 공동사업이라는 형태도 존재한다. 이 경우에는 함께 사업을 기획하고 함께 노동을 제공한다. 그런데, 이러한 공동사업이 둘 이상을 넘어서고 열 명이 되고, 백 명이 된다면, 여기에는 서로 간에 고도의 인격적 성숙이 필요할 것이다. 그것은 농업과 같은 1차 산업에서나 가능할 것이다.

마. 가변자본에 대한 잉여가치율의 도출

마르크스는 잉여가치의 창출 여부를 기준으로 자본을 크게 '불변 자본'과 '가변 자본'으로 구분한다. 마르크스는 원재료 구입 자본은 그 가치가 불변하나, 노동력을 구입하는 데 사용된 자본은 생산 과정에서 새로운 추가적 가치를 창출한다고 말한다. 즉 노동력은 원래 자신이 지니고 있던 가치를 새로운 생산물 속에 이전시킬 뿐만 아니라 나아가 그 이상의 새로운 잉여

5장 마르크스 『자본론』과 『경철수고』

가치를 만들어 낸다.
 이제 마르크스는 앞에서 언급한 '불변 자본'과 '가변 자본'을 중심으로 상품의 가치량이 어떻게 구성되어 있는지를 설명한다. 그리고 모든 잉여가치는 노동에 투입된 것만 잉여가치율로 반영한다. 잉여가치율은 노동력의 구입에 사용된 가변 자본이 얼마만큼의 잉여가치를 창출해 내었는가의 비율로 나타날 뿐이다. 그리고 이것이 모두 노동자의 몫이라고 말한다.

① 불변자본
이와 같이 자본 중에서 생산 수단, 즉 원료, 보조 재료, 노동 수단으로 전환되는 부분은 생산 과정에서 그 가치량이 변동하지 않는다. 그러므로 나는 이것을 자본의 불변 부분 또는 간단하게 불변 자본(daskonstante Kapital)이라고 부를 것이다. (1권223/276)
② 가변자본
자본 중에서 노동력으로 전환되는 부분은 생산 과정에서 그 가치가 변동한다. 그것은 자기 자신의 등가물을 재생산하고 또 그 이상의 초과분, 즉 잉여가치를 생산하는데, 이 잉여가치는 역시 변동하며 상황에 따라 크게도 작게도 될 수 있다. 자본의 이 부분은 불변의 크기로부터 끊임없이 가변의 크기로 전환한다. 그러므로 나는 이것을 자본의 가변 부분 또는 간단하게 가변 자본(die variable Kapital)이라고 부를 것이다. (1권 224/276-7)
③ 잉여가치의 계산
[투하된] 자본 C는 두 부분, 즉 생산 수단에 지출되는 화폐액 c와 노동력에 지출되는 화폐액 v로 구성되어 있다. c는 불변 자본으로 전환된 가치 부분을 표시하며, v는 가변 자본으로 전환된 가치 부분을 표시한다. 따라서 최초에는 C =c+v이다. 예컨대 투하 자본 500원 = 410원(c)+90원(v)이다. 생산 과정의 끝에 가서 상품이 나오는데, 그 가치는 c+v+s이며, 여기서 s는 잉여가치이다. 예컨대 410원(c)+90원(v)+90원(s)이다. 최초의 자본 C는 C'로, 500원에서 590원으로 되었다. 이 양자 사이의

차액은 s, 즉 90원의 잉여가치이다. (1권226/280)

④ 잉여가치의 비율

잉여가치의 상대량, 즉 가변 자본이 가치 증식된 비율은 분명히 가변 자본에 대한 잉여가치의 비율에 의해 결정된다. 즉 s/v에 의해 표현된다. […] 가변 자본의 이와 같은 가치 증식의 비율 또는 잉여가치의 상대적 크기를 나는 잉여가치율이라고 부른다. (1권230/284-5)

우리는 앞에서도 살펴본 바와 같이 모든 잉여가치가 노동의 잉여가치가 아니다. 자본이 있어야 그 사업이 시작되기 때문에 자본에 해당하는 몫이 있고, 경영자의 기술과 창의성이 있어야 그 사업이 시작되기 때문에 기술가치가 있고, 그 다음에 노동가치이다. 그래서 상품의 가치는 "자본가치+기술가치+노동가치"이다. 그런데, 마르크스는 상품의 가치에서 "자본가치와 기술가치"는 모두 빼버리고, 모두 "노동가치"라고 말한다. 이것은 어불성설이다.

바. 노동의 구분에 따른 잉여가치율 (착취도의 계산)

마르크스는 잉여가치의 산출과 관련하여 노동 시간을 '필요 노동 시간'과 '잉여 노동 시간'으로 구분한 다음에 여기에 투입된 노동을 각각 '필요 노동'과 '잉여 노동'이라고 부른다. 마르크스는 이때 노동의 재생산에 필요한 노동의 시간만큼만 필요노동시간으로 계산한다. 나머지는 잉여노동이 된다. 노동의 재구입비용을 산출한 노동만이 필요노동시간이며, 나머지는 잉여노동시간이고, 자본가는 이것을 착취한 것이다. 그리고 마르크스는 이 관점에서 잉여가치율을 노동 시간의 구성 비율, 즉 '필요 노동'과 '잉여 노동'의 비율의 관점에서 설명하고, '잉여노동의 비율'은 '착취'에서 발생한 것이다. 마르크스에 의하면, 기업이윤은 착취에서 발생한 것이다.

나는 1노동일 중에서 노동력의 가치를 재생산하는 부분을 필요노동 시간이라고 부르며, 이 시간 중에 수행되는 노동을 필요노동이라고 부른다. (1

권230-1/286)
노동 과정의 제2 기간, 즉 노동자가 필요 노동의 한계를 넘어 노동하는 시간은 노동자가 노동력을 지출해 노동하지만 자기 자신을 위해서는 아무런 가치도 창조하지 않는다. 그는 잉여가치를 창조하는데, 이 잉여가치는 자본가에게는 무로부터 창조라는 커다란 매력을 가지고 있다. 노동일의 이 부분을 나는 잉여 노동 시간이라고 부르며, 이 시간 중에 수행하는 노동을 잉여 노동이라고 부른다. (1권231/286)
노동 시간의 구성 비율의 관점에서 가변 자본에 대한 잉여가치율(die Rate des Mehrwert)의 비율은 필요 노동에 대한 잉여 노동의 비율과 같다. 바꾸어 말해, 잉여가치율 s/v = 잉여 노동/필요 노동이다. 이 두 비율은 동일한 관계를 상이한 형태로, 즉 전자에서는 대상화된 노동의 형태로, 후자에서는 살아있는 유동적인 노동의 형태로 표현하고 있다. (1권231-2/287)
잉여가치율은 자본에 의한 노동력의 착취도 또는 자본가에 의한 노동자의 착취도의 정확한 표현이다. (1권232/287)

그런데 이것은 사업을 한 번도 안 해본 사람의 계산법이다. 아무런 마진도 없이 사업을 하라는 이야기이다. 혹은 마진을 경영자와 노동자가 서로 나누는 그림이라면, 사업에서 손실이 발생할 경우 이것도 또한 나누어야 한다. 그런데 노동자는 당초의 계약 조건을 고수하고 그런 손실은 감수하지 않는다. 마르크스는 모든 사업이 성공하는 사업만 존재하는 줄로 알고 있다.

사. 잉여가치율과 이윤율의 차이

마르크스는 '잉여가치율'과 '이윤율'은 서로 다르다고 하면서, 이 중에서 노동 착취도를 제대로 보여주는 것은 잉여가치율이라고 주장한다.

우리의 가정에 의하면, 생산물의 가치는 c410원+v90원+s90원이었고 투하 자본은 500원이었다. 잉여가치는 90원이고 투하 자본은 500원이므로, 보통의 계산 방식에서는 이윤율(Profitrate)과 혼동되고 있는 잉여가치율은 18%로 계산되는데, 이것은 캐리(Carey)나 다른 조화론자들을 감동시킬 만큼 낮은 비율이다. 그러나 사실 잉여가치율은 s/C 또는 s/(c+v)가 아니라 s/v이며, 따라서 90/500이 아니라 90/90 = 100%인데, 이것은 외견상의 착취도의 5배 이상이나 더 크다. (1권232/287-8)

아. 잉여생산물

마르크스는 총생산물 중에서 이렇게 잉여 노동을 통해 산출된 부분을 '잉여 생산물'이라고 부른다.

생산물 중에서 잉여가치를 대표하는 부분을 우리는 잉여 생산물이라고 한다.… 잉여 생산물의 상대적 크기도 총생산물 중에서 잉여 생산물을 뺀 나머지 부분에 대한 잉여 생산물의 비율에 의해서가 아니라, 총생산물 중에서 필요 노동을 표시하는 부분에 대한 잉여 생산물의 비율에 의해서 규정된다. (1권243/302-3)

자. 마르크스의 노동가치설에 대한 평가

대부분의 기업들은 먼저 시장성(판로)을 갖춘 과학기술이 그 핵심을 이룬다. 그리고 그 기술을 가진 기업가는 판로개척을 위해 혼신의 힘을 다한다. 판로가 열리기 전까지는 기업가는 손실을 보면서 기업을 운영한다. 매출이 발생하면 그에 맞추어서 근로자들을 고용한다. 만일 큰 이윤이 예상된다면, 대거 직원을 고용할 것이다. 이때 자본가로부터 투자를 받아서 기업의 규모를 늘려간다. 이러한 위치에 오르는 기업은 10개중 1-2개일 것이다.

그런데 어느 날 갑자기 근로자들이 위의 노동가치설에 기반하여 노조를 설립하고, 파업을 일으키며, 필요노동에 대해서만 근로를 제공하겠다고 한다. 기업가는 이에 대해 계약의 위반이라고 생각할 것이다.

만일 그 기업이 민중의 소유가 되면, 이윤을 배분하자고 하면, 이제 그 기업의 경영자는 더 이상의 투자를 그 기업을 통해서는 하지 않을 것이다. 더 이상 연구개발도 의미가 없으며, 좋은 투자처에 대한 재투자도 하지 못하며, 다른 기업과의 경쟁에서 도태되어 매출액은 급감할 것이다. 매출액의 급감은 인원감축으로 이어지고, 심지어는 파산을 맞을 것이다.

　마르크스는 매우 비상식적 생각을 하는데, 그는 그것을 진실로 생각하는 것 같다. 그는 평생토록 그러한 가치관과 사고를 가지고 살았다.

7. 자　본

가. 자본의 형성 과정 : 화폐의 자본으로 전환

　마르크스는 모든 화폐와 자본을 구분하는데, 판매를 위한 구매자금은 화폐로 보고, 투자목적의 자금은 자본으로 본다. 이때 이 자본은 판매 관련한 잉여가 쌓여서 이루어진 것으로 본다. 상품 유통의 직접적 형태는 C—M—C이다. 즉 상품의 화폐로 전환과 화폐의 상품으로 재전환, 다시 말해 구매를 위한 판매이다. 그러나 이 형태와 아울러 그것과는 전혀 다른 형태로서 M—C—M을 발견하게 된다. 즉 화폐의 상품으로 전환과 상품의 화폐로 재전환, 다시 말해 판매를 위한 구매를 발견하게 된다. 후자의 형태로 유통하는 화폐는 자본으로 전환하여 자본이 되고, 그 기능의 관점에서 보면 이미 자본이다. (1권161-2/190)

　이때 위의 자본공식은 실제로는 '자본의 일반 공식' M—C—M′(=M+ΔM)으로 표현된다. 이 공식은 '자본'은 잉여가치의 획득을 목표로 유통 과정에 투입된 화폐를 가리킨다. 이처럼 자본은 잉여가치의 획득을 목표로 운동을 하는데, 이러한 운동의 의식적 담당자가 바로 자본가이다.

나. 자본의 재생산과 생산 관계의 재생산

　마르크스는 개별 자본의 축적 과정을 해명하기 위해서 우선 자본의 재생산 과정을 구체적으로 검토한다. 사회가 소비를 멈출 수 없는 것과 마찬가

마르크스 사상 비판

지로 생산을 멈출 수 없다. 그러므로 어떤 사회적 생산 과정도, 그것을 연속된 전체로서, 끊임없는 갱신의 흐름으로서 고찰할 때에는 동시에 재생산 과정이다. (1권591/769)

그런데 이때 자본주의적 생산 과정은, 하나의 연결된 전체 과정 즉 재생산 과정이라는 측면에서 본다면, 상품이나 잉여가치를 생산할 뿐만 아니라 자본 관계 자체를, 즉 한편으로는 자본가를 다른 한편으로는 임금 노동자를 생산하고 재생산한다. (1권604/786-7)

다. 확대 재생산과 착취도

마르크스는 '확대 재생산'을 설명하기 위해서 우선 '자본 축적' 개념에 대해 설명한다. 잉여가치를 자본으로 사용하는 것, 즉 잉여가치를 자본으로 재전환시키는 것을 자본의 축적(Akkumulation)이라고 부른다. (1권 605/788) 그리고 이때 자본 축적을 통해 진행되는 '확대 재생산'이 발생하는데, 자본주의에서는 자본들 또는 자본가들 사이에 경쟁이 치열하며, 이로 인해 확대 재생산은 더욱 강화되는 경향이 있다. 그리고 이 확대 재생산 과정에서 자본 축적의 규모는 또한 잉여가치율, 즉 노동력의 착취도에 의해서 결정된다.

> 잉여가치가 자본과 수입으로 분할되는 비율이 일정하다면, 축적되는 자본의 크기는 잉여가치의 절대량에 의존하는 것이 명백하다.… 잉여가치율은 무엇보다도 노동력의 착취도에 의존한다.… 일정한 한계 안에서는 그러한 임금 삭감은 사실상 노동자의 필요 소비 재원을 자본의 축적 재원으로 전환시키는 것이다. (1권625-6/817-8)

라. 노동 생산성

확대 재생산 과정에서 자본 축적의 규모는 노동 생산성의 영향을 받기도 한다. 재생산 규모가 물질적으로 확대될 뿐만 아니라 잉여가치의 생산도 추가 자본의 가치보다 더욱 급속하게 증대한다.

자본 축적의 또 하나의 중요한 요인은 사회적 노동 생산성 수준이다. 노동 생산성의 상승에 따라 일정한 가치, 따라서 또한 일정한 크기의 잉여가치가 체화되어 있는 생산물의 양이 증가한다.… 재생산 규모가 물질적으로 확대될 뿐만 아니라 잉여가치의 생산도 추가 자본의 가치보다 더욱 급속하게 증대한다. (1권631/824-5)

마. 자본 축적이 노동 인구에 미치는 영향

자본 축적으로 인해 생산 규모가 확대되면, 이것은 우선 노동력에 대한 수요를 증가시킨다. 왜냐하면, 자본 축적이 증가하면 생산 수단의 규모가 증가하고 이와 더불어 이러한 생산 수단을 작동하는 노동력의 규모도 증가하게 되기 때문이다. 즉 일반적인 상황에서 자본 축적은 생산의 규모를 확대시키므로 그에 따라 필요한 노동력도 증가하게 된다. 한편, 마르크스는 자본 축적으로 인해 상대적 과잉 인구가 발생하기도 한다고 말한다. 자본이 필요로 노동력보다 더 많은 '상대적 과잉 인구'가 형성된다. 물론 자본의 축적으로 고용되는 노동력의 절대량은 증가할 수도 있지만, 자본은 유기적 구성의 변화를 통해서 그리고 좀더 싼 가격으로 노동력을 구입하기 위해서 항상 상대적 과잉 인구, 즉 실업자나 잠재적 실업자를 만들어 낸다. 마르크스는 이렇게 자본 축적으로 인해 발생한 '상대적 과잉인구'를 '산업 예비군'이라고 부른다.

과잉 노동 인구는, 마치 자본이 자기의 비용으로 육성해 놓은 것처럼 절대적으로 자본에 속하며 자본이 마음대로 처분할 수 있는 산업 예비군을 형성한다. 현실적 인구 증가의 한계와는 관계없이, 산업 예비군은 변동하는 자본의 가치 증식 욕구를 위해 언제나 착취할 수 있게 준비되어 있는 인간 재료를 이룬다. (1권661/862)

상대적 과잉 인구(die relative Übervölkerung)는 매우 다양한 형태로 존재한다. 각 노동자는 부분적으로 취업하고 있거나 전혀 취업하고 있지 않는 기간에는 상대적 과잉 인구에 속한다. 산업 순환의 국면 교체에 의해 상대적 과잉 인구가 주기적으로 대규모로 취하는 형태들, 예를 들면 공황시에는 급성의 형태, 불황시에는 만성의 형태를 제외하면, 과잉 인구는 언제나 세 가지 형태, 즉 유동적 형태, 잠재적 형태, 정체적 형태를 띠고 있다. (1권670/874-5)

바. 자본의 시초 축적 : 프롤레타리아의 출현계기

마르크스는 지금까지는 화폐로부터 전환된 개별 자본이 재생산 과정을 통해 자본을 축적하는 과정을 살펴보았는데, 이제부터는 이러한 개별 자본이 최초로 축적되는 과정을 역사적으로 고찰한다. 즉 자본주의적 생산 양식의 결과가 아니라 그것의 출발점인 축적을 상정하지 않으면 안 된다는 것이다.

자본의 축적은 잉여가치를 전제하며, 잉여가치는 자본주의적 생산을 전제하며, 자본주의적 생산은 상품 생산자들의 수중에 상당한 양의 자본과 노동력이 이용 가능한 형태로 존재하는 것을 전제한다. 그러므로 이 모든 운동은 끝없는 순환 속에서 빙빙 돌고 있는 것같이 보이는데, 여기로부터 벗어나기 위해서는 우리는 자본주의적 축적에 선행하는 시초 축적(die ursprüngliche Akkumulation, 애덤 스미스가 말하는 '이전의 축적'), 즉 자본주의적 생산 양식의 결과가 아니라 그것의 출발점인 축적을 상정하지 않으면 안 된다. (1권741/979)

이러한 자본의 시초 축적이 가능하려면 어느 정도의 자본 관계가 이전에 형성되어 있어야 한다고 본다. 그리고 마르크스는 봉건제에서 자본주의로 이행하는 과정을 역사적으로 자세하게 고찰하면서 자본의 시초 축적이 어떻게 이루어졌는지를 밝히고 있다. 자본의 시초 축적 과정을 가장 잘 보여주는 것은 봉건 영주에 의한 농민의 토지 수탈이었다. 그리고 봉건 영주들은 양모 산업이 발전하자 더 많은 이익을 남기기 위해서 경작지를 목양지로 바꾸려고 하였다. 그래서 그 동안 경작지에서 농사를 짓던 농민들을 쫓아내고 그 대신에 양을 키우기 시작했다. 즉 '엔클로저(enclosure)'를 시작한 것이다. 이로 인해 많은 농민들이 토지로부터 축출되어 프롤레타리아로 전락하였다. 그들은 토지라는 생산 수단을 상실했기 때문에 이제 생계를 위해 노동력을 팔아야 하는 프롤레타리아가 된 것이다. 이러한 농민으로부터 토지 수탈은 여러 측면에서 자본주의를 형성시키는 중요한 계기가 되었다.

무자비한 폭력을 통해 수행된 교회 재산의 약탈, 국유지의 사기적 양도, 공유지의 횡령, 봉건적 및 씨족적 소유의 약탈과 그것의 근대적사적 소유로의 전환, 이것들은 모두 시초 축적의 목가적 방법이었다. 이것들은 자본주의적 농업을 위한 무대를 마련했으며, 토지를 자본에 결합시켰으며, 도시의 산업을 위해 그것에 필요한 무일푼의 자유로운 프롤레타리아를 공급하게 되었다.
(1권760-1/1007-8)

이렇게 토지에서 축출된 농민들은 이제 농업이나 공업 분야에서 자신의 노동력을 팔아야 하는 프롤레타리아로 변신하게 된다. 그래서 이제 토지나 공장, 화폐가 '자본'으로 전환하는 '시초 축적'이 이루어진다. (손칠성, 『마르크스의 자본론』, 160)

사. 산업 자본가의 발생과 대자본가의 형성

농민으로부터의 토지 수탈, 상업의 활성화, 산업의 발전 등을 통해 이제 산업 자본가가 본격적으로 형성되기 시작한다. 산업 자본가들은 점차 자본의 축적 규모를 가속화하여 대자본가로 발전하게 된다.

산업 자본가의 발생은 차지 농업가의 발생처럼 그렇게 점차적인 방식으로 진행된 것은 아니다. 의심할 바 없이 길드의 장인들과 그보다 더 많은 자립적 소규모 수공업자들 또는 임금 노동자들까지도 소자본가로 전환하고, 그리고 임금 노동의 착취를 더욱 확대해 자본의 축적을 강화함으로써 본격적인 '자본가'로 전환되었다. (1권 777/1031)

이 수탈은 자본주의적 생산 자체의 내재적 법칙의 작용을 통해, 즉 자본의 집중을 통해 수행된다. 항상 한 자본가가 많은 자본가를 파멸시킨다. 이러한 집중, 즉 소수 자본가에 의한 다수 자본가의 수탈과 병행하여 기타의 발전도 더욱더 대규모로 일어난다. (1권 790/1049)

마르크스는 중세시대의 대지주가 산업혁명의 자본이 되었다고 말한다. 그런데, 실질적으로 보면, 사업혁명의 주체는 과학기술을 가진 시민들이었다.

아. 대자본의 문제점과 모순

시초 축적, 자본의 집적과 집중 등의 방법을 통해서 형성된 대자본은 다음과 같은 문제점을 발생시킨다.

이 전환 과정의 모든 이익을 가로채고 독점하는 대자본가의 수는 끊임없이 줄어들지만, 빈곤, 억압, 예속, 타락, 착취의 정도는 더욱더 증대한다. 그러나 그와 동시에 그 수가 계속 증가하며 또 자본주의적 생산 과정의 메커니즘 그 자체에 의해 훈련되고 통일되며 조직되는 계급인 노동자 계급의 반항도 또한 증대한다.… 생산 수단의 집중과 노동의 사회화는 마침내 그 자본주의적 외피와 양립할 수 없는 지점에 도달한다. 자본주의적 외피는 파열된다. 자본주의적 사적 소유의 조종이 올린다. 수탈자가 수탈당한다. (1권 790-1/1049-50)

자본은 집적과 집중을 통해서 더욱더 많은 자본을 축적하게 되면서 대자본으로 성장한다. 그러나 이러한 대자본의 형성은 많은 문제점을 발생시킨다. 우선 대자본은 그 형성 과정에서 억압과 착취의 정도를 강화하기 때문에 노동자들의 삶은 더욱더 열악한 상태에 빠지게 된다. 그래서 거대한 계급으로 성장한 노동자 계급의 저항도 증가한다. 생산 수단의 사적 소유와 사회적 생산 사이의 모순은 특히 대자본이나 독점 자본에서 더욱 심화되면서 자본주의는 붕괴의 위기에 처하게 된다는 것이다. (손칠성, 『마르크스의 자본론』, 164) 김문현은 이러한 모순을 다음과 같이 말한다.

생산수단을 소유하지 못한 채 노동력을 자본가에게 판 노동자계급으로서는 노동과정은 남을 위한 육체적·정신적 에너지의 방출이었다. 노동자는 이렇게 해서 노동과정으로부터 소외당했다. 따라서 또한 스스로의 노동의 산물인 생산물로부터도 소외당하는 것이다. 그리고 잊어서는 안 될 것이 이렇게 해서 노동자로부터 소외된 생산물이 자본이라는 모습으로 태어나게 된다는 사실이다. 다시 말해서 차츰 노동자를 지배하고 차츰 더 그들을 착취하여 그들을 불안·실업·가난·고뇌·예속·무지·난폭·타락으로 몰아가도록 만들게 된다는 것이다. 가치를 창조한 노동자의 노동 그 자체가 노동자 자신을 더욱 더 불행하게 하고 차츰 비인간화시키고, 반대로 착취하는 자본가를 차츰 더 힘 있게 만든다. 일을 하면 할수록 차츰 더 자기 목을 죄게 되는 것이다. 이 모순 모순인가. 그리고 그것이 자본주의적 생산양식의 절대적인 일반법칙인 것이다. 자본이 지배하는 한은 이 법칙은 일관될 것이다. 그렇다면 일하는 자에게는 절망뿐인가?(김문현, 『경제학·철학수고/자본론/공산당선언/철학의 빈곤』 역자해제, 741)

[평가] 마르크스의 『경철수고』와 『자본론』 비판

마르크스는 오늘날의 모든 상품 혹은 자본을 모두 죄 덩어리라고 말한다. 모두 인민(민중)이 생산한 것이며, 따라서 인민(민중)에게 돌려져야 한다고 말한다. 민중이 아닌 다른 사람들이 가진 모든 재산은 모두 인민으로부터 탈취한 것이다. 이것은 마르크스의 잘못된 주장이다.

노동의 소외 : 모든 생산품은 인민의 것, 소유는 브루주아지

마르크스는 시대를 거슬러 올라가서 자본의 시초도 또한 불법이다. 조선

마르크스 사상 비판

시대에 국가로부터 불하받은 토지도 원래 인민의 것인데, 소유권이 잘못 이전된 것이다. 우리 눈에 보이는 세상의 모든 생산물들은 모두 인민들이 만든 것이며, 인민들이 공유하여야 한다. 부르주아지는 그들 조상의 원죄까지 모두 감당하여야 한다고 말한다.

마르크스는 그 구체적인 과정은 보지 않고, 추상적으로 사물들을 관찰한다. 그랬을 때, 실제로 모든 상품과 이것을 축적물로 형성된 자본은 모두 인민의 손으로부터 나왔다. 자본가들은 이것을 인민들에게 돌려주지 않고, 자신들이 착취한 것이다. 이것이 마르크스의 『공산당 혁명』의 근거이다.

프롤레타리아 궐기의 촉구

자본은 계속 자본가 계급을 생산해 왔으며, 프롤레타리아 계급은 계속 프롤레타리아 계급을 양산해 왔다. 그런데 수적으로 프롤레타리아 계급의 수효가 월등히 많다. 모든 공장들도 이제 근로자의 손에 의해 돌아간다. 이러한 것을 면밀히 관찰한 마르크스는 프롤레타리아에게 궐기하라고 말한다. 프롤레타리아들은 노조를 형성하여 궐기하라고 말한다.

일차적으로는 노동자가 사용자와 공동으로 회사를 운영하고, 착취 잉여물은 모두 근로자들에게 배분되어야 한다고 말한다. 무노동 유임금은 없다. 유노동 유임금만 있을 뿐이다. 그런 관점에서 보면, 자본가는 적폐일 뿐이다.

잘못된 노동가치설

마르크스는 이것을 모두 죄 덩어리라고 한다. 노동자의 생명을 탈취한 것이라고 말한다. 그렇지 않다. 이 자본이 막대한 고용을 창출하고 있다. 특히 경제가 선진화 될수록 하이테크놀로지 산업이 일어나는데, 그곳의 노동자들의 급여는 대단히 높은 급여이다. 그래서 이러한 자본력은 모든 나라의 국민들을 잘 살게 하였다. 그러나 그는 노동과 자본의 결합을 인정하지 않는다. 그러나 마르크스는 이 자본을 적폐로 간주하고, 몰수하여 모든 노동자들의 공유재산으로 삼고자 한다. 그들은 민주주의 제도를 악용하여 법을

5장 마르크스 『자본론』과 『경철수고』

바꾸어서 이러한 것을 시도하려 한다.

자본·기술·노동의 생산물

진실로 우리 주변의 모든 생산물은 노동만의 산물인가? 그렇지 않다. 아담 스미스에 의하면, 모든 생산물은 처음에는 생산과정 하나하나에서 나타나는 분업으로 밀미암은 "기술+노동력"이었다. 이 기술을 가진 자가 기업가가 되었으며, 이 과학기술의 발견이 생산수단 발전의 핵심이었다. 즉 모든 제품에는 그 제품을 기획하고 설계한 사람이 존재한다. 그가 곧 기업가(부르주아지)가 되었다. 노동자는 이 기업가의 설계에 따라서 단순노동을 하였다. 그리고 이 노동을 하는 자 중에 생산공정과 관련하여 아이디어가 발생하면, 그도 또한 기업가로 독립을 하였다. 이러한 시스템은 오늘날도 이와 마찬가지이다.

이것이 대량생산으로 발전할 때에는 "자본+기술+노동력"이다. 노동자가 대량생산을 가능하게 한 것이 아니라, 기계장치 등의 투자가 그것을 가능하게 한 것이다. 이 자본이 모든 나라의 산업의 발전을 주도하였다. 그래서 이 세계가 이렇게 부강하게 되었다. 인류의 기근 문제가 해결된 것이다.

자본은 지금 모든 나라의 경제를 견인하고 있다. 자본가라고 해서 그 자본을 다 사용하는 것도 아니다. 그것은 모두 사회로 주입되어서 고용을 창출하고 있다. 어떤 사람이 새로운 기술을 발견하였을 때, 이것을 사업화시키고, 여기에서 막대한 고용을 창출하는 것이 자본이다.

결론적으로

우리가 알 것은 마르크스의 『자본론』은 애덤 스미스의 『국부론』을 비판하기 위해 써진 책이다. 그래서 애덤 스미스의 『국부론』을 먼저 이해한 후에 읽어야 한다. 그렇지 않으면, 잘못된 시각이 생성된다. 애덤 스미스의 『국부론』을 모르면, 마르크스의 『자본론』이 모두 맞아 보인다. 그래서 오늘날의 그와 같은 많은 좌파를 추구하는 사람들이 존재하는 것이다. 그러나 애덤 스미스의 『국부론』을 아는 자는 『자본론』의 거짓을 곧바로 알아차린다.

6장 『공산당 선언』

[개요] 마르크스의 『공산당선언』(1848년)

마르크스는 1845년(27세)에 『자본론』의 전신인 『경제학·철학수고』를 내고, 파리에서 추방되어 브뤼셀로 이주하고 『신성가족』을 출판한다. 1845년 4월에 엥겔스와 공동으로 『독일 이데올로기』에 착수하여 마르크스주의의 철학적 기초를 확립한다. 한편 이 시기에 『철학의 빈곤』(1847년)도 출판한다. 이렇게 하여 마르크스와 엥겔스는 자신들만의 독특한 공산주의 이론을 정립하게 되었다. 그리고 30세에 『공산당 선언』(1848년)을 작성하여 국제공산주의자들에게 제출하면서 사회주의 혁명을 시도한 것이다. 그들은 검증되지 않은 이론을 너무 이른 시기에 정립시켜 고정시키고 실행에 옮겨 버린 것이다.

마르크스 이론의 한계

마르크스는 전통 학문을 하지 않은 사람이다. 헤겔 외에는 전통철학 등을 심도 있게 공부하지 않고, 곧바로 헤겔 좌파이론에 빠져들었다. 마르크스는 베를린대학에서 학부생활 5년 내내 2과목 밖에 이수하지 못했다. 그래서 그는 정통학문에서 벗어났기 때문에 베를린 대학에서는 학위를 받을 수 없어서 예나대학에서 박사학위를 받았다.

마르크스는 이렇게 정통학문도 모르는 상태에서 너무 섣불리 자신의 사변을 이론으로 정립해 버렸다. 한 번도 공산주의가 이 세상에 전개된 적이 없는데, 이것을 사변적 상상력을 통해, 당시의 공상적 사회주의자들을 대거 수용하여 어떤 공산주의라는 세계를 탄생시킨 것이다. 사변에 사변을 삼단논법처럼 연결시켜 이론을 작성하는 것이 헤겔의 습성이었으며, 헤겔의 결정적 약점이었는데, 그런 버릇이 고스란히 마르크스에게서 나타났다. 마르크스의 각종 이론들은 모두 한 번도 실행되거나 현실에서 검증되지 않은 사변들의 연결이다.

6장 『공산당 선언』

 가장 아쉬운 것은 마르크스는 인생도 제대로 경험하지 못한 겨우 30세의 약관의 나이에 『공산당선언』(1948년)을 작성하고, 사회주의를 정립했다. 그리고 그는 그것을 평생토록 밀고 나가서 『자본론』을 저술하였는데, 이것이 참으로 기이하다. 그는 『국부론』 주제에서 2/3정도를 누락시켜 버리고 『자본론』을 집필하였다. 마르크스의 『경철수고(경제학철학수고)』(1945년)가 그의 노년에 완성된 『자본론』(1867년)에 계속 이어지는 것을 보면 신기하다. 우리에게 발견되는 오류를 볼 때, 그의 이론의 오류가 분명히 마르크스에게서도 나타났을 것이다. 그런데도 마르크스는 자신의 오류를 반영하지 않았다. "노동가치설"의 전제가 무너지면, 자신의 모든 이론이 무너지기 때문이었을 것이다.

계급투쟁의 역사 : 과학의 발견과 산업혁명을 부정하는 『공산당 선언』

 마르크스는 『공산당 선언』에서 역사는 계급투쟁의 역사이다고 말한다. 지금은 그 계급이 '부르주아'와 '프롤레타리아'로 구분되어 있는데, 이것은 산업혁명의 산물이다고 말한다. 그리고 이들의 지배도구는 자유시장경제라고 말한다.

 마르크스는 산업혁명을 부정하며, 자유시장경제체제를 부정한다. 그렇다면, 우리는 산업혁명을 일으킨 과학의 발견은 어떻게 생각하느냐고 그에게 묻는다. 과학의 발견이 일어나서, 그 기술을 가진 자가 자신의 사업장을 꾸려서 시장에서 그 생산품을 판매하면서 산업혁명이 일어났는데, 이 자연스러운 결과를 부정하느냐고 우리는 묻는 것이다. 마르크스에게 있어서 과학의 발견자들과 이것을 이용한 기업가들(신흥 시민계급)은 지배계급이다.

 과학의 발견·산업혁명·자유시장경제가 이 세상을 이렇게 풍요하게 만들었다. 그러는 과정에서 이 일을 주축이 되어 행한 자본가(기술)와 노동자가 구분이 되었는데, 이것이 철폐되어야 할 계급이라는 것이다. 자본가는 굶주리던 농민들에게 제조업의 일자리를 산출해 주었다. 자본가를 없애면, 기업을 없애는 것이고, 산업혁명이전의 농노세계로 회귀하는 것이다. 소련 스탈린의 공산주의 계획경제를 통해서 우리는 그것을 목격하였다.

프롤레타리아의 지도자, 공산주의자

마르크스에 의하면, 프롤레타리아의 숫자가 부르주아보다 훨씬 많다. 그리고 이제는 프롤레타리아들이 연합하여 그들의 지도자들 곧 공산주의자들을 통해 정당을 만들면, 선거제도를 통해 프롤레타리아트가 정권을 장악할 수 있다. 이렇게 정권을 장악한 후, 부르주아들의 모든 재산을 사회가 공유하도록 해 버리면, 이상적인 세상이 온다.

이 이상적 세계는 계급투쟁이 해방된 세계이다. 이제는 자본이라는 지배도구를 생산하는 자유시장경제제도는 철폐하고, 국가가 주도하여 계획경제를 실행한다. 그러면, 이제 모든 기업의 주인은 노동자가 된다.

이렇게 노동자가 주인이 된 세상이 오면, 노동자들은 능력에 따라 일하고 필요에 따라 공급을 받는다. 즉 자신의 적성에 맞고, 즐길 수 있는 직업을 선택하고, 생활에 필요한 모든 소득은 균등히 분배를 받는다. 이제 노동자들이 기업의 주인이기 때문이다.

"전세계의 프롤레타리아여, 단결하라!"

마르크스는 지배 계급들로 하여금 공산주의 혁명 앞에서 벌벌 떨게 하라고 말하며, 프롤레타리아가 혁명에서 잃을 것이라고는 쇠사슬뿐이요 얻을 것은 세계 전체이다라고 말하며, "전세계의 프롤레타리아여, 단결하라!"고 외친다.

마르크스와 엥겔스는 『공산당선언』의 서두를 "하나의 유령이 유럽을 배회하고 있다. 공산주의라는 유령이"라고 말하면서, "다양한 국적을 가진 공산주의자들이 런던에 모여서 다음과 같은 『선언』을 입안하고 그것을 영어, 프랑스어, 독일어, 이탈리아어, 플랑드르어와 덴마크어로 발간한다"고 말한다.

1. 부르주아와 프롤레타리아

가. 계급투쟁의 역사

마르크스는 모든 사회의 역사는 항상 계급투쟁의 역사였다고 말한다. 중세의 봉건사회는 이제 몰락하였으며, 오늘날의 투쟁은 부르주아와 프로레타리아의 계급투쟁이라고 말한다. 그는 지금 사회 전체가 두 개의 적대 진영으로, 즉 서로 대립하는 두 계급인 부르주아지와 프롤레타리아트로 더욱더 분열되고 있다고 말한다.

① 계급투쟁의 역사
지금까지의 모든 사회의 역사는 계급투쟁의 역사다. 자유민과 노예, 귀족과 평민, 영주와 농노, 동업 조합의 장인과 직인, 요컨대 서로 영원한 적대 관계에 있는 억압자와 피억압자가 때로는 은밀하게, 때로는 공공연하게 끊임없는 투쟁을 벌여 왔다. …

② 로마와 중세의 계급사회
예전에는 역사상의 각 시기마다 거의 어디서나 사회가 각종 신분으로 완전히 분열된 상태인 각종 사회적 위계질서가 발견된다. 고대 로마에는 귀족·기사·평민·노예가 있었고, 중세에는 봉건 영주·가신(家臣)·동업 조합의 장인·직인·농노가 있었으며, 다시 이 계급들 하나하나가 다 특수한 등급들로 나뉘어 있었다.

③ 새로운 계급 : 부르주아
봉건 사회가 몰락하고 생겨난 현대 부르주아 사회 또한 계급 모순을 폐기하지 못했다. 이 사회는 다만 새로운 계급들, 억압의 새로운 조건들과 투쟁의 새로운 형태들을 낡은 것과 바꿔 놓은 데 지나지 않았다.
그러나 우리 시대, 즉 부르주아지의 시대는 계급 모순을 단순화했다는 점에서 특이하다. 사회 전체가 두 개의 적대 진영으로, 즉 서로 대립하는 두 계급인 부르주아지와 프롤레타리아트로 더욱더 분열되고 있는 것이다. (『공산당선언』)

마르크스 사상 비판

[평가] 중세의 끝자락에 과학의 발견이라는 인류 최대의 선물이 있었다. 이것은 산업혁명이라는 놀라운 세계를 열었다. 그동안 모든 생산수단은 농지 밖에 없었다. 그런데, 제조업의 기업이라는 생산수단이 출현을 한 것이다. 이 제조업의 생산수단은 사람들의 과학과 기술의 산물이며, 정신의 산물이다.

정신이 과학·기술을 출현시키고, 자본이 투입되어 기계장치가 출현하며, 여기에 근로자가 참여하여 생산품들을 만들어낸다. 과거에는 토지만이 노동자의 일자리였는데, 이제는 기업이라는 새로운 일자리가 생겨난 것이다. 그리고 대량생산은 모든 국민들을 그 생산품을 누리며 풍요로운 삶을 살게 하였다.

그런데, 여기에서 과학·기술을 만들고, 여기에 자본을 투입하여 경영을 하는 자들을 모두 부르주아로 치부하여 없애버리면, 인류는 다시 과거의 농노제로 회귀하는 것이다.

나. 과학의 발견으로 인한 산업혁명, 부르주아와 프롤레타리아의 탄생

과학의 발견은 중세의 농노 중심의 세계가 끝나고, 새로운 근세 시민사회를 열었다. 이때 아메리카 대륙의 발견이라는 지리상의 발견도 있었고, 그 후 유럽세계는 산업혁명이라는 폭발적 상품량의 증가가 이루어지며, 온 유럽과 아메리카가 근대화 열풍이 불었다. 폭발적으로 늘어난 시장의 수요를 충족시킬 수 없어서 매뉴팩처 공업이 일어났다. 그러면서 대거 부르주아가 탄생하였고, 아울러 프롤레타리아도 탄생하였다. 이렇게 새로운 계급이 출현한 것이다.

① 산업혁명
중세의 농노로부터 초기 도시의 자유민이 생겨났고, 이 시민층으로부터 부르주아지의 첫 번째 요소들이 발전했다. 아메리카 대륙의 발견과 아프리카 회항로(回航路)의 발견은 대두하는 부르주아지에게 신천지를 열어

주었다. 동인도와 중국 시장, 아메리카의 식민지화, 식민지와의 교역, 교환 수단과 상품량의 증가는 상업, 항해, 공업에 전례 없는 충격을 주었으며, 그리하여 무너져 가던 봉건 사회 안에서 혁명적 요소를 급격히 발전시켰다. 예전의 봉건적 또는 동업 조합적 공업 경영 방식은 새로운 시장과 함께 늘어난 수요를 더 이상 충족시킬 수 없었다. 그러나 조직을 대신한 것이 매뉴팩처였다. 동업 조합의 장인들은 매뉴팩처 공업에 종사하는 중간 계급에게 밀려났으며, 서로 다른 동업 조합 사이의 분업은 개별 작업장별로 이루어지는 분업 앞에서 사라져 버렸다.

② 현대적 대공업

그 동안에도 시장은 더욱 넓어지고 수요는 계속 늘어났다. 이제 매뉴팩처도 이미 수요를 충족시킬 수 없게 되었다. 이때 증기와 기계가 공업 생산에 혁명을 일으켰다. 매뉴팩처의 자리를 현대적인 대공업이 차지하고, 공업에 종사하는 중간 계급의 자리를 공업에 종사하는 백만 장자들, 대공업 군대의 우두머리들, 현대 부르주아들이 차지했다.

③ 대공업이 산출한 프롤레타리아트

대공업은 아메리카 대륙의 발견으로 준비되고 있던 세계 시장을 만들어 냈다. 세계 시장은 상업, 해운과 육상 교통의 거대한 발전을 가져왔다. 이러한 발전이 이번에는 거꾸로 공업의 확장에 영향을 끼쳤다. 공업, 상업, 해운, 철도가 확대되는 만큼 부르주아지도 발전했으며, 부르주아지는 자본을 늘림으로써 중세 때부터 내려오던 모든 계급들을 뒷전으로 밀어내 버렸다.(『공산당선언』)

[평가] 마르크스는 산업혁명으로 인해 자연스럽게 나타난 대공업과 그 소수의 자본가들과 그 근로자들 즉 프롤레타리아트를 구분한다. 우리는 많은 양민들이 그 공업으로 인해 일자리를 얻었다고 생각하는데, 마르크스는 그 소수의 자본가가 그 회사의 모든 것을 장악하였다는 데에 시선이 머문다.

공산주의적 사고는 이렇게 항상 시기와 질투심에서 비롯된다. 공산주의자들의 특성은 물질에 대한 욕심이 많은 자들이다. 자유주의자들의 가치관은

마르크스 사상 비판

비교적 물질중심적이지 않다. 우리의 자아실현 욕구는 물질만 있는 것이 아니다. 물질의 다과로 인생의 성공과 실패를 구분하지 않는다. 그런데, 좌파적 사고를 가진 자들의 특성은 욕심이 있고, 가진 자들을 미워한다.

다. 부르주아지의 지배도구로서의 자유시장경제

마르크스에 의하면, 이 부르주아지는 100년도 채 못 되는 계급 지배 동안에 과거의 모든 세대가 만들어 낸 것을 다 합친 것보다도 더 많고, 더 거대한 생산력을 만들어 냈다. 이러한 생산수단의 변화는 이에 상응하는 새로운 사회 · 정치 제도인 부르주아적 정치 · 경제제도를 만들어내었는데, 그것이 곧 자유경쟁의 시장경제였다고 말한다.

① 급격한 발전

부르주아지는 100년도 채 못 되는 계급 지배 동안에 과거의 모든 세대가 만들어 낸 것을 다 합친 것보다도 더 많고, 더 거대한 생산력을 만들어 냈다. 자연력의 정복, 기계에 의한 생산, 공업과 농업에서의 화학의 이용, 기선에 의한 항해, 철도, 전신, 세계 각지의 개간, 하천 항로의 개척, 마치 땅 밑에서 솟아난 듯한 엄청난 인구, 이와 같은 생산력이 사회적 노동의 태내에서 잠자고 있었다는 것을 과거의 어느 세기가 예감이나 할 수 있었으랴!

② 새로운 생산질서

위에서 우리가 본 바와 같이, 부르주아지를 형성시킨 토대인 생산 수단과 교환 수단은 봉건 사회 안에서 생겨난 것이다. 이 생산 수단과 교환 수단이 일정한 발전 단계에 이르자, 봉건 사회에서 통용되던 생산과 교환 관계, 농업과 공업의 봉건적 조직, 한마디로 봉건적 소유 관계는 발전한 생산력에 이미 맞지 않게 되었다. 그것은 생산을 촉진하기는커녕 생산을 방해했으며, 따라서 그만큼 생산에 질곡으로 바뀌어 버렸다. 그것은 분쇄되어야 했으며, 분쇄되고 말았다.

③ 부르주아의 지배도구로서의 자유 시장경제체제

그 자리를 대신한 것은 자유 경쟁과 그에 상응하는 사회·정치 제도, 즉 부르주아 계급의 경제·정치적 지배였다.(『공산당선언』)

[평가] 마르크스는 평생토록 애덤 스미스의 『국부론』을 연구하면서, 이것을 뒤집기 위해 『자본론』을 저술하였다. 『국부론』의 핵심이 무엇인가? 국민들의 부를 어떻게 창출할 것인가이다. 그것은 농업이나 상업이 아닌 제조업(공업)이었다. 농업은 그 모든 소득이 지주에게로 간다. 상업은 그 상인에게로 간다. 그러나 공업은 그 구성원들에게로 간다. 따라서 대공업이 일어날수록 국민들에게로 부가 배분된다. 매출이 1억이 있다면, 자본가가 3%를 가져가고, 97%는 하청사와 근로자에게 귀속된다. 애덤 스미스는 97%의 일자리에 집중하는데 반하여, 마르크스는 이 3%에 대해 불공평을 말하며, 그것을 빼앗으려 한다. 『국부론』과 『자본론』의 차이는 바로 이것이다.

자유시장경제체제는 이윤을 용인한다. 그리고 그 이윤이 누적하여 자본을 형성하고, 그 자본이 새로운 기업을 만들어 일자리를 창출한다. 이 자유시장경제체제를 부인하면, 모든 일자리가 사라진다.

라. 과잉생산으로 인한 상업공황 예상과 평가

그런데 이때 마르크스는 당시 유럽사회에 주기적으로 일어났던 상업공황을 상기시키며, 그와 같은 대규모의 생산은 과잉생산이라는 전염병을 일으키며, 이제는 오히려 그 생산수단을 스스로 파괴해야 하는 지경에 이를 것이라고 말한다. 그 내용은 다음과 같다.

상업 공황이 일어날 경우, 제조된 생산물뿐만 아니라 이미 이룩된 생산력의 상당 부분도 규칙적으로 파괴된다. 공황 때에는 일종의 사회적 전염병--과거의 모든 시대에는 터무니없는 일로만 보였을 과잉 생산이라는 전염병--이 널리 퍼지게 된다. 사회는 잠시동안 야만 상태로 후퇴하여 마치 기근과 전면적인 파괴전이 모든 생활 수단을 쓸어 간 것같이 보이며, 공업과 상업이 전멸될 것같이 보인다. 그것은 무슨 까닭인가? 그것은

마르크스 사상 비판

사회가 너무나 큰 문명을 가지고 있고 생활 수단이 너무나 많으며, 너무나 큰 공업과 상업을 가지고 있기 때문이다. … 부르주아적 관계는 자신이 만들어 낸 부를 포용하기에는 너무도 협소해진 것이다. 부르주아지는 어떠한 방법으로 이 공황을 극복하는가? 한편으로는 거대한 생산력을 어쩔 수 없이 파괴하고, 다른 한편으로는 시장을 새로이 넓히면서 기존의 시장을 더욱더 철저하게 착취하는 방법으로 극복한다. 그러면 결국 어떻게 되는가? 더욱더 광범위하고 더욱 파괴적인 공황을 준비하게 되며, 공황을 예방할 수단도 줄어들게 된다. 부르주아지가 봉건 제도를 무너뜨릴 때 사용한 그 무기가 이제는 부르주아지 자신에게 겨누어진다.(『공산당선언』)

[평가] 마르크스의 예상은 일견 맞아보였으나, 아쉽게도 마르크스의 예상은 빗나갔다. 이러한 공급과잉으로 인한 공황은 일시적인 경제질서의 교란이었는데, 그것이 바로 1920년대 후반의 세계 대공황이다.

1929년 뉴욕 주식시장이 붕괴하자, 주식의 자산가치가 떨어지고, 3년간 은행의 1/5이 부도가 나며, 이에 따른 소비 수요가 위축되었다. 이에 따라 공급과잉이 발생하여 회사들마다 팔리지 않은 재고가 쌓여가고, 공장들이 멈추며, 실업자가 대거 쏟아져 나왔다. 뉴욕발 세계 대공황이 발생한 것이다.

이때 케인즈의 유효수요이론은 루스벨트 대통령의 소비 수요 진작을 위한 뉴딜정책으로 채택되었다. 예를 들어 미국 정부는 통화제도를 금본위제도에서 관리통화제로 바꾸고, 화폐를 공급하여 테네시강 개발사업 등을 통해 정부지출을 증대시켰다. 이렇게 정부는 소비자들에게 소비를 위한 재원을 공급함을 통해서 유효수요를 창출하였다. 이에 따라 다시 이 재원을 공급받은 국민들의 소비가 다시 이루어지면서, 공장들은 다시 돌아가기 시작하였고 또 다시 그 근로자에게 임금이 지급됨을 통해서 소비가 또 다시 일어나는 효과를 가져와서 그 위기가 극복되었다. 이렇게 하여 탄생한 것이 각 나라들에서 채택하고 있는 수정자본주의이다. 미국은 이 대공황을 극복하는 데 10년이 걸렸다.
 그 결과 마르크스의 그 예언은 무용지물이 되어 버렸다. 오히려 막시즘을 선택한 나라만 극빈층의 가난한 나라가 다 되어 버렸다.

2. 프롤레타리아와 공산주의자

가. 프롤레타리아트의 출현

 마르크스는 노동자들의 근로를 자신을 토막 내어 판매하는 행위라고 비하한다. 노동자는 그렇게만 생존한다는 것이다. 그들은 온갖 판매품과 마찬가지로 하나의 상품이다. 그들의 자립적인 성격은 갈수록 늘어가는 분업과 기계사용으로 온갖 매력을 잃고 기계와 같은 하나의 부품이 되어 버렸다. 또한 그들에게 주어지는 급여는 오직 생존비용 만큼이다. 그리고 회사의 규모가 커질수록 그 회사에 속한 노동자는 마치 군대의 졸병과도 같다. 노동시간만 늘어날 뿐만 아니라 부르주아의 노예가 되어 간다. 그리고 여성고용이나 아동교용으로 남자 노동자의 가치는 더 줄어든다. 이와 같은 공장 부르주아지들의 착취가 끝나면, 이제 또 다른 집주인, 상점주인, 고리대금업자와 같은 부르주아가 달려들어 착취한다. 그리고 소자본가들은 경쟁에 져서 부르주아로부터 탈락하여 프로레타리아에 합류한다. 그래서 프롤레타리아트는 인구 가운데 모든 계급으로부터 충원된다.

 ① 자신을 토막 내어 파는 상품 : 노동의 의미
 부르주아지는 자신에게 죽음을 가져올 무기를 발전시켰을 뿐만 아니라 이 무기를 자신에게 겨눌 사람들, 즉 프롤레타리아라는 현대의 노동자들도 만들어 냈다. 즉 자본이 발전하는 정도에 비례하여 프롤레타리아트, 즉 현대의 노동자 계급도 발전한다. 현대의 노동자 계급은 일거리가 있을 때만 생존할 수 있으며, 그들의 노동이 자본을 늘려 주는 한에서만 일거리를 얻을 수 있다. 자신을 토막으로 나누어 팔지 않으면 안 되는 이 노동자들은 다른 온갖 판매품과 마찬가지로 하나의 상품이며, 따라서 다른

마르크스 사상 비판

상품과 마찬가지로 경쟁의 모든 성패와 시장의 모든 변동에 내맡겨져 있다.

② 기계에 예속되는 노동자

늘어가는 기계사용과 분업으로 말미암아 프롤레타리아의 노동은 자립적 성격을 모두 잃어버렸으며, 이와 더불어 노동자가 느낄 수 있는 온갖 매력을 잃어버렸다. 노동자는 기계의 단순한 부속품이 되고, 그에게 요구되는 것은 가장 단순하고 단조로우며 가장 배우기 쉬운 동작뿐이다. 따라서 한 노동자에게 지출되는 비용은 거의 모두 그 자신을 유지하고 자손을 번식시키는 데 필요한 생활 수단(의 비용-역자)에 국한될 뿐이다. 그런데 모든 상품의 가격은 그 생산비와 같으며, 따라서 노동의 가격도 마찬가지다. 그러므로 노동의 지겨움이 심해지면 심해질수록 그만큼 임금이 줄어든다. 그뿐만 아니라 기계와 분업이 늘어나면 늘어날수록, 노동 시간이 늘어나거나 정해진 시간 안에 해야 하는 노동이 늘어나거나 기계의 운전 속도가 빨라지거나 하여 노동의 양도 그만큼 늘어난다.

③ 대공장

현대 공업은 가부장적인 장인이 지배하던 작은 작업장을 산업 자본가의 대공장으로 바꿔 놓았다. 노동자 대중은 공장에 집결하여 군대식으로 편성된다. 산업 군대의 병사인 노동자 대중은 수많은 장교와 하사관들로 이루어진 완전한 위계 질서의 감시 밑에 놓인다. 그들은 부르주아 계급, 부르주아 국가의 노예일 뿐 아니라, 날마다 시간마다 기계와 감독, 무엇보다도 개별 부르주아 공장주에 의해 노예가 된다. …

④ 산업혁명의 폐단 : 노동자의 소외

육체노동에 필요한 기술과 힘이 점점 줄어들수록, 즉 현대 공업이 발전할수록, 남성 노동은 여성 노동과 아동 노동에게 더욱더 밀려난다. 성별과 연령별 차이는 노동자 계급에게 더 이상 아무런 사회적 의의도 갖지 못한다. 오직 연령과 성별에 따라 서로 다른 비용이 드는 도구로서의 노동자가 존재할 뿐이다.

노동자에 대한 공장주들의 착취가 끝나 드디어 노동자가 임금을 현금으로 받게 되면, 이번에는 부르주아지의 다른 부분, 즉 집주인·상점주인·고리 대금업자 등등이 노동자들에게 달려든다.

⑤ 프롤레타리아트 : 노동자계급의 출현

지금까지의 소(小)중간 계급, 즉 소산업가, 소상인과 금리 생활자, 수공업자와 농민, 이 모든 계급들은 차츰 프롤레타리아트로 전락한다. 왜냐하면 한편으로는 그들의 소자본이 대규모 공업을 경영하기에 충분하지 못할 뿐더러 더 큰 자본가와 경쟁하는 데서 이겨내지 못하기 때문이며, 다른 한편으로는 그들의 기술이 새로운 생산 양식으로 말미암아 쓸모없게 되어 버리기 때문이다. 이와 같이 프롤레타리아트는 인구 가운데 모든 계급들로부터 충원된다. (『공산당선언』)

[평가] 영국에서 인크루저운동이 일어나고 산업혁명이 일어나고, 지방의 농민들이 대거 도시로 몰려들었다. 그래서 도시에는 노동자들이 들끓었다. 그러면서 산업혁명의 폐해가 나타나기 시작하였다. 이것은 산업의 발전과 함께 나타나는 필요악이었다.

이때 영국왕실에서는 이 문제를 분석하기 시작하였다. 이때 애덤 스미스의 『국부론』이 나왔다. 생산품의 "생산-분배-소비"에 국가가 관여하지 말고, 시장의 "수요-공급의 법칙"에 맡기라는 것이었다. 그러면 보이지 않는 손이 그 시장의 균형을 산출할 것이라고 말하였다. 애덤 스미스도 이것은 하나의 새로운 결단이었다. 애덤 스미스는 라이프니쯔의 "예정조화설"에 근거하여 이것을 주장하였던 것이다. 라이프니쯔의 "예정조화설"은 칼빈의 하나님 주권사상과 유사하다.

영국왕실은 이렇게 애덤 스미스의 『국부론』과 자유시장경제이론을 수용하였던 것이다. 그것이 영국에 산업혁명을 불러일으켰고, 그 산업혁명은 주변국으로 확산되었다. 애덤 스미스의 『국부론』이 산업혁명의 주요 촉매제였다.

나. 프롤레타리아트 투쟁의 발전단계

프롤레타리아트는 여러 가지 발전 단계를 거친다. 부르주아지에 대한 프롤레타리아트의 투쟁은 그들이 생겨나면서 시작된다. 처음에는 개별 노동자가, 그 다음에는 한 공장의 노동자들이, 또 그 다음에는 한 지방에 있는 같은 부문의 노동자들이 그들을 직접 착취하는 부르주아 개개인에 대항하여 투쟁한다. 그리고 이제 그들은 전국적으로 결속하기 시작한다. 그들은 결사체로서 노동조합을 만들어서 투쟁을 한다. 그리고 이것은 국가 전체에 퍼져서 그 나라의 전체 부르주아지들을 쓸어버려야 한다. 부르주아지는 다른 무엇보다도 자신의 무덤을 파는 일꾼을 생산하는 셈이다. 부르주아지의 멸망과 프롤레타리아트의 승리는 다 같이 피할 수 없는 일이다.

① 프롤레타리아트의 여러 가지 발전단계
프롤레타리아트는 여러 가지 발전단계를 거친다. 부르주아지에 대한 프롤레타리아트의 투쟁은 그들이 생겨나면서 시작된다. 처음에는 개별 노동자가, 그 다음에는 한 공장의 노동자들이, 또 그 다음에는 한 지방에 있는 같은 부문의 노동자들이 그들을 직접 착취하는 부르주아 개개인에 대항하여 투쟁한다. 노동자들은 부르주아적 생산 관계를 공격할 뿐만 아니라 생산 수단 자체도 공격한다. 그들은 경쟁하는 외국 상품을 파괴하며 기계를 파괴하고 공장을 불태움으로써 몰락해 버린 중세 노동자의지위를 되찾으려 한다.
② 흩어져서 하는 투쟁, 실패
이 단계에서 노동자들은 전국에 흩어진 채 서로 경쟁하는 대중을 이루고 있다. 노동자들의 대중적 결속은 아직 그들 자신이 단결한 결과가 아니라 부르주아지가 단결한 결과에 지나지 않는다. 부르주아지는 자신의 정치적 목적을 이루기 위해 프롤레타리아트 전체를 동원해야 했으며, 또 그때에는 그렇게 할 수 있었다. 따라서 이 단계에서 프롤레타리아는 자신의 적과 싸우는 것이 아니라 자신의 적에 대한 적, 즉 절대 군주제의 잔재인 지주, 비(非)산업 부르주아, 소부르주아들과 싸운다. 그리하여 역사적 운동 전체가 부르주아지의 손에 집중되고, 이렇게 얻어진 모든 승리는 부르주아지의 승리가 된다.

③ 노동결사체의 구성 : 노동조합

··· 노동자들은 부르주아들에 대항하여 결사체(즉 노동조합)을 조직하는 일부터 시작한다. 그들은 자신들의 임금 수준을 유지하려고 뭉친다. 그들은 앞으로 충돌이 일어났을 때 먹고 살 것을 마련하려고 상설 단체까지 세운다. 따라서 투쟁은 폭동이 되기도 한다. ···

④ 부르주아지의 멸망

부르주아지에 대한 프롤레타리아트의 투쟁은, 내용상으로는 그렇지 않으나 형식상으로는 우선 일국적(national)이다. 각국의 프롤레타리아트는 당연히 먼저 자기 나라의 부르주아지를 쓸어 버려야 한다.

··· 이처럼 대공업의 발전과 더불어 부르주아지가 생산물을 생산하고 점유하는 기반 자체가 부르주아지의 발밑에서 무너져 간다. 부르주아지는 다른 무엇보다도 자신의 무덤을 파는 일꾼을 생산하는 셈이다. 부르주아지의 멸망과 프롤레타리아트의 승리는 다 같이 피할 수 없는 일이다. (『공산당선언』)

[평가] 마르크스는 프롤레타리아들이 모여서 노동결사체를 조직한 후, 자국의 부르주아지들을 몰살시켜 버리라고 말한다. 이것이 공산주의인데, 그렇게 하면 자신들의 일자리도 사라진다. 소련이 그러하였으며, 공산주의를 채택한 모든 나라들은 가난하며 굶주린다.

다. 프롤레타리아의 지도자인 공산주의자 : 정치권력 형성

공산주의자들은 실천적으로 볼 때 각국 노동자당의 가장 단호하고 늘 선진적인 부분이며, 이론적으로도 프롤레타리아 운동의 여러 조건·과정·전반적 결과를 나머지 프롤레타리아트 대중보다 한 발 앞서 통찰한다. 공산주의자들의 당면 목적은 프롤레타리아트를 계급으로 형성시키고, 부르주아지의 지배를 뒤엎으며, 프롤레타리아트의 손으로 정치권력을 장악하는 것이다.

① 프롤레타리아의 지도자 : 공산주의자들

공산주의자들은 프롤레타리아 전체와 어떠한 관계를 맺고 있는가?⋯ 공산주의자들이 다른 노동자당과 다르다면, 그것은 그들이 한편으로는 여러 나라에서 진행되는 프롤레타리아의 투쟁에서 국적에 상관없이 프롤레타리아트 전체의 공통된 이해관계를 내세우고 고수하며, 다른 한편으로는 프롤레타리아트와 부르주아지 사이의 투쟁이 여러 발전 단계를 거치는 동안에 늘 운동 전체의 이익을 대변한다는 점에서만 그렇다.
② 프롤레타리아를 위한 정치 권력의 장악
따라서 공산주의자들은 실천적으로 볼 때 각국 노동자당의 가장 단호하고 늘 선진적인 부분이며, 이론적으로도 프롤레타리아 운동의 여러 조건·과정·전반적 결과를 나머지 프롤레타리아트 대중보다 한 발 앞서 통찰한다. 공산주의자들의 당면 목적은 다른 모든 프롤레타리아 당들의 당면 목적과 같다. 즉 프롤레타리아트를 계급으로 형성시키고, 부르주아지의 지배를 뒤엎으며, 프롤레타리아트의 손으로 정치권력을 장악하는 것이다.⋯ (『공산당선언』)

[평가] 마르크스는 공산주의자들이 프롤레타리아트의 지도자가 되어서 정치권력을 장악하라고 말한다. 이것이 각 나라에 존재하는 공산주의자들의 혁명방법이다.

라. 소유관계의 폐지를 말하는 공산주의자

공산주의자들은 자신의 이론을 사적소유의 철폐라고 말할 수 있다. 마르크스는 이에 대한 근거로서 자본가 소유의 본질과 노동의 본질을 밝힌다. 그러면서 부르주아 사회에서는 살아 있는 노동이 축적된 노동을 늘리는 수단일 뿐이고, 공산주의 사회에서는 축적된 노동이 노동자의 생활을 폭넓게 하고 풍요롭게 하며 장려하는 수단일 뿐이다.

① 소유관계의 폐지
지금까지의 소유 관계를 폐지한다는 것이 결코 공산주의만의 고유한 특

징은 아니다. 모든 소유 관계는 끊임없는 역사적 변동, 끊임없는 역사적 변화를 겪어 왔다. 예컨대 프랑스 혁명은 봉건적 소유를 폐지하고 그것을 부르주아적 소유로 바꾸어 놓았다. 공산주의의 특징은 소유 일반을 폐지하는 것이 아니라 부르주아적 소유를 폐지하는 것이다.…이런 의미에서 공산주의자들은 자신들의 이론을 사적 소유의 철폐라는 한마디 말로 요약할 수 있다.

② 소유의 폐지의 대상

우리 공산주의자들은, 자기 자신의 노동으로 취득한 재산, 즉 온갖 개인적인 자유와 활동과 자립의 기초를 이루는 재산을 없애려 한다는 비난을 받아 왔다. 자신의 노동으로 정당하게 번 재산이라고! 당신들은 부르주아적 소유에 앞선 소부르주아적, 소농민적 소유를 두고 말하는가? 그러한 소유를 폐지할 필요는 전혀 없다. 공업의 발전이 이미 그것을 폐지해 왔으며 또 나날이 폐지하고 있으니까.

③ 불법적인 자본적 소유의 폐지

그렇지 않다면 당신들은 현대의 부르주아적인 사적 소유를 두고 말하는 것인가? 그러나 임금 노동, 즉 프롤레타리아의 노동이 그 자신들에게 재산을 만들어 주는가? 결코 그렇지 않다. 프롤레타리아의 노동이 만들어 내는 것은 자본, 즉 임금 노동을 착취하는 재산이며, 이것이 임금 노동을 새로이 착취하려고 새로운 임금 노동을 재생산하는 조건에서만 늘어날 수 있는 재산이다. 오늘날과 같은 모습의 소유는 자본과 임금 노동 사이의 대립에 기초를 두고 있다. 그러면 이러한 대립의 두 측면을 살펴보자. 자본가가 된다는 것은 생산 속에서 단순한 개인적 지위뿐 아니라 사회적 지위까지 차지한다는 것을 뜻한다. 자본은 공동체의 산물로서, 오직 대다수 사회 성원의 공동 활동에 의해서만, 궁극적으로는 사회 성원 전체의 공동 활동에 의해서만 가동될 수 있다. 이처럼 자본은 개인적 힘이 아니라 사회적 힘이다. 따라서 만약 자본이 공동체의 소유, 즉 사회 성원 전체의 소유로 바뀐다고 하더라도 개인적 소유가 사회적 소유로 바뀌는 것은 아니다. 바뀌는 것은 오직 소유의 사회적 성격뿐이다. 즉 소유의 사회적 성격은 그 계급성을 잃을 뿐이다.

임금 노동으로 넘어가자. 임금 노동의 평균 가격은 최저 임금, 다시 말하면 노동자가 노동자로서 생활을 유지하는 데 필요한 생활 수단의 총액이다. 따라서 임금 노동자가 자기 활동의 결과로 얻는 것은 고작 자신의 생명을 재생산할 만큼에 지나지 않는다. 우리는 결코 생명의 재생산에 직접 필요한 노동 생산물의 이러한 개인적 점유, 즉 다른 사람의 노동에 대한 지배권을 가져다 줄 만한 순이익을 전혀 남기지 않는 점유를 폐지하려는 것이 아니다. 우리는 다만 노동자로 하여금 자본의 증식을 위해서 생존하게 만들며 지배 계급의 이익이 요구하는 한에서만 생존하게 만드는 점유의 비참한 성격을 철폐하려는 것이다.

부르주아 사회에서는 살아 있는 노동이 축적된 노동을 늘리는 수단 일 뿐이고, 공산주의 사회에서는 축적된 노동이 노동자의 생활을 폭넓게 하고 풍요롭게 하며 장려하는 수단일 뿐이다. (『공산당선언』)

그러나 가장 선진적인 나라들에서는 다음과 같은 것들을 아주 일반적으로 적용할 수 있을 것이다.

1) 토지 소유를 몰수하고, 모든 지대를 국가 경비에 충당하는 것. 2) 고율의 누진세, 3) 모든 상속권의 폐지. 4) 모든 망명자들과 반역자들의 재산을 몰수하는 것. 5) 국가 자본과 배타적인 독점권을 가진 국립 은행을 통해 국가의 손안에 신용을 집중시키는 것. 6) 운송 수단을 국가의 손안에 집중시키는 것. 7) 국영 공장의 수와 생산 도구를 늘리고, 공동 계획에 따라 토지를 개간하고 개량하는 것. 8) 모두에게 똑같은 노동 의무를 부과하고 산업 군대, 특히 농업을 위한 군대를 키워 내는 것. 9) 농업과 공업의 운영을 결합하고, 도시와 농촌 사이의 차이를 차츰 뿌리뽑도록 하는 것. 10) 모든 아동에 대한 사회적 무상 교육, 오늘날과 같은 아동들의 공장 노동을 폐지하고 교육과 물질적 생산을 결합하는 것 등등. (『공산당선언』)

[평가] 마르크스가 폐지하자고 말하는 소유는 자본가들이 자본을 통해 획득한 소유를 말한다. 그것은 "노동가치설"과 "잉여가치설"에 의하면, 노동자들로부터 빼앗은 불법적인 산물이라는 것이다. 이것을 사회적 재산으로 환원시키자는 것이다.

과거에는 생산수단이 토지였으나, 오늘날의 생산수단은 기업이다. 이 기업은 곧 자본과 기술의 결합체이다. 이 기업이 설 때, 근로자들의 노동거리가 생겨난다. 그런데, 이 자본과 기술을 공유화해버리면, 그 기업이 이내 도산하게 된다. 노동자들이 공동소유하면, 서로의 죄성들이 나타나면서 기업 전체가 모럴헤저드에 빠져버린다. 그 기업은 경쟁력을 상실하고, 노동자들은 일자리를 상실하게 된다.

마. 공산주의의 실현

마르크스는 위와 같은 사회주의를 거쳐서 계급적 차이가 사라지고, 모든 생산이 연합된 개인들의 손에 집중되면, 공권력을 그 성격을 잃고, 완전한 공산주의에 이른다고 말한다.

발전을 거치는 가운데 계급적 차이가 사라지고 모든 생산이 연합된 개인들의 손안에 집중되면, 공권력은 그 정치적 성격을 잃어버리게 될 것이다. 본래 정치권력이란 한 계급이 다른 계급을 억압하려고 사용하는 조직된 폭력이다. 만일 프롤레타리아트가 부르주아지에 대항하는 투쟁에서 반드시 계급으로 한데 뭉쳐 혁명을 통해 스스로 지배 계급이 되고 또 지배 계급으로서 낡은 생산 관계를 폭력적으로 폐지하게 된다면, 그들은 이 생산 관계와 아울러 계급적 대립의 존재 조건과 계급 일반 또한 폐지하게 될 것이며, 따라서 자기 자신의 계급적 지배까지도 폐지하게 될 것이다. 계급과 계급 대립으로 얼룩진 낡은 부르주아 사회 대신에 각자의 자유로운 발전이 전체의 자유로운 발전의 조건이 되는 연합체가 나타나게 될 것이다. (『공산당선언』)

[평가] 마르크스의 가장 학한 습성은 생각으로 논리를 전개시켜 결론에 이른다는 것이다. 이것은 모두 추정이다. 이런 버릇은 헤겔에게서 먼저 나타났다. 헤겔은 정신의 기능을 너무 중시여긴 나머지, 사유를 통해 각종 이론들을 전개하였던 것이다. 현대 철학의 모든 출발점에는 헤겔에 대한 비판에서부터 시작한다. 그리고 그 비판은 이렇게 사변적인 논리의 전개였다. 그 사변에서 전제가 되는 요인들 하나하나 점검하면서 그 다음의 이론을 존개하여야 한다. 마르크스는 『공산당 선언』에서 프롤레타리아가 부르주아를 장악할 것을 속단하고 있다. 그러면서 이 혁명을 위해 "전세계의 프롤레타리아여, 단결하라!"고 외치는 것이다.

3. 전세계의 프롤레타리아여, 단결하라!

마르크스에 의하면, 공산주의자들은 모든 어디서나 현존하는 사회 정치 제도를 반대하는 모든 혁명 운동을 지지한다. 이러한 모든 운동에서 공산주의자들은 소유 문제를 운동의 근본 문제로 앞에 내세운다. 끝으로, 공산주의자들은 모든 나라 민주주의 정당의 단결과 협력을 위해 어디서나 애쓴다. 그리고 공산주의자들은 그러한 가운데에서 자신의 견해와 의도를 감추는 것을 경멸받을 일로 여긴다. 공산주의자들은 자신들의 목적이 현존하는 모든 사회 질서를 폭력적으로 타도함으로써만 이루어질 수 있다는 것을 공공연하게 선언한다. 마르크스는 지배 계급들로 하여금 공산주의 혁명 앞에서 벌벌 떨게 하라고 말하며, 프롤레타리아가 혁명에서 잃을 것이라고는 쇠사슬뿐이요 얻을 것은 세계 전체다라고 말하며, "전세계의 프롤레타리아여, 단결하라!"고 외친다.

가. 각국의 공산주의자들

마르크스는 각 나라에 존재하는 공산주의자들을 지지한다. 그리고 이들이 서로 연대를 이루자고 한다.

6장 『공산당 선언』

공산주의자들은 노동자 계급의 당면 목적과 이익을 위해 투쟁하지만, 이와 동시에 현재의 운동에서 그 운동의 미래를 대변하기도 한다. 프랑스에서는 공산주의자들이 보수와 급진 부르주아지에 맞선 투쟁에서 사회 민주당과 손을 잡기는 하나, 그렇다고 해서 혁명적 전통에서 오는 공리공론과 환상을 비판할 권리까지 포기하지는 않는다.

스위스에서 공산주의자들은 급진파를 지지한다. 그러나 그들은 동시에 이 당이 모순되는 요소들로, 즉 더러는 프랑스식의 민주주의적 사회주의자들로, 더러는 급진적 부르주아들로 이루어져 있다는 사실을 잊어버리지는 않는다.

폴란드에서 공산주의자들은 토지 혁명을 민족 해방의 조건으로 내세우고 있는 정당, 즉 1846년에 크라코프 폭동을 일으킨 바로 그 당을 지지한다.

독일에서 공산당은 부르주아지가 혁명적으로 행동하는 한 그들과 손을 잡고 절대 군주제, 봉건적 토지 소유와 반동적 소시민층과 싸운다.

[평가] 모든 인간의 마음 속에는 인생의 질고가 있다. 그리고 그것은 가난의 문제이며, 생존의 문제이다. 그러다보니 자신의 처지를 모두 노동에 대한 불만으로 귀속을 시킨다. 자신의 기준으로 현실을 판단하며, 모든 불만을 기업에게 돌린다. 그래서 프롤레타리아 혁명가들은 시대마다 존재한다.

나. 노동자의 신분고수

마르크스는 이들 노동자들이 노동자의 신분을 계속 유지할 것을 말한다. 그래야 부르주아지를 내어쫓는 운동을 펼칠 수 있기 때문이다.

그러나 공산당은 노동자들이 부르주아지와 프롤레타리아트 사이의 적대적 대립을 될 수 있는 대로 명확히 의식할 수 있도록 하려고 잠시도 일손을 놓지 않는다. 그것은 독일 노동자들이 부르주아지의 지배가 반드시 도입하게 될 사회·정치적 조건들을 바로 부르주아지에 대항하는 무기로 곧 이용할 수 있도록 하기 위해서이며, 독일의 반동 계급들이 타도된 뒤에 부르주아 자체에 대항하는 투쟁이 곧바로 시작되도록 하기 위해서다. …

[평가] 마르크스는 적대적인 마음을 가지고 노동현장에 참여하게 한다. 그리고 자신이 근무하는 그 회사를 빼앗도록 부추긴다. 이것은 우리나라의 경우에도 무든 노동의 현장에서 나타나고 있다.

다. 국제 공산주의

모든 인생들은 자신들의 노동에 대해 불만족을 가지고 있다. 마르크스는 이것을 이용하여 국제 공산주의를 형성한다. 모든 나라에 존재하는 노동에 대한 반감을 가진 자들은 자신들의 동지들인 것이다.

한마디로 공산주의자들은 어디서나 현존하는 사회 정치 제도를 반대하는 모든 혁명 운동을 지지한다. 이러한 모든 운동에서 공산주의자들은 소유 문제가 더 발전한 형태를 취하고 있느냐 덜 발전한 형태를 취하고 있느냐를 가리지 않고 이 문제를 운동의 근본 문제로 앞에 내세운다.
끝으로, 공산주의자들은 모든 나라 민주주의 정당의 단결과 협력을 위해 어디서나 애쓴다. 공산주의자들은 자신의 견해와 의도를 감추는 것을 경멸받을 일로 여긴다. 공산주의자들은 자신들의 목적이 현존하는 모든 사회 질서를 폭력적으로 타도함으로써만 이루어질 수 있다는 것을 공공연하게 선언한다.

[평가] 마르크스는 모든 인생들의 마음 안에 있는 노동에 대한 반감을 들추어낸 후, 그것은 하나의 종교처럼 발전시킨다. 종교란 공통된 심성에서 자라난다. 모든 사람들 안에 있는 노동에 대한 불편함을 하나로 모아서 종교화하는 것이다. 이것이 곧 국제 공산주의의 본질이다.

6장 『공산당 선언』

라. 전세계의 프롤레타리아여, 단결하라!

마르크스의 사상이 이렇게 성공을 거둘 수 있었던 것은 마르크스의 그 과격함 때문이었다. 마르크스는 젊었을 때 신문사 편집인 역할을 했는데, 그는 핍박을 두려워하지 않고 자신의 뜻을 실행에 옮겼다.

지배 계급들로 하여금 공산주의 혁명 앞에서 벌벌 떨게 하라. 프롤레타리아가 혁명에서 잃을 것이라고는 쇠사슬뿐이요 얻을 것은 세계 전체다. 전세계의 프롤레타리아여, 단결하라! (『공산당선언』)

[평가] 마르크스는 자신의 이론이 맞는지 틀리는지 모르는 상태에서도 확신이 서면 행동을 하였다. 그리고 그것을 끝까지 밀고 나갔다.

[결론] 소련, 공산주의 혁명

마르크스와 엥겔스의 『공산당 선언』(1848년)이 접목된 유일한 국가가 러시아이며, 그 결과 1922년에 러시아를 중심으로 한 소련(소비에트연방)이 탄생하게 되었다.

1922년 소련의 출현

마르크스의 이론은 산업혁명이 불길처럼 타오르는 유럽에서는 철저하게 실패를 하였다. 그런데, 산업혁명과 한참 동떨어진 러시아는 여전히 중세 농노시대나 다를 바가 없었다. 그러는 가운데 1914년 1차 세계대전이 일어났다. 이때 러시아는 아무런 준비도 없는 상태에서 국내 소요사태를 진정시키려고 이 전쟁에 무모하게 뛰어들었다. 그 모든 대가는 국민들이 부담해야 했다. 이 무리한 전쟁으로 국민들이 기근상태에 이르러서, 식량을 달라고 국가에 메어 달리기에 이르렀다. 이에 대한 대안을 황제(짜르)가 제시하지

마르크스 사상 비판

못하자, 그 틈새로 레닌에 의한 공산주의 혁명이 일어난 것이다.

1922-1991년, 스탈린에 의한 계획경제의 실행

마르크스의 황당한 이론이 공산주의 이론가들에 의해 추진되기 시작했다. 어떤 새로운 이론이 실행될 때에는 많은 부작용이 존재하며, 저항세력이 존재한다. 스탈린은 이것을 국가의 공권력으로 밀어붙여서 2,200만명을 죽음으로 몰아가면서 공산주의식 산업혁명을 실행하였다. 온 국가가 그러한 강력한 독재하에서 공산주의 계획경제를 기반으로 산업화에 투신을 하였다.

이때 1920년대 말에 서방에서는 세계 경제공황이 일어났다. 그런데, 소련은 온 나라가 산업화에 박차를 가하고 있었던 것이다. 그래서 미국에서는 수만명의 사람들이 소련에 산업시찰을 다녀갔다. 초미의 관심사였던 것이다. 이 세계 대공황은 케인즈의 유효수요의 이론을 통해서 해결이 되었다. 그리고 서방세계는 다시금 발전을 시작한 것이다.

스탈린은 계속하여 계획경제 하의 경제발전을 위해서 매진하였다. 특히 과학기술 분야와 군사분야에서도 최선의 노력을 경주하였다. 그래서 군수산업과 산업재는 발전을 하였다. 그러나 세계 시장에서의 경쟁력은 갈수록 쇠퇴하고 있었다. 세련된 세단 자동차를 만들어야 하는데, 마치 탱크와 같은 자동차가 만들어져서 나왔다. 계획경제 하에서는 각 구성원들의 창의성이 각부품에 반영되지 않기 때문이었다.

1991년 계획경제의 붕괴

스탈린이 1953년에 사망하고, 흐루시쵸프가 스탈린의 정책을 이어받아 또 다시 경제에 올인하였다. 그런데 경제가 이상하게 정체되는 것을 보았다. 스탈린 격하운동을 하며, 그 취약점을 보완하기 위해 경제전문가를 등용하여 여러 방면으로 시도를 하였다. 심지어 우주산업에 까지 확장하였다.

흐루쉬쵸프가 1964년 실각을 하고, 브레즈네프가 집권을 한후 또 다시 경제성장을 위해 노력하였다. 브레즈네프는 공산주의가 고도화해야 한다고 말하며, 고급단계의 공산주의로 진입해야 한다고 말하였다.

그런데, 이상한 현상이 발생하였다. 그것은 국민들이 가난하다보니 소비재 산업이 일어나질 않았다. 국민들의 고혈을 빨아 과학 기술과 각종 산업재는 대규모 단지를 이루어서 생산해 내는데, 국민들이 가난하다보니 나라에 소비산업이 일어나지를 않았다. 이것이 소련이 망하게 된 결정적인 이유가 되었다. 이제 더 이상 소련 경제는 손을 쓸 수 없게 되었다. 그러다가 고르바쵸프를 거쳐 옐친이 집권한 1991년에 각 소비에트들이 소련 연방을 탈퇴하면서, 소련이 붕괴해 버렸다.

공산주의의 한계

공산주의의 한계는 국민의 가난에 있다. 국민이 가난하면, 나라에 소비가 일어나지 않는다. 한 나라의 경제규모는 수요측면에서 "소비+투자+수출"로 구성이 된다. 그런데, 아무리 투자와 수출이 많아도 소비가 받쳐주지 않으면, 그 경에는 한계에 이른다. 러시아가 그렇고, 오늘날 중국이 그렇다.

자유시장경제체제에서는 국가가 발전하면서 그 소득이 국민들에게 주어진다. 그러면서 인플레이션을 타고 국민들이 소유한 토지 등의 부동산 값이 오른다. 그 결과 국민들이 부유해진다. 그러면 소비가 살아난다. 그리고 국민들에게 부가 존재하므로 경제의 순환이 일어난다. 그리고 국민들에게 행복을 안겨주는 소비산업이 일어나는 것이다. 이렇게 하여 한 나라가 풍요해진다. 그 대표적인 나라가 대한민국이다.

결론적으로

마르크스『자본론』과『공산당선언』에서 말하는 그 사회주의 계획경제는 경제이론이 아니다는 것이 드러났다. 즉,『자본론』에서 말하는 노동가치설과 잉여가치설은 나라를 망하게 하는 이론이다는 것이 드러난 것이다. 오늘날 선진국의 대기업들에서 일어나고 있는 많은 노동운동들이 마르크스의『자본론』에 기반을 두고 있다. 그런데, 그것은 자신의 기업을 망하게 하는 이론이다. 그것은 궁극적으로 자신의 소득의 감소를 초래한다.

7장 『고타강령 비판』 - 사회주의

[개요] 사회주의의 단계

〈고타강령〉은 1875년 독일 고타에서 채택된 독일 사회주의 노동당의 강령이다. 독일 사회주의 운동의 두 조직체인 라살레파와 아이제나흐파가 독일 사회주의 노동당을 결성한 고타 대회에서 채택되었다. 〈고타강령비판〉은 1875년 5월 칼 마르크스(57세)가 독일의 사회민주주의 운동 중 자신과 가까운 아이제나흐파에게 쓴 편지를 통한 문서이다.

마르크스는 이 강령은 공산당선언과 완전히 다르다고 비판했다. 『고타강령비판』은 1875년 칼 마르크스가 독일 사회주의자들이 결성한 새 당의 강령인 『고타 강령』에 대해 완전한 반발을 선언하며 쓴 글이다. 이 『고타강령비판』의 제목은 "칼 마르크스, 독일 노동자당 강령에 대한 평주"로 되어 있다.

자연의 공동소유

마르크스는 철저히 노동가치설과 잉여가치설을 신봉하였는데, 그것은 노동이 착취를 당하고 있다는 것이다. 마르크스는 상품의 가치는 오직 노동의 가치로만 본다. 자본이나 기술은 안중에도 없다. 이런 상황에서 노동의 해방을 자신의 소명으로 삼았다. 그렇다면, 방법은 자연의 공동소유 밖에 없다.

우리의 모든 경제정책은 일자리 창출을 목표로 한다. 그런데, 마르크스는 노동의 해방을 목표로 삼는다. 그러면 회사를 그만 두면 될 것이 아닌가라고 말을 하면, 그것은 해방이 아니고 그 기업을 공유하는 것이 해방이라고 말한다. 노동자가 기업을 소유하는 것이 마르크스주의의 핵심이다. 그 기업의 경영주로부터 그 경영권을 뺏는 것이다.

여기에서 복지국가와 사회주의가 차별을 이룬다. 〈고타강령〉에서 라살레는 노동자의 권익을 대거 회복하는 복지국가를 주장하였다. 이에 대해 마르크스는 그것은 공산주의가 아니라고 말한다. 그것은 오히려 자본가들이 인민을 통제하기 위한 고도의 방법이라고 말한다. 이것이 바로 마르크스의 『고타강령비판』의 주제이다.

초급단계의 사회주의와 고급단계의 사회주의

결국 마르크스의 이야기는 『고타강령』의 라살레 주장은 "자본주의에서 갓 태어난 공산주의"라는 것이다. 자본주의를 인정하고 그 위에 짓는 공산주의이다. 그리고 그것을 초급단계의 사회주의라고 말한다. 그런데, 그것은 공산주의가 전혀 아니다. 그리고 그것은 공산주의 실현의 방법도 아니다. 그것으로는 평등실현이 불가능하다.

그렇다면, 이것을 극복하는 길은 무엇인가? 조합사회가 고도로 발전하여야 한다. 개인들의 전면적 발전과 함께 생산력도 성장하고, 조합적 부의 모든 분천이 흘러넘치고 난 후에 가능하다. 그때 비로소 사회는 자신의 깃발에 "각자는 능력에 따라, 각자에게는 필요에 따라!"라고 쓸 수 있게 된다. 이것이 "더 높은 단계의 공산주의"이다.

이렇게 멋진 구호를 마르크스는 내 놓았다. 그런데, 그렇게 고도화된 사회주의가 실현되기 위해서는 자유시장경제체제 하에서 경제가 발전해야 하는데, 공산주의로는 그 단계에 이르기도 전에 국가경제가 망해버리는 것이다. 브레즈네프는 고도화된 사회주의를 실현하자고 하면서 국민들을 독려했지만, 허공에 메아리치는 구호에 불과하였다. "각자는 능력에 따라, 각자에게는 필요에 따라!"는 꿈속의 이야기에 불과하였다.

노동해방의 주체

마르크스는 "능력에 따라 일하고, 필요에 따라 분배받는 노동이 해방된 사회"의 노동해방의 주체는 노동자 자신이라고 한다. 기업가가 베풀어주는 복지혜택은 자본가의 지위를 계속 유지하기 위한 수단이라고 말한다. 노동으로부터 진정으로 해방되길 원하면, 기업을 공동소유하는 것 밖에 방법이 없다고 말하는 것이다.

마르크스 사상 비판

독일 민주당의 라살레는 국가보조를 통한 사회문제의 해결을 말하였다. 그 결과 국가보조를 통한 생산협동조합의 설립을 요구하였다. 이 생산협동조합들은, 노동자가 아니라, 국가가 국채발행을 설립한다. 새로운 철도를 건설하듯이, 새로운 사회를 건설할 수 있다고 한다. 마르크스는 이것은 라살레의 망상에 딱 어울린다고 말한다.

프롤레타리아 독재 : 체제전복을 통한 공산주의의 실현

마르크스는 『고타강령비판』 Ⅳ부A에서 "이제 민주주의에 관한 부분으로 넘어가자"고 말하며, 여기에서 마르크스는 "오늘날의 국가는 허구이다"고 말한다. 그리고 라살레의 『고타강령』은 이러한 허구의 국가 위에서 뭔가를 개선하고자 꿈꾸고 있다는 것이 마르크스는 논리이다.

마르크스에 의하면, 오늘날의 자본주의 국가는 인민과 양립할 수 없다. 자본주의 사회와 공산주의 사회 사이에는 전자로부터 후자로의 혁명적 전환의 시기가 존재한다. 거기에는 또한 정치적 이행기가 상응하는데, 이 시기의 국가는 프롤레타리아트의 혁명적 독재 이외의 그 어떤 다른 것일 수 없다.

라살레는 국가를 부정하지는 않았다. 그래서 『고타강령』을 통해 국가에게 노동자 복지를 위해서 여섯 가지를 요구한다. 국가를 원천적으로 부정하는 마르크스는 이것을 신랄하게 비판한다. 그것은 공산주의의 실현을 막는 자본주의의 도구라고 말한다. 마르크스는 현재의 국가에서 체제전복 외에는 다른 방법이 없다고 말하는 것이다.

결론적으로

마르크스는 현 국가의 시스템을 발전시켜서 공산주의로 전환하는 것에 대해서, 그것은 방법이 아니라고 말한다. 라살레는 점진적으로 공산주의로 가자고 하였으나, 마르크스는 체제전복을 위한 프롤레타리아 독재 외에는 공산주의를 실현할 별도의 방법이 존재하지 않는다고 말한다. 그러면서 라살레의 생각이 가장 위험하다고 말한다. 이것이 자본주의와 공산주의의 사이에 존재하는 사회주의이다. 즉 사회주의는 프롤레타리아 독재를 말한다.

1. 노동이 부의 원천이 되기 위한 자연의 공동소유

가. 첫 번째, "노동이 모든 부의 원천"의 조건 : 자연의 공동소유

『고타강령비판』의 1부는 별도의 제목이 없이 "5개 명제에 대한 비판"이 나타난다. 라살레가 작성한 『고타강령』에서 나타나는 그 첫 번째 명제는 다음과 같다.

『고타강령』 1. 노동은 모든 부와 모든 문화의 원천이다. 그런데 유용한 노동은 오직 사회 속에서만 그리고 사회를 통해서만 가능하기 때문에, 노동의 수익은 삭감되지 않고, 동등한 권리에 따라서 모든 사회구성원들에게 속한다. (『고타강령』)

마르크스 "고타강령비판"이 이어지는데, 그 내용은 다음과 같다.

이 문단의 첫 번째 부분, "노동은 모든 부의 원천이 아니다. 자연도 노동과 마찬가지 정도로 사용가치(그리고 확실히 이것으로 물적 부는 이루어진다!)의 원천이며, 노동자체는 하나의 자연력인 인간의 노동력의 발현일 뿐이다. 위의 문구는 모든 어린이용 입문서에서 발견되며, 노동이 그에 필요한 대상 및 수단과 더불어 수행된다고 가정하는 한에서 옳은 것이다. 그러나 사회주의적 강령은, 유일하게 의미를 부여하는 이 조건들에 대해 말이 없는 그러한 부르주아적 말투를 허락해서는 안 된다. 인간이 애초부터 모든 노동수단 및 노동대상의 일차적 원천인 자연에 대하여 소유자로서 관계를 맺는 한에서만, 즉 자연을 인간에 속하는 것으로 취급하는 한에서만, 인간의 노동은 사용가치의 원천이 되며 따라서 또한 부의 원천이 된다. (『고타강령비판』)

마르크스 사상 비판

[평가1] 자연의 공동소유

우리는 위의 마르크스의 말을 바르게 이해할 필요가 있다. 라살레가 "부의 가치, 좀더 적나라하게 말해서 상품의 가치는 노동이다"고 말한 것이다. 라살레는 인간 노동가치의 숭고함을 이렇게 표현한 것이다. 인간의 노동은 정신적 행위이기 때문에 모든 문화와 부의 원천인 것이다. 이것은 공산주의의 이념과 아주 잘 부합하는 말이었다. 그런데, 마르크스는 그 자연의 국유화의 단서 하에 그렇다고 말을 한다. 다음의 필자의 해석이다.

이에 대해 마르크스는 그 말은 완전하지 않다고 말한다. "부 혹은 상품의 가치는 노동과 자연이다"고 말한다. 오히려 자연으로 말미암아 더욱 부의 가치가 이루어진다고 말한 것이다. 그러면서 "노동이 그에 필요한 대상 및 수단과 더불어 수행된다고 가정하는 한에서 옳은 것이다"고 말한다. 그래서 노동이 그렇게 숭고한 것이 되는 것은 "인간이 일차적 원천인 자연에 대하여 소유자로서 관계를 맺는 한"에서만, 즉 "자연을 인간에 속하는 것으로 취급하는 한"에서만, "인간의 노동은 사용가치의 원천이 되며 따라서 또한 부의 원천이 된다"고 말한 것이다.
결국 마르크스의 말은 인간의 노동을 그렇게 숭고하게 하기 위해서는 토지와 자연이 노동자들의 것이 되어야 한다고 말한 것이다.

[평가2] 부의 구성요소

마르크스의 주장에 대한 반론이 존재한다. 부의 가치 혹은 상품의 가치가 자연(원료)과 노동만인가? 산업혁명으로 밝혀진 것은, 오늘날의 모든 부는 과학기술과 자본의 덕분이었다. 그래서 오늘날 모두 주요 생산품들을 보면, 부의 가치 혹은 상품의 가치는 "노동+기술+자본"이었다. 원재료로서의 자연의 비중은 그다지 크지 않았다.

① 과학·기술

외견상으로 보기에는, 감각적으로 보기에는 모든 인간들이 자연의 원재료

7장 『고타강령 비판』 - 사회주의

를 가지고, 자동차를 만들고, 배를 만들고, 컴퓨터를 만들고, 전화기를 만드는 것 같지만, 그 이면에는 과학기술의 발명이 있었다.
② 자본
그리고 이 과학기술에 거대자본이 투하되었다. 이 자본이 투하되어야, 공장이 세워지고, 기계장치가 설치되고, 원재료를 구매하고, 노동자를 불러다가 급여를 줄 회사 운영자금이 있어야 공장이 세워졌다. 공장이 거저 나온 것이 아니다.
③ 노동
그 후에 노동자가 와서 노동을 투입하여 상품이라는 부를 만든다. 이것이 현실적인 이야기이다. 아무리 사람이 많이 모여 있다고 해서, 거기에서 자동차가 나오고 전화기가 나오는 것이다.

위의 논의 중에서 사실은 과학 기술의 발명이 가장 거룩한 노동의 행위였다. 이것이 진정한 정신의 행위였다. 이것은 단순한 노무자의 정신과는 또 성격이 달랐다. 그렇다면, 기술은 언제 나오는가?

[평가3] 기술의 출현 : 분업+시장(이윤추구행위)
그렇다면, 기술은 언제 나오는가? 이것을 분석한 책이 애덤 스미스의 『국부론』인데, 그것은 애덤 스미스의 창안이라기 보다 현실에 대한 발견이었다.

① 분업
애덤 스미스는 바늘을 분업적으로 생산하는 것에서 놀라운 노동의 효율이 발생하는 것을 발견하였다.
② 시장
그리고 이러한 분업이 일어나려면, 시장이 존재하여야 했다. 그리고 그 시장의 작동원리는 이윤추구행위였다.
③ 이윤추구행위 : 과학기술과 창의성의 발현
이렇게 이윤추구행위가 허용이 되자 기계의 발명이 이루어지기 시작하였

는데, 분업으로 제품생산이 잘게 쪼개어지자 단순한 부분에서부터 기계화가 일어나기 시작한 것이다.

이윤추구행위, 즉 사유재산제에 대한 허용이 창의성과 과학 기술의 발견을 가져온 것이었다. 헤겔은 『법철학』에서 모든 대상은 정신적 존재에게 소유를 당할 때, 그곳에서 더 나은 발견이 일어난다는 것을 철학적으로 논증하였다. 어떤 땅이 정신적 존재에게 소유를 당하지 않으면, 그것은 여전히 황무지로 남아 있다. 그러나 그것이 소유를 당하면, 그곳은 꽃밭이 되고, 곡식이 자라게 된다. 이것을 공동으로 소유한다고 하면, 아무도 그곳에서 정신적 창조 행위를 하지 않는다. 그래서 공동소유·사회적 소유는 국유화의 다른 이름일 뿐이다.

[평가4] 소련을 통한 공산주의 무용론 확인

마르크스의 위의 논리가 세계사적으로 실행된 사례가 있다. 그것은 바로 레닌의 볼세비키 혁명으로 인해 소련이 형성된 것이다. 그리고 이곳에서 스탈린에 의해 성공적으로 이 공산주의가 실행되었다. 스탈린의 공산주의는 후르쉬쵸프와 브레즈네프에 이르기까지 70년 동안 처참한 실패를 맛보았다. 그래서 고르바쵸프와 옐친은 공산주의를 포기해 버렸다.

마르크스는 인간 안에 있는 선한 이기심을 부정하였던 것이다. 그래서 사유재산제를 부정하였다. 그 결과 인간 안에 있는 정신의 창의성을 말살해 버렸다. 오늘날 공산주의의 변용인 사회주의도 또한 마찬가지이다.

나. 노동수단 독점의 문제

『고타강령비판』의 1부의 두 번째 명제는 "오늘날의 사회에서 노동 수단은 자본가 계급의 독점이다. 모든 형태의 빈곤과 예속상태의 원인이다"고 말한다. 그 내용은 다음과 같다.

『고타강령』 2.오늘날의 사회에서는 노동수단들은 자본가계급의 독점이다.

7장 『고타강령 비판』 - 사회주의

이에 의해서 야기되는 노동자계급의 종속이 모든 형태의 빈곤과 굴종의 원인이다.(『고타강령』)

이에 대해 마르크스는 왜 "토지 소유자"는 언급하지 않고, "자본가 계급"에 한정하느냐고 비판한다. 즉, 모든 사유재산의 형태를 없애버려야 한다는 것이며, 그것이 제1인터내셔널의 강령이라는 것이다. 마르크스는 라쎌라의 사회주의는 자본주의의 변용에 불과하다는 것이다.

인터내셔널(제1인터내셔널)의 규약에서 빌어 쓴 이 명제는 이 "개정"판에서는 잘못되어 있다. 오늘날 사회에서 노동수단은 토지 소유자와 자본가의 독점이다. 인터내셔널의 규약은 해당 구절에서 전자나 후자의 독점과 계급을 거명하지 않는다. 규약은 "노동수단들의, 즉 생활원천들의 독점"에 대해 말한다. "생환원천들"이라고 보충한 이 말은, 토지도 노동 수단에 포괄되는 것을 충분히 보여주고 있다. 이런 개정이 끼어든 것은, 이제는 일반적으로 알려져 있는 이유로 라살레가 자본가 계급만 공격하고, 토지 소유자는 공격하지 않았기 때문이다. 영국에서 자본가들은 대부분, 자기 공장이 자리잡고 있는 토지의 소유자도 아니다.(『고타강령비판』)

마르크스는 『고타강령』이 노동자 운동의 원칙에서 후퇴했다고 보았다. 이 과정에서 『제1인터내셔널의 기본 강령과 규칙』을 배신한 것에 대한 비판이 핵심이었다. 마르크스는 위의 내용에서 '토지 소유자'가 빠진 것에 대해 지적하고 있는 것이다. 『제1인터내셔널의 기본 강령과 규칙』의 작성자인 마르크스가 『고타강령비판』을 쓴 이유는 『고타강령』에 대한 전적인 비판을 하기 위해서였다. 마르크스는 『고타강령비판-초고』를 빌헬름 브라케에게 썼는데, 그 글을 시작하면서 '인사말'의 차원에서 다음과 같은 말을 하는데, 다음의 말은 단지 위의 두 번째 명제에 대한 것이 아니라, 『고타강령』 전체에 대한 마르크스의 태도이다.

…이 통지를 받게 될 당 내의 친구들이 내 측에서 나중에 취하게 될 조치를 오해하지 않도록 하기 위해서는 그렇게 할 필요가 있었습니다. 랍동대회 후에 엥겔스와 나는 말하자면 간단한 성명을 발표할 것이며, 그 내용은 위에서 말한 원칙 강령에 우리는 완전히 국외자이며, 또 아무런 관계도 없다는 것입니다.… 나의 확신에 따르면 전적으로 비난 받아야 하며 당을 타락시키는 것인 그러한 강령을 외교적 침묵으로도 승인하지 않는 것이 나의 의무입니다.(『고타강령비판』-인사말)

다. 노동의 해방 : 노동수단의 공유와 노동수익의 공정한 분배

『고타강령』1부의 세 번째 명제는 "노동의 해방"에 관한 것이다. 이에 대해 라살레는 노동수단의 "사회 공유재산화"와 "노동수익의 공정한 분배"라고 말한다. 그 내용은 다음과 같다.

『고타강령』 3. 노동의 해방은 노동수단들의 사회의 공유재산으로의 고양과, 노동수익의 공정한 분배를 수반한 총노동의 조합적 규제를 필요로 한다.

이에 대해 마르크스는 라쎌레의 이야기를 들어보았을 때, "노동수단들의 사회의 공유재산으로의 고양"의 명제는 다른 문장들을 보았을 때, 그냥 의미없이 형식적으로 하는 말로 들린다고 한다. 그리고 이제 "노동수익"과 "공정한 분배"의 문제를 말한다.

① 노동수단들의 공유재산으로의 고양 :
"노동수단들의 공유재산으로의 고양"! 마땅히 그것들의 "공유재산으로의 전화(轉化)"라고 했어야 할 것이다. 하지만 이것은 그저 말이 나온 김에 하는 말이다.(단지 형식적인 말에 불과하다.)
② 노동수익
"노동수익"이란 무엇인가? 노동의 생산물인가, 아니면 그 가치인가? 그리

고 후자인 경우, 생산물의 총가치인가, 아니면 단지 소모된 생산수단들의 가치에 노동이 새롭게 부가한 가치부분만인가? "노동수익"이란, 라쎌레가 엄밀한 경제학적 개념 대신에 사용한 막연한(lose) 관념이다.

③ 공정한 분배

공정한 분배란 무엇인가? 부르주아는 오늘날의 분배가 "공정하다"고 주장하고 있지 않은가? 그리고 그것이 실제로 오늘날의 생산양식의 토대 위에서는 유일한 "공정한" 분배이지 않은가? 경제적 관계들이 법적 개념들에 의해서 규제되는가, 아니면 거꾸로 법적 관계들이 경제적 관계들로부터 발생하는 것은 아닌가? 또한 사회주의적 종파들도 "공정한" 분배에 관해서 다양한 관념들을 가지고 있지 않은가?(『고타강령비판』-인사말)

마르크스는 위의 주제들의 관계를 통해 이제 공정한 분배가 무엇인지를 논한다. 그러면서 마르크스는 먼저 자본주의에서 거꾸로 생겨난 공산주의의 경우(자본주의에서 공산주의 혁명에 의해), "개별 생산자는 자신이 사회에 주는 것을 정확히 돌려받는다." 그러나 완성된 공산주의에서의 공정한 분배는 "각자는 능력에 따라, 각자에게는 필요에 따라!"로 이루어진다. 즉 능력에 따라 일하고 필요에 따라 소득을 받는다는 것이다. 이것이 진정한 노동의 해방이라고 말한다.

이 명제를 도출하기 위해 마르크스는 조합사회에서는 "삭감되지 않은 노동수익"이라는 용어가 이미 사라져 있다는 것을 먼저 언급한다.

라. 조합사회에서 사라지는 문구들 : "삭감되지 않은"과 "노동수익"

마르크스는 라살레가 "노동수단의 공유와 삭감되지 않은 노동수익의 분배"를 말하는 것을 보면서, 이 말의 핵심은 "이 공산주의 사회에서는 노동자마다 자신의 '삭감되지 않은' 라살레 식의 '노동수익'을 받는 데에 있다"고 말한다. 이에 대해 마르크스는 조합사회에서는 이미 "노동수단의 공유"로 인해 모두가 공동으로 생산하고 있기 때문에 "삭감되지 않은"이라는 용어와 "노동수익"이라는 용어는 존재하지 않는다고 말한다.

마르크스 사상 비판

먼저, 마르크스는 조합생산물에는 총생산물에서 반드시 공제되어야 하는 비용이 존재하는데, 그것은 공통비용과 사회적 약자를 위한 비용이라고 말한다. 그래서 조합사회에서는 "삭감되지 않은"이라는 용어는 사라진다고 말한다. 두 번째, 조합사회는 이미 "교환이 없는 사회"인데, 무슨 "노동수익"이라는 용어를 사용하느냐고 말하는 것이다. 즉 공산사회에서는 "노동수익"이라는 말은 존재하지 않는다는 것이다.

마르크스는 라살레가 "노동수단의 공유"를 말하면서, 왜 "삭감되지 않은 노동수익"이라는 용어를 사용하느냐고 반박을 한 것이다. 그 내용은 다음과 같다.

① 노동수단의 공유와 삭감되지 않은 노동수익의 분배

사람들이 이런 경우에 "공정한 분배"라는 문구로 무엇을 표상하는지를 알기 위해서는 우리는 첫 번째 문단과 이 문단을 나란히 비교해보지 않으면 안 된다. 이 문단은 "노동수단들이 공유재산이고, 총노동이 조합적으로 규제되고 있는" 사회를 가정하고 있고, 첫 번째 문단으로부터는, "노동의 수익은 삭감되지 않고, 동등한 권리에 따라서 모든 사회구성원들에게 속한다"는 것을 우리는 본다.

② "모든 사회구성원들"과 사회구성원들의 "동등한 권리"의 관계

"모든 사회구성원들에게"? 노동하지 않는 사회구성원들에게도? 그렇다면 "삭감되지 않은 노동수익"은 어떻게 되는가? 오직 노동하는 사회구성원들에게만? 그렇다면 모든 사회구성원들의 "동등한 권리"는 어떻게 되는가? 물론 "모든 사회구성원들"과 "동등한 권리"는 단지 상투어들일 뿐이다. 핵심은, 이 공산주의 사회에서는 노동자마다 자신의 "삭감되지 않은" 라살레 식의 "노동수익"을 받지 않으면 안 된다는 데에 있다.

③ 조합적 노동수익 : 사회적 총생산물 = 총생산물 − 공통비용

우리가 우선 "노동수익"이라는 말을 노동의 생산물이라는 의미로 받아들이면, 조합적 노동수익이란 사회적 총생산물이다. 그런데 거기에서 다음의 것들이 공제되지 않으면 안 된다. :

7장 『고타강령 비판』 - 사회주의

첫째, 소모된 생산수단들을 대체하기 위한 부분.
둘째, 생산을 확대하기 위한 추가분.
셋째, 재해, 자연현상에 의한 교란 등에 대비한 예비기금 혹은 보험기금.
④ "삭감되지 않은 노동수익"이 "삭감된 노동수익"으로
"삭감되지 않은 노동수익"으로부터의 이러한 공제는 경제적인 필연이며, 그리고 그것의 크기는 수중에 있는 수단과 역량에 따라 결정되고 부분적으로는 확률 계산에 의해 결정되는 것이지 결코 공정성에서 나오는 방식으로 계산될 수 있는 것이 아니다. 총생산물의 다른 부분은 소비 수단으로 사용되게 되어 있다. 그것이 개인에게 분할되기 이전에, 그것에서는 다음과 같은 것들이 다시 떼 내어진다.
첫째, 생산에서 직접 속하지 않는 일반 관리 비용, …
둘째, 학교나 위생설비 등등과 같은 수요를 공동으로 만족시키게 되는 것
셋째, 노동능력이 없는 사람 등등을 위한 기금…
우리는 이제야 비로소, 강령이 라살레의 영향 아래에서 편협하게 육안으로만 파악하는 '분배'에, 즉 조합의 개별 생산자들 사이에 분배되는 소비 수단 부분에 이르게 된다.
비록 사인(私人)의 자격으로서의 생산자체에게서 빠져 나가는 것이 사회 성원 자격으로서의 그에게 직접적으로 혹은 간접적으로 도움이 되기는 하지만, "온전한 노동수익(삭감되지 않은 노동수익)"은 은연중에 "온전치 못한(삭감된 노동수익) 것"으로 전화하였다.
⑤ '조합적 사회'에서 사라지는 '노동수익'이라는 문구 : 교환이 없기 때문
"삭감되지 않은 노동수익"이라는 문구가 사라져버렸듯이, 이제 "노동수익"이라는 문구 일반이 사라진다. 조합적 사회, 즉 생산수단의 공유에 기초한 사회의 내부에서는 생산자들은 그들의 생산물들을 교환하지 않는다. 마찬가지로 여기에서는 생산물들에 투입된 노동이 이들 생산물의 가치로서, 즉 그들 생산물이 지닌 물적 속성으로서 나타나지 않는데, 왜냐하면

이제는, 자본주의 사회와는 반대로, 개인적 노동이, 더 이상 우회로를 통해서가 아니라, 직접적으로 총노동의 구성부분으로서 존재하기 때문이다. "노동수익"이라는 말은, 오늘날에도 그 애매모호함 때문에 비난받아 마땅하지만, 그리하여 모든 의미를 상실한다.(『고타강령비판』)

[평가1] 마르크스와 라살레의 '노동수익' 개념의 충돌
『고타강령』에서 라살레는 자본가들의 착취가 없는 노동 복지국가를 말하였다. 즉, 상품에서의 모든 잉여가 자본가들에게 귀속되고 있는데, 이것을 노동자에게 돌리라는 말을 한 것이다. 이것이 기존의『자본론』에서의 마르크스의 주장이었다.

이에 대해 마르크스는 그것은 지금의 자본주의의 상태를 유지하면서 하는 이야기이다. 공산주의 세계가 건립되어서 모든 노동수단이 조합사회(코뮌사회, 국유화)로 귀속이 되면, 그런 용어는 존재하지 않는다는 것이다.

마르크스에 의하면, 지금 이런 사회를 건설하려고 〈1차 인터내셔널 강령〉이 세워졌는데, 라살레는 자본주의 하에서 실현하려고 하는 공산주의를 말하고 있다는 것이다. 이것이 위의 문장에 대한 결론적 의미이다.

[평가2] "온전한 노동수익의 부정" 관련한 마르크스의 이론의 부정합성
마르크스는 위의 이야기를 직접 말하면 될 텐데, 굳이 돌려서 "삭감되지 않은(온전한) 노동수익"에서 "삭감되지 않은"이라는 용어를 공통비용을 제거함을 통해서 부정함을 통해서 라살레의 "삭감되지 않은(온전한) 노동수익"이라는 말을 부정한다. 이 양자의 말은 서로 같은 말인데, 마르크스는 문자적으로만 라살레의 말을 부정하였다.

마르크스가 진정으로 말하고자 한 것은 왜 공산사회라는 이상을 보지 못하고, 자본주의 내에서의 분배를 말하고 있느냐는 것이었다. 마르크스는 라살레가 기존의 비스마르크의 프로이센 정부를 인정하는 것을 부인한 것이다. 그것을 이런 식으로 표현하였을 뿐이다.

마르크스의 모든 주장은 항상 현실이 존재하지 않는다. 그냥 모든 현재의

구조를 파괴하고, 노동자들이 중심이 되는 새로운 세계를 건설하자는 것이다. 마르크스의 진정한 스승은 루소였을 수 있다. 루소의 원시공산사회가 항상 마르크스의 이상 중에는 따라다닌다. 그러면 지금까지 쌓아온 모든 문명은 어떻게 할 것인가?

2. 초급단계의 공산주의와 고급단계의 공산주의

가. 자본주의에서 갓 태어난 공산주의 : 초급단계의 공산주의

결국 마르크스의 이야기는 『고타강령』의 라살레 주장은 "자본주의에서 갓 태어난 공산주의"라는 것이다. 자본주의를 인정하고 그 위에 짓는 공산주의이다.

① 자신의 토대에서 발전한 공산주의 vs 자본주의에서 태어난 공산주의
우리가 지금 문제로 삼고 있는 것은, 그 자신의 토대 위에서 발전해온 공산주의 사회가 아니라, 반대로, 이제 막 자본주의 사회로부터 태어난, 따라서 어느 점에서나, 즉 경제적으로도, 도덕적으로도, 정신적으로도, 아직, 그 모태(母胎)로부터 이것이 태어나는 구(舊)사회의 모반(母斑)을 띠고 있는 공산주의 사회이다.
② 자본주의에서 태어난 공산주의 : 사회에 준 것을 되돌려 받는 노동수익
따라서 개별 생산자는 그가 사회에 주는 것을 ―저 공제들이 이루어진 후에― 정확히 되돌려 받는다. 그가 사회에 준 것은 그의 개인적 노동량이다. 예컨대, 사회적 노동일은 개인적 노동시간들의 총합으로 이루어져 있다. 개별 생산자의 개인적 노동시간은 사회적 노동일 중 그에 의해서 제공된 부분, 즉 사회적 노동일 중 그의 지분이다. 그는, 그가 (공동의 기금을 위한 그의 노동을 공제한 후에) 이러이러한 량의 노동을 제공했다는 증서를 사회로부터 받고, 이 증서를 가지고 같은 량의 노동이 필요했던 만큼을 사회적으로 비축된 소비수단들로부터 인출한다. 그는, 자신이

사회에 어떤 형태로 준 것과 동일한 량의 노동을 다른 형태로 되돌려 받는 것이다.
③ 여전히 지배하고 있는 교환의 원리
여기에서는 명백히, 상품교환이 등가물의 교환인 한 그 교환을 규제하는 것과 동일한 원리가 지배하고 있다. 변화된 사정 하에서는 내용과 형식은 바뀌어 있는데, 이는 어느 누구도 자신의 노동 이외에는 무언가를 줄 수 없기 때문에, 그리고 다른 한편에서는 개인적 소비수단들 이외에는 아무 것도 개인의 소유로 넘어가지 않기 때문이다. 그러나 개별 생산자들 사이에서의 소비수단들의 분배와 관련해서는, 상품등가물의 교환에서와 동일한 원리가 지배하여, 동일한 만큼의 어떤 형태에서의 노동이 동일한 만큼의 다른 형태에서의 노동과 교환된다.
④ 부르주아적 권리로서의 동등한 권리
그러므로 여기에서 동등한 권리(gleiches Recht)는 여전히 ―원리적으로― 부르주아적 권리이며, 상품 교환에서는 등가물의 교환이 평균적으로만 존재하고 개별적인 경우에는 존재하지 않는 반면에 원리와 실제가 이제는 서로 머리채를 쥐고 싸우지 않더라도 여전히 그러하다.
(『고타강령비판』)

[평가1] 신속히 지나가야 할 부르주아적 교환경제
마르크스가 볼 때, 위의 교환원리가 지배하는 경제, 경쟁이 지배하는 경제, 라살레식의 경제는 신속히 지나가야 한다. 마르크스에 의하면, 라살레식의 조합사회는 여전히 많은 문제를 일으킬 것이다. 마르크스에게 이러한 단계의 공산주의는 라살레로서 이미 성취되었다. 거기에 머물 이유가 없다. 곧바로 진정한 조합사회로 가야한다. 마르크스는 라살레가 노동수단의 조합 공동소유로 주장을 하면서도 여전히 경쟁사회를 말하고 있다고 예리하게 비판한 것이다. 제1인터내셔널의 취지가 조합의 노동수단 공동소유인데, 그것은 건성건성 믿었다는 것이다. 노동수단이 조합 공동소유인데, 왜 거기에서 또 다시 교환경제를 말하느냐고 말한 것이다.

7장 『고타강령 비판』 - 사회주의

[평가2] 부르주아적 권리로서의 동등한 권리 : 평등실현의 불가능성

교환이 살아 있으면, "부르주아적 권리"가 살아 있는 것이며, 이것이 살아있는 권리는 "동등한 권리"가 아니다. 더 능력이 출중한 사람은 더 많이 분배를 받을 것인데, 이것은 동등한 권리가 아니라는 것이다.

여기에서 우리는 마르크스의 평등사상을 보게 된다. 마르크스는 개인의 소유의 자유보다 평등한 사회의 실현, 경쟁이 없는 사회의 실현을 유토피아로 보고 있는 것이다. 경제적으로 모두가 평등해 있는 사회, 성공을 위한 노력이 필요없는 사회를 바라보고 있는 것이다. 성공을 위해서 노력을 하여 누가 성공을 하면, 그것은 "동등한 권리"가 아니다.

마르크스는 모든 인생들이 "평등할 권리"를 가지고 있다고 믿고 있는 것이다. 그는 루소의 원시공산사회를 평생토록 꿈꾼 낭만주의자였다.

나. 높은 공산주의 단계

마르크스의 이상이 이제 드러난다. 그는 평등사회를 꿈꾼 이상가였다. 그는 평등한 권리를 이 세계 속에 실현하고자 하였다. 그러기 위해서는 모든 경쟁적 욕구를 제거해야 한다. 그리고 정신노동과 육체노동의 구분도 없애야 한다. 에디슨이 아무리 전화기를 발명하더라도, 그러한 정신노동은 다음에 전화기 생산하는 노무자중 하나와 같아야 한다. 이 양자가 차별이 되면, 그것은 불평등한 권리이다. 거기에서 계급이 발생하는데, 평등한 사회에서 그러한 계급차이는 없어져야 한다. 그러나 이와 같은 폐단은, 오랜 산고 끝에 자본주의 사회로부터 방금 생겨난 공산주의 사회의 첫 번째 단계에서는 불가피한 것이다.

그렇다면, 이것을 극복하는 길은 무엇인가? 조합사회가 고도로 발전하여야 한다. 즉 개인이 분업(직업)에 복종하는 예속적 상태가 사라지고, 이와 함께 정신노동과 육체노동 사이의 대립도 사라진 후에, 노동이 생활을 위한 수단일 뿐만 아니라 그 자체가 일차적인 생활 욕구로 된 후에, 개인들의 전면적 발전과 더불어 생산력도 성장하고, 조합적 부의 모든 분천이 흘러넘치

마르크스 사상 비판

고 난 후에 가능하다.

① 불평등한 권리
이와 같은 진보에도 불구하고, 이 평등한 권리에는 아직도 부르주아적 제한이 들러붙어 있다. 생산자의 권리는 그의 노동 제공에 비례한다. 평등의 요체는, 평등의 척도인 노동으로 측정된다는 데 있다. 그러나 어떤 사람은 육체적으로나 정신적으로 다른 사람보다 뛰어나서, 동일한 시간에 더 많은 노동을 제공하거나 더 많은 시간 동안 노동할 수 있다. 그런데 노동이 척도 노릇을 하려면 연장이나 강도로 볼 때 일정한 것이 되어야 하며, 그렇지 않다면 척도이기를 중지한다. 이러한 평등한 권리는 불평등한 노동에 대해서는 불평등한 권리이다. 이것은 어떠한 계급차이도 승인하지 않는데, 왜냐하면 각각은 다른 사람들과 마찬가지로 노동자에 불과하기 때문이다. 그러나 이것은 암묵적으로 개인의 불평등한 소질을 승인하며, 따라서 노동자의 실행능력을 자연적 특권으로 승인한다. 그러므로 모든 권리가 다 그렇듯이 내용상 불평등의 권리이다.

② 첫 단계의 공산주의 : 피할 수 없는 불평등한 권리
그 권리의 요체는 본성상, 오직 동일한 척도의 적용에만 있을 수 있다. 그러나 불평등한 개인들(만일 그들이 불평등하지 않다면 그들은 서로 다른 개인이 아닐 것이다)이 동일한 척도로 측정될 수 있는 것은 오로지 그들이 동일한 관저 아래 놓이는 한에서, 즉 어떤 특정한 측면에서만 파악되는 한에서이며, 예컨대 이 경우에 그들은 노동자로서만 간주되고 그들에게서 그 이상의 것은 보지 않으며 다른 모든 것들은 도외시된다. 나아가, 어떤 노동자는 결혼하였는데, 다른 노동자는 결혼하지 않았다. 어떤 노동자는 다른 노동자보다 자식이 많다. 등등. 그러므로 동일한 오동을 실행하고 따라서 사회적 소비 기금에 대해 동일한 몫을 가지고 있는 경우에도 어떤 사람은 실제로 다른 사람보다 더 많이 받으며, 어떤 사람은 자른 사람보다 더 부유하게 된다. 등등. 이러한 모든 폐단을 피하기 위해서는, 권리는 평등하지 않고 오히려 불평등해야 한다.

7장 『고타강령 비판』 - 사회주의

그러나 이와 같은 폐단은, 오랜 산고 끝에 자본주의 사회로부터 방금 생겨난 공산주의 사회의 첫 번째 단계에서는 불가피한 것이다. 권리는 사회의 경제적 형태와 이 형태가 제약하는 문화발전보다 결코 더 높은 수준일 수 없다.

③ 생산력 고도화의 단계

공산주의 사회의 더 높은 단계에서, 즉 개인이 분업에 복종하는 예속적 상태가 사라지고, 이와 함께 정신노동과 육체노동 사이의 대립도 사라진 후에, 노동이 생활을 위한 수단일 뿐만 아니라 그 자체가 일차적인 생활 욕구로 된 후에, 개인들의 전면적 발전과 더불어 생산력도 성장하고, 조합적 부의 모든 분천이 흘러넘치고 난 후에,(『고타강령비판』)

[평가1] 마르크스의 "불평등한 권리"에 대한 개념 정의의 오류

마르크스는 모든 사회적 약자나 혁혁한 발명가로서의 성공한 사업가나 모두 평등하여야 "평등한 권리"라고 말한다. 나중에 이 평등 논리는 심지어 성별에 까지 적용된다. 남자와 여자가 평등해야 한다는 것이다. 안되면 인위적으로라도 맞추어야 한다.

이것은 그리스의 〈프로크루스테스 신화〉에 나타난다. 평등한 사회를 위해 침대를 제공하는 프로크루스테스는 여행객의 키를 자신의 철제 침대에 맞춘다. 키가 침대보다 길면 다리를 잘랐고, 키가 침대보다 짧으면 팔다리를 강제로 늘렸다.

이 평등에서는 자유가 제한을 받는다. 사람은 태어난 대로 자신의 재능에 따라 성실하게 살면서 행복을 누려야 하는데, 그 태생적 자유가 제한을 받는 것이다. 무엇보다도 소유의 자유에서 창의성과 과학과 기술이 나오는데, 이 모든 자유를 박탈 당하면, 인간 정신의 그 모든 창의적인 기능이 사라져 버린다.

[평가2] 고도화된 사회

마르크스의 논리에는 치명적인 약점이 존재하는데, 이러한 "너 높은 단계

마르크스 사상 비판

의 공산주의"는 먼저 "고도화된 사회"가 전제되어야 한다고 말한다. 그런데, 정신의 기능을 모두 꺾은 상태에서 어떻게 고도화된 사회가 출현을 하는가?

마르크스의 정신이 소련 사회에서 스탈린에 의해 50년 동안 시도되었다. 그것은 철저하게 실패하였다. 후르시쵸프 때에 이르러 그 증상이 나타나기 시작하였는데, 나라에는 모든 국민이 축 쳐져서 빵 배급을 타기 위해 곳곳에서 줄을 서서 기다리는 모습이 소련사회의 모습이었다.

이 사회를 지향하는 또 다른 사회가 있다. 그것은 중국 공산주의인데, 이들은 행운을 만났다. 경공업 중심의 제조업이 모두 중국의 싼 인건비를 바라보며 몰려들었기 때문이다. 그래서 중국은 지금은 이 고도화된 공산주의를 표방하고 있다.

다. "각자는 능력에 따라, 각자에게는 필요에 따라!"

그때 비로소 부르주아적 권리의 편협한 한계가 완전히 극복되고, 사회는 자신의 깃발에 "각자는 능력에 따라, 각자에게는 필요에 따라!"라고 쓸 수 있게 된다. 이것이 "더 높은 단계의 공산주의"이다.

그때 비로소 부르주아적 권리의 편협한 한계가 완전히 극복되고, 사회는 자신의 깃발에 다음과 같이 쓸 수 있게 된다. "각자는 능력에 따라, 각자에게는 필요에 따라!"(『고타강령비판』)

중국 정부는 대학생들에게 "능력에 따라 일하고, 필요에 따른 배분"을 말하며, 정신노동과 육체노동은 동일한 가치를 가진다고 말한다. 그런데, 중국 대학 졸업생들이 IT 직장이 아닌 일반 직장에 가느냐, 차라리 실업자가 되겠다고 하면서 취업을 포기해 버리자, 청년 실업률이 어마어마하게 폭증하였다. 지금은 중국 청년 실업율을 측정할 수 없을 정도이다. 2023년도의 실업율은 정부발표로는 21%였는데, 한 대학의 연구소에서는 50%에 육박하는 수치를 발표하였다. 그후로 중국 청년 실업율의 산정기준을 바꾸어 버리고, 발표도 안했다. 지금 발표되는 수치도 그다지 신뢰할 수 없다.

인간의 본능은 선천적인 것이다. 그리고 열심히 일하고자 하는 욕구도 또한 선천적 본능이다. 이 기회가 있을 때, 인생들은 열심히 사는 것이다. 선의의 경쟁은 필요한 것이다. 여기에서 성취감이 나오기 때문이다. 그런데, 공산주의에서는 이러한 모든 본능적 자유가 죄로 간주된다. 오직 평등만이 절대가치이다.

3. 노동의 해방의 주체

『고타강령』1부의 네 번째 명제는 이렇게 "노동의 해방의 주체"를 말하고 있다. 라살레는 당시의 현실을 반영하여, 국가와 봉건영주 그룹을 파괴한다는 생각은 없고, 도리어 이들과 함께 부르주아지(자본가·기업가)를 타도한다는 생각만 있다. 그런데, 마르크스는 국가도 또한 소멸시켜야 할 대상이며, 봉건영주도 또한 그 대상이다. 그러면 중간신분의 사람들이 혁명에 동참하게 된다는 논리이다. 이것이 〈제1인터내셔널〉의 기본이 되는 『공산당선언』의 강령인데, 이 논리가 어니로 갔느냐고 반박하는 것이다.

가. 노동해방의 주체 : 노동자 계급 자신

노동해방의 주체가 "노동자 계급 자신의 일이어야 하는데", 왜 "노동자 계급이 해방되어야 한다"라고 말하느냐고 반발하는 것이다. 그리고 왜 "국가와 봉건영주와 한편이 되어서 부르주아지를 공격하고 있느냐"라고 말하는 것이다. 이것은 프랑스 혁명 때 말로만 과격하였던 혁명가 "마라와 다를 것이 무엇이냐"고 말하고 있다. 먼저 『고타강령』의 네 번째 명제는 다음과 같다.

『고타강령』4. "노동의 해방은 노동자계급의 사업이어야 하며, 이들에 대하여 다른 모든 계급들은 하나의 반동적 대중일 뿐이다."

마르크스 사상 비판

마르크스는 노동해방의 주체는 노동자 자신이며, 기업가가 아니라고 말한다. 기업가가 베풀어준 사회복지는 아예 노동자들을 눌러 앉히기 위한 수법이라는 것이다.

나. 『고타강령』의 명제와 『공산당선언』의 비교

그리고 이어서 이 『고타강령』의 명제를 『공산당 선언』과 『제1인터내셔널의 규약』의 내용과 비추어서 다음과 같이 비판한다. 한편 『공산당 선언』을 모토로 하여 출현한 조직이 〈제1인터내셔널〉[8]이다.

① 인터내셔널과 첫 연의 차이 : 노동해방 주체의 변경

첫 연(聯)은 인터내셔널(제1인터네셔널)의 규약의 머리글에서 따온 것이지만, "개정되어" 있다. 규약에는 다음과 같이 되어 있다: "노동자 계급의 해방은 노동자 계급 자신의 일이어야 한다." 여기서는 이와 반대로 "노동

---

[8] 『공산당 선언』(1848년)과 〈제1인터내셔널(국제노동자협회, 1864년)〉은 모두 마르크스와 엥겔스의 사상적·역사적 발전 과정에서 중요한 위치를 차지하며, 상호 보완적인 관계에 있다. 『공산당 선언』은 《공산당 선언》은 공산주의 운동과 프롤레타리아 해방의 이론적 출발점이다. 핵심 개념은, ①모든 사회의 역사는 계급투쟁의 역사이다. ② 부르주아 계급의 몰락과 노동자 계급(프롤레타리아)의 승리를 통해 계급 없는 사회로 나아가야 한다. ③"전 세계의 노동자여, 단결하라!"는 선언이 상징하듯, 국경을 넘어서는 노동자 계급의 국제적 연대가 필수적임을 강조한다.
〈제1인터내셔널(1864년)〉 제1인터내셔널(국제노동자협회)은 마르크스가 《공산당 선언》에서 강조한 노동자 계급의 국제적 단결을 실현하려는 최초의 국제적 노동자 조직이다. 1864년 런던에서 노동자, 공산주의자, 아나키스트, 사회주의자 등이 모여 결성되었으며, 마르크스가 이 협회의 이론적·정치적 지도자로 활동했다. 제1인터내셔널은 《공산당 선언》의 주장을 바탕으로, 노동자들이 부르주아 정당과 구별된 정치적 독립성을 유지해야 한다는 원칙을 견지했다.
〈제1인터내셔널〉 내부에는 다양한 세력이 있었으며, 특히 프루동주의자(개혁적 사회주의자)와 바쿠닌(아나키스트) 세력이 마르크스와 갈등을 겪었다. 마르크스는 계급투쟁과 노동자 독재를 강조하면서, 노동자 운동이 단순한 경제적 요구에 그쳐서는 안 되고 정치적 권력 장악이 필요하다고 주장했다. 이것은 《공산당 선언》의 프롤레타리아 독재 개념과 직접 연결된다.
내부 갈등과 정치적 차이로 인해 제1인터내셔널은 1876년에 해체되지만, 이 과정에서 마르크스의 이론적 원칙은 후대의 사회주의 운동과 〈제2인터내셔널(1889년)〉의 기초가 된다.

자 계급"이 해방되어야 한다. - 무엇을? "노동을". 이해할 수 있는 사람은 이해해 보라.

② 두 번째 연의 차이 : 부르주아지와 하나가 아닌 다른 계급들

반면에, 손해 배상을 위해 대구(對句) 극히 순수한 라살레 인용문이다: 이들(노동자 계급)에 대하여 다른 모든 계급들은 하나의 반동적 대중을 이룰 뿐이다. 『공산당선언』에는 다음과 같이 되어 있다. "오늘날 부르주아지에 대립하고 있는 모든 계급들 중에서 프롤레타리아트만이 참으로 혁명적인 계급이다. 그 밖의 계급들은 대공업의 발전과 더불어 쇠퇴하고 몰락하며, 프롤레타리아트가 대공업의 가장 고유한 산물이다."

부르주아지는 여기서 낡아빠진 생산방식의 형성물인 모든 사회적 지위를 유지하려 하는 봉건영주들과 중간신분들과는 달리 혁명적 계급으로 - 대공업의 담지자로서 - 파악되고 있다. 따라서 봉건영주들과 중간신분들이 부르주아지와 함께 하나의 반동적 대중을 이룰 뿐인 것이 아니다.

③ 혁명적으로 되어질 중간신분들

다른 한편으로, 프롤레타리아트가 부르주아지에 비해 혁명적인 것은 대공업의 기반 위에서 성장한 프롤레타리아트 자신이 부르주아지가 영구화하려고 시도하는 자본주의적 성격을 생산에서 벗겨 내려고 노력하기 때문이다. 그러나 선언에는 다음과 같은 것이 덧붙여 있다: "중간 신분들은…자신들에게 임박한 프롤레타리아트로의 이행을 목도하여…혁명적으로 (된다)." 그러므로 이러한 관점에서 볼 때, 중간신분들이 "부르주아지와 함께", 더구나 봉건영주들과 함께 노동자 계급에 대하여 "하나의 반동적 대중을 이룰 뿐"이라는 것 또한 어불성설이다.

④ 선거에서 드러난 라살레의 진술 : 비스마르크 봉건영주와 우호관계

라살레 신봉자들이 라살레가 작성한 성스러운 저술을 암기하고 있듯이, 라살레는 『공산주의당 선언』을 암기하고 있었다. 따라서 그가 『공산주의당 선언』을 그토록 무지막지하게 왜곡했다면, 그것은 부르주아지에 맞서 절대적이고 봉건적인 적들과 자신이 동맹을 맺고 있음을 얼버무리기 위한 것에 불과하다.

⑤ 『공산당선언』과 다른 『고타강령』 비판

뿐만 아니라 위의 문단에서는, 인터내셔널의 규약으로부터 개악된 인용문과는 아무런 연관도 없이 그의 금언이 억지로 맞춰지고 있다. 따라서 이것은 여기서는 그저 뻔뻔스러운 것이며, 더구나 이것은 비스마르크 씨에게도 결코 기분 나쁜 일이 아니며, 베를린의 마라9)가 하고 있는 더 버릇 없는 싸구려 행동 가운데 하나이다. (『고타강령비판』)

다. [평가] 국가체제를 부정하는 공산주의 이념

공산주의는 국가체제를 부정한다. 공산주의가 프롤레타리아트를 이용하여 국가의 정권을 잡으려 한다. 그런데, 이때 국가를 개조시켜서 사회주의를 만든다는 사상이 아니다. 이것은 라살레적 발상이다. 그러나 『공산당 선언』에 의한 공산주의 이론은 국가의 자본주의 체제자체의 전복을 목표로 한다.

우리나라에 공산주의가 처음 들어왔을 때, 우파 진영에서는 좌파 진영과 연합하여 연정 내각을 구성하여 서로의 절충점을 찾아가며, 나라를 선한 방향으로 이끌려 하였다. 이러한 시도는 모두 실패로 돌아갔다. 따라서 한 나라에 좌파가 있는 한 "의원 내각제"의 정체는 매우 위험하다.

그렇다고 히여서 좌파들이 정권을 잡으면 어떻게 되나? 그들은 이상하게도 나라를 선하게 이끄는 것이 아니라, 자본주의 체제를 파괴해 버리기 위해 국가를 파괴하려 한다.

그래서 라살레식 복지국가와 마르크스식 사회주의는 전혀 다른 제도이다. 라살레는 기존의 국가를 인정하면서, 그 안에서 노동자의 위치를 찾으려 하였는데, 마르크스는 그것은 공산주의에 대한 배도행위라고 말하고 있는 것이다. 이것은 오늘날에도 동일하게 적용된다. 그들은 오히려 공산당 국제주의를 추구한다. 자신의 국가들 위에 이데올로기가 있다.

---

9) 프랑스 혁명(1789년) 당시의 급진 좌파 성향의 정치인이자 언론가인 마라라는 사람으로서, 마르크스는 독일의 일부 사회주의자들이 선동적이거나 비현실적인 구호에 치우치고, 노동자 계급의 진정한 해방에 필요한 이론적 명확성과 계급투쟁의 원칙을 망각하는 모습을 비판했다.

7장 『고타강령 비판』 - 사회주의

라. 공산당 국제주의

라살레는 『고타강령』 1부의 다섯 번째 명제에 대해, "노동자계급은 자신의 해방을 위하여 우선 오늘날의 민족 국가의 테두리 안에서 활동하자"고 말한다. 이에 대해 마르크스는 "『공산주의당선언(공산당선언)』을 잊어버린 라살레"라고 말하면서 "노동자 운동을 가장 편협한 민족적 관점에서 파악하였다"고 비판한다. 그러면서 공산주의 운동은 반드시 국제적이어야 한다고 말한다. 먼저 라살레의 『고타강령』 다섯 번째 명제는 다음과 같다.

『고타강령』 5. 노동자계급은 자신의 해방을 위하여 우선 오늘날의 민족 국가의 테두리 안에서 활동하며, 모든 문명국의 노동자들에게 공통적인 자신들의 노력의 필연적 결과가 국민들 사이의 국제적 친목이 된다는 것을 의식하고 있다. (『고타강령』)

이에 대해 마르크스는 공산당 국제주의를 잊어버린 라살레라고 말하며, 그것은 『공산주의당 선언』의 왜곡이라고 말한다. 오늘날은 국제무역의 시대이다. 따라서 공산주의도 형식적으로는 자국에서 충실하여야 하지만, 반드시 국제주의라야 한다고 말한다.

① 국제공산주의의 이념을 잊어버린 라살레
라살레는 『공산주의당 선언』이나 이전의 모든 사회주의와는 반대로 노동자 운동을 가장 편협한 민족적 관점에서 파악하였다. 사람들은 이런 점에서 라살레의 뒤를 따르고 있다. - 그것도 인터내셔널의 활동 이후에!
② 투쟁의 무대가 일국적인 것은 맞으나, 오늘날은 국제무역시대
노동자 계급이 도대체 투쟁할 수 있기 위해서는 자국에서 계급으로서 조직되어야 하며 국내가 그들의 투쟁의 직접적인 무대라는 것은 너무나 자명한 일이다. 그런 한에서, 그들의 계급 투쟁은 내용상으로가 아니라, 『공산주의당 선언』에 쓰여 있듯이 "형식상으로" 일국적이다. 그러나 "오늘날의 민족 국가의 테두리 안"에 있다. 일류급의 상인이라면 누구나, 독일

의 상업은 동시에 대외 무역이며 비스마르크 씨의 위대함의 요체는 바로 일종의 국제 정책에 있다는 것을 알고 있다.

③ 노동자 계급의 국제적 신분

그런데 독일 노동자당은 자신의 국제주의를 무엇으로 환원하고 있는가? 자신들의 노력의 결과가 "국민들 사이의 국제적 친목이 된다"는 의식으로 - 이는 부르주아의 평화와 자유동맹에서 빌어 쓴 문구이니, 그들은 이것이 지배계급과 그들의 정부에 맞선 공동투쟁에서 노동자 계급들의 국제적 친목에 대한 등가물로 통해야 한다고 한다. 따라서 독일 노동자 계급의 국제적 직분에 대해서는 안 마디도 없다! 그리고 독일 노동자 계급은, 이미 자신들에 맞서 다른 모든 나라의 부르주아와 친교를 맺은 자기 나라의 부르주아지와 비스마르크 씨의 국제적 음모정책에 그렇게 앙갚음을 해야 한다고 한다!

사실, 강령의 국제주의 신념의 표명은 자유 무역당의 그것보다 무한히 낮은 수준에 있다. 자유 무역당도, 자신들의 노력의 결과가 "국민들 사이의 국제적 친목"이라고 주장한다. 그러나 또한 그들은 상업을 국제화하기 위하여 무언가를 행하고 있으며, 결코 다음과 같은 의식에 만족하지는 않는다 - 모든 국민들은 자국에서 상업에 종사한다.

노동자 계급의 국제적 활동은 결코 "국제노동자협회"의 존재 여부에 달려 있는 것이 아니다. 이 협회는 그러한 활동에 하나의 중앙기관을 창설해 주는 첫 시도일 뿐이었다. 이 시도는 그것이 가져다 준 자극으로 인하여 지속적인 성과를 남겨 놓기는 했지만, 빠리 코뮌이 몰락한 이후에는 더 이상 그 최초의 역사적 형태로는 수행될 수 없는 것이었다.

④ 국제주의를 저버린 라살레의 『고타강령』

독일 노동자당이 새 강령에서 국제주의를 저버렸다고 비스마르크의 『북독일』이 자신의 주인을 만족시키기 위해 알렸다면, 이는 전적으로 옳은 것이었다. (『고타강령비판』)

4. 복지국가 vs 공산주의

『고타강령비판』 II부, III부는 모두 독일 노동자당의 『고타강령』을 비판한 내용인데, 라살레가 추구하는 복지국가는 자본주의의 연장으로서 공산주의와 정면으로 위배된다는 내용이다.

가. 『고타강령비판』 II부 : 노예제도와 함께 사라져야 할 임금제도

독일 노동자당의 라살레는 모든 착취를 폐지하는 "사회적 불평등의 제거 추구"를 독일 노동자당 활동의 목표로 제시한다. 그 내용은 다음과 같다.

『고타강령』"이러한 원칙들로부터 출발하여, 독일 노동자당은 모든 합법적 수단들로, 자유로운 국가 및 사회주의 사회; 철(鐵)의 임금법칙과 함께 임금제도 및 모든 형태의 착취의 폐지; 모든 사회적·정치적 불평등의 제거를 추구한다."

마르크스는 이에 대한 비판을 하고자 하는데, 사실 이것은 이제 더 이상 마르크스의 주제도 아니다. 즉, 마르크스는 "자유로운" 공산주의 국가가 나와서, 임금제도가 폐지되어 버리면, 무슨 임금협상이라는 것이 있느냐의 이야기이다. 마르크스는 자본주의 체제로 유지되는 한 임금법칙은 백번 폐지되어도 다시 생겨난다는 것이다. 그래서 임금제도는 노예제도와 같다. 임금법칙은 임금제도의 폐지를 통해서만 사라진다. 그리고 그것은 계급이 사라져야만 사라진다.

① 자유로운 국가 이야기 보류
"자유로운" 국가에 관해서는 나중에 언급하자.
② 임금노동의 폐지와 양립할 수 없는 철의 임금법칙
이리하여 장래에 독일 노동자당은 라살레의 "철의 임금법칙"[10]을 믿지 않

---

10) 원래적 의미에서 "철의 임금법칙"은 19세기 독일 경제학자 데이비드 리카도와

으면 안 된다! 그것을 빠뜨리지 않기 위해서, "철의 임금법칙과 함께" "임금제도(임금노동제도라고 했어야 할 것이다)의 폐지"를 말하는 허튼소리를 하고 있는 것이다. 내가 만일 임금노동을 폐지한다면, 나는 그 법칙 또한, 그것이 "철의" 것이든 푸석한 것이든, 당연히 폐지하는 것이다.

③ 라살레의 임금노동을 위한 투쟁의 무용성 : 다시 부활하는 임금제도
그러나 임금노동에 대한 라살레의 투쟁은 거의 오로지 이 이른바 법칙만을 중시하고 있다. 그리하여 라살레파가 승리했음을 증명하기 위해서는, "철의 임금법칙과 함께 임금제도"가 폐지되지 않으면 안 되고, 그것이 없이는 안 되는 것이다. … 그러나 내가 이 법칙을 라살레의 도장이 찍힌 대로, 따라서 그의 의미대로 받아들인다면, 나는 또한 그의 논거도 아울러 받아들이지 않으면 안 된다. 그런데 그 논거란 무엇인가? 라살레의 죽음 직후에 랑에(Lange)가 입증한 것처럼: (랑에 자신에 의해 설교되던) 맬더스의 인구론이다. 그러나 이것이 옳다면, 그때는 그 법칙은 임금노동 제도뿐 아니라 모든 사회 체제를 지배하기 때문에, 임금노동을 설령 백 번 폐지하더라도, 다시 이 법칙을 폐지할 수는 없다. 실로 여기에 입각하여, 50년도 더 전부터 경제학자들은, 사회주의는, 자연에 기초한 빈곤을 폐지할 수 없으며, 단지 그 빈곤을 일반화할 수 있을 뿐이고, 동시에 사회의 표면 전체에 분배할 수 있을 뿐이라는 것을 증명해 왔던 것이다!

④ 노예제도와 비슷한 임금제도

토마스 맬서스의 사상에 기반을 두고, 이후 페르디난트 라살레(Ferdinand Lassalle)가 체계화하여 대중화한 경제 이론이다.
이 법칙은 자본주의 경제 하에서 노동자의 임금이 항상 생존과 노동력 재생산에 필요한 최저 수준으로 고정된다고 주장하는 이론이다. 철의 임금법칙의 핵심 내용은 "임금은 노동자 생존에 필요한 최저 수준에서 결정된다"는 것이다. 만약 임금이 생존 수준 이상으로 일시적으로 상승할 경우, 노동자의 생활 여건이 좋아지면서 인구가 증가하게 된다(맬서스의 인구론). 결과적으로, 노동 공급이 늘어나면서 다시 임금이 하락하게 되고, 결국 임금은 최저 수준으로 되돌아온다는 것이 법칙의 핵심 논리이다. 경제적 수요와 공급 법칙의 적용된다. 노동 공급이 많아지면 임금은 하락하고, 노동 공급이 줄어들면 임금이 일시적으로 상승할 수 있지만, 이는 항상 최저 생계비 수준을 기준으로 회귀한다고 본다.(챗GPT, 철의 임금, 2025.2.1.)

7장 『고타강령 비판』 - 사회주의

그러나 이 모든 것은 중요한 것이 아니다. 이 법칙에 대한 잘못된 라살레적 이해를 전적으로 도외시하더라도, 진실로 혐오스러운 퇴보는 다음과 같은 점에 있다:……따라서 임금노동제도는 노예제도이며, 게다가, 노동자가 보다 나은 지불을 받든, 보다 나쁜 지불을 받든, 노동의 사회적 생산력이 발전함에 따라, 그와 같은 정도로 더욱더 가혹해지는 노예제도라는 것이 명백해졌다.

⑤ 임금이 무엇인지도 몰랐던 라살레

그리고 이러한 통찰이 우리 당 내에 갈수록 더 기반을 구축해온 후에 라살레의 독단으로 되돌아가고 있는 것이다. 이제는 사람들이 라살레는, 임금이란 무엇인지를 몰랐을 뿐더러 부르주아 경제학자들을 추종하여 사태의 외관을 그 본질로 받아들였다는 것을 알고 있음에 틀림없을 터인데도 불구하고 말이다.

⑥ 노예제도와 함께 폐지되어야 할 임금제도

이는 마치, 마침내 노예제의 비밀을 간파하고 반란을 일으킨 노예들 중에서 낡아빠진 관념에 사로잡힌 한 노예가 반란의 강령에 다음과 같이 써넣는 것과 같다: 노예의 급양(給養)은 노예제도 하에서는 어떤 일정한 낮은 최대량을 넘을 수 없기 때문에 노예제도는 폐지되지 않으면 안 된다!…

⑦ 계급구분 폐지와 함께만 사라지는 사회적·정치적 불평등

"모든 사회적·정치적 불평등의 제거"라는, 이 문단을 마무리하는 막연한 상투어 대신에, 계급구분의 폐지와 더불어 그로부터 기인하는 모든 사회적·정치적 불평등은 저절로 사라진다고 말했어야 할 것이다.

[평가] 노예제도와 함께 사라져야 할 임금제도

마르크스가 추구하는 사회주의는 현재의 계급사회 전체를 부인하는 것이다. 일단 모든 것을 해체하자는 주장이다. 오늘날의 포스트 모더니즘 학자들의 주장과 유사하다. 들뢰즈가 "자본주의를 해체하자"고 말한 것은 바로 이것을 말하는 것으로 보인다.

마르크스 사상 비판

오늘날, 임금제도가 사라진다는 것은 생산수단을 프롤레타리아트가 장악하는 길 밖에 없다. 자신들이 기업의 주인이 되는 것이다. 임금협상은 모두 형식일 뿐이다. 이것이 오늘날의 사회주의이다. 오늘날 사회주의자들은 그 기업을 뺏어서 노동자들의 단체인 노조의 것으로 만들려고 하는 것이지, 임금협상이 아니다. 그것은 하나의 형식일 뿐이다.

마르크스는 이것을 자본가 계급의 해체라고 말한 것이다. 오늘날 자본주의 세계의 재벌해체 이슈가 바로 이것이다. 이것이 사회주의 투쟁의 본질이다.

나.『고타강령비판』Ⅲ부 : 국가보조를 통한 인민통제

독일 민주당의 라살레는 국가보조를 통한 사회문제의 해결을 말하였다. 그 결과 국가보조를 통한 생산협동조합의 설립을 요구하였다. 이 생산협동조합들은, 노동자가 아니라, 국가가 국채발행을 설립한다. 새로운 철도를 건설하듯이, 새로운 사회를 건설할 수 있다고 한다. 마르크스는 이것은 라살레의 망상에 딱 어울린다고 말한다.

『고타강령』Ⅲ부, "독일 노동자당은, 사회문제의 해결의 길을 열기 위해서, 근로인민의 민주주의적 통제 하에 국가보조로 생산협동조합들을 설립할 것을 요구한다. 생산협동조합들은, 그것들로부터 총노동의 사회주의적 조직이 생성될 규모로, 공업과 농업을 위해서 설립되어야만 한다."

마르크스는 국가를 통한 인민들의 구제활동에 대해 라살레의 망상이라고 말한다. 전복시켜야 할 국가를 통해 인민구제책을 말하는 것이다. 이것은 망가뜨려야할 국가를 유지시키는 기막힌 방책일 뿐이다. 국가의 보조가 아닌 노동자 자신의 독립적인 창조물인 경우에만 가치가 있을 뿐이다.

① 라살레의 망상

라살레의 "철의 임금법칙" 다음에는, 예언자의 구세책(救世策;

Heilsmittel)! 그에 걸맞은 방식으로 "길이 열려" 있다. 실재하고 있는 계급투쟁 대신에 "사회문제"라고 하는 신문기자적 상투어가 나타나고, 그 "해결"의 "길을 열고 있다". "총노동의 사회주의적 조직"은, 사회의 혁명적 전환과정으로부터가 아니라, 국가가 생산협동조합들에게 주는 "국가보조"로부터 "생성되고", 이 생산협동조합들은, 노동자가 아니라, 국가가 "설립한다". 국채로, 새로운 철도를 건설하듯이, 새로운 사회를 건설할 수 있다는 것은 라살레의 망상에 딱 어울린다!

② 프롤레타리아트가 주인이 되지 않은 세상 - 국가보조

〈일말의〉 수치심에서 "국가보조"를 ― "근로인민의 민주주의적 통제 하에" 두고 있다.

첫째로, "근로인민"은 독일에서는 대다수가 소농민들로 이루어져 있지 프롤레타리아들로 이루어져 있지 않다.

둘째로, "민주주의적"이란 독일어로는 "인민이 지배하는"이라는 뜻이다. 그런데 "근로인민의, 인민이 지배하는 통제"란 무엇을 의미하는가? 그리고 하물며, 국가에 제기하는 이러한 요구들을 통해서, 자신들은 지배하고 있지도 않으며 지배할 만큼 성숙해 있지도 않다는 것을 완전히 의식하고 있음을 표명하고 있는 근로인민의 경우에!

루이-필립(Louis-Philippe) 치하에서 뷔셰(Buchez)가 프랑스 사회주의자들에 반대하여 작성하였고, ≪아뜰리에(Atelier)≫의 반동적 노동자들에 의해 수용된 처방전의 비판에 대해서는 여기에서 논할 필요가 없다. 주요한 충격도 또한, 이러한 독특한 영험료법(靈驗療法)을 강령에 써넣었다는 데에 있는 것이 아니라, 무릇 계급운동의 관점에서 종파운동의 관점으로 후퇴하고 있다는 데에 있다.

③ 노동자들의 독립적인 창조물인 한에서만 가치

노동자들이 조합적 생산의 조건들을 사회적인 규모로 그리고 우선 자기 나라에, 따라서 국민적인 규모로 확립하고자 하는 것은, 단지, 그들이 현재의 생산조건들을 변혁하기 위해서 애쓰고 있다는 것을 의미할 뿐, 국가의 보조에 의한 협동조합들의 설립과는 아무런 관계도 없다! 그러나 현재

의 협동조합들과 관련해서는, 그것들은 오직, 그것들이 정부로부터도 부르주아들로부터도 후원을 받지 않는, 노동자들의 독립적인 창조물들인 한에서만, 가치가 있다.

다. 복지국가 vs 공산주의

마르크스는 국가의 보조나 복지정책은 인민통제의 도구라고 말한다. 인민은 국가를 전복하고, 국가의 모든 것을 장악한 후에 인민의 힘에 의해 생겨나는 국가 보조만이 의미가 있다.

공산주의자가 정권을 잡은 후에 수행하는 여러 정책들을 보면, 국가를 파괴하려 한다. 자본주의가 파괴되어야 계급이 없는 자유로운 국가가 설립되기 때문이다. 그래서 공산주의자들이 정권을 잡은 후에 혁명을 할 때를 관찰해 보면, 복지정책을 빙자하여 포퓰리즘을 펼쳐서 자신의 나라를 파멸에 이르게 하는 모습이 목격된다.

복지정책은 공산주의자들이 원하는 바가 아니다. 그 복지정책으로 그 국가가 무너지지 않으면, 그것은 자신들의 추구하는 바와 정반대의 결과가 나타난다.

5. 프롤레타리아 독재 사회주의의 출현

『고타강령비판』 Ⅳ부에서 "국가의 자유로운 기초"를 논한다고 하면서 먼저 오늘날의 국가는 허구라고 말한다. 그리고 이제 요청되는 나라는 자본주의 사회와 공산주의 사회 사이에 존재하는 혁명적 전화시기가 놓여 있는데, 이때의 국가는 "프롤레타리아트의 혁명적 독재 이외에는 다른 것일 수가 없다"고 말한다.

가. 오늘날의 국가는 허구

마르크스는 『고타강령비판』 Ⅳ부A에서 "이제 민주주의에 관한 부분으로

7장 『고타강령 비판』 - 사회주의

넘어가자"고 말하며, 먼저, 그 첫 번째 주제로서 앞의 Ⅲ부에서 언급한 "국가의 자유로운 기초"에 대해서 논한다. 그런데, 여기에서 마르크스는 "오늘날의 국가는 허구이다"고 말한다.

① Ⅳ부A, 국가의 자유로운 기초
이제 민주주의에 관한 부분으로 넘어가자. 우선 II에 의하면, 독일 노동자당은 "자유로운 국가"를 추구한다. 자유로운 국가 ― 그것은 무엇인가? 국가를 "자유롭게" 만드는 것은, 고루한 노예적 사고를 벗어난 노동자들의 목적이 결코 아니다. 독일제국에서 "국가"는 거의 러시아에서와 마찬가지로 "자유롭다". 자유는, 국가를 사회의 상위에 있는 기관으로부터 전적으로 사회에 종속된 기관으로 바꾸는 데에 있는 것이며, 오늘날에도 국가형태들은 그것들이 "국가의 자유"를 제한하는 정도에 따라 보다 더 자유롭거나 보다 더 자유롭지 못하다.
② 국가를 "자유로운 토대"를 가진 자립적인 존재로 취급한 독일 노동자당

독일 노동자당은 ―적어도, 그것이 이 강령을 채택한다면―, 그것이, 현존하는 사회(그리고 이것은 미래의 어떤 사회에나 해당된다)를 현존하는 국가(그리고 미래 사회에 대해서는 미래의 국가)의 토대로 취급하는 대신에, 오히려 국가를 그 자신의 "정신적인·도덕적인·자유로운 토대"를 가진 어떤 자립적인 존재로 취급함으로써, 이 당에 사회주의 사상이 얼마나 한 번도 피부 깊이 자리 잡지 못하고 있는가를 보여준다.
③ 하나의 허구로서의 오늘날의 국가
더구나 강령에서의 "오늘날의 국가", "오늘날의 사회"라는 말들의 난잡한 오용, 그리고 강령이 자신의 요구들을 제기하는 국가에 관해서 야기하고 있는 한층 더 난잡한 오해! "오늘날의 사회"는 자본주의 사회이며, 그것은, 중세적 부가물로부터 많든 적든 자유롭고, 각 지역의 특수한 역사적 발전에 의해 많든 적든 변형되고, 많든 적든 발전되어, 모든 문명지역들에 존재하고 있다. 그에 반해서 "오늘날의 국가"는 국경과 함께 변한다.

마르크스 사상 비판

그것은, 프로이센-독일제국에서는 스위스에서와는 다른 국가이고, 영국에서는 합중국에서와는 다른 국가이다. 따라서 "오늘날의 국가라는 것"은 하나의 허구(虛構)다.(『고타강령비판』)

[평가1] 국가를 허구로 보는 마르크스
마르크스에 의하면, 오늘날 자본주의 체제 안에서 사는 모든 사람들은 허구의 세계에 살고 있다. 그 수 많은 사람들이 국가의 보호 아래에서 살고 있는데, 자신의 이론에 비추었을 때, 그것은 허구라고 하면서, 그러한 삶을 부정하고 있는 것이다. 이러한 공산주의 사상으로 인해 현대사에서 그 수많은 전쟁들이 일어났다. 그들은 타협하여 국가를 재건하려는 것이 아니라, 파괴하러 들어오기 때문이다. 우리나라 6.25도 그 대표적인 사례중의 하나이다.

나. 자본주의 - 프롤레타리아 독재(사회주의) - 공산주의

라살레의 『고타강령』은 이러한 허구의 국가 위에서 뭔가를 개선하고자 꿈꾸고 있다는 것이 마르크스는 논리이다. 마르크스에 의하면, 오늘날의 자본주의 국가는 인민과 양립할 수 없다. 자본주의 사회와 공산주의 사회 사이에는 전자로부터 후자로의 혁명적 전환의 시기가 존재한다. 거기에는 또한 정치적 이행기가 상응하는데, 이 시기의 국가는 프롤레타리아트의 혁명적 독재 이외의 그 어떤 다른 것일 수 없다. 마르크스는 『고타강령』은 이러한 프롤레타리아 독재의 제도나 공산주의 제도와도 아무런 상관이 없다고 말한다.

① 인민과 양립할 수 없는 국가
하지만 다양한 문명지역들의 다양한 국가들은, 그 다채로운 형태차이에도 불구하고, 그것들은 모두 단지 어느 것은 보다 더 혹은 보다 덜 자본주의적으로 발전했을 뿐인 근대 부르주아 사회라는 기반 위에 서 있다는 점에서, 공통적이다. 그리하여 그것들은 일정한 본질적 특성도 또한 공통

7장 『고타강령 비판』 - 사회주의

적으로 가지고 있다. 이러한 의미에서는, "오늘날의 국가본질"을, 그것의 오늘날의 뿌리인 부르주아 사회가 사멸한 미래와 대비시켜, 말할 수 있다.

그 경우 다음과 같은 질문이 발생한다: 국가본질은 공산주의 사회에서 어떠한 변화를 겪게 되는가? 다른 말로 하자면, 오늘날의 국가기능들과 유사한 어떠한 사회적 기능들이 여전히 거기에 남아 있는가? 이 질문에 대해서는 오직 과학적으로만 대답할 수 있으며, 인민이라는 말과 국가라는 말을 천 번을 결합시켜 봐도 벼룩이 한 번 뛰는 만큼도 문제에 접근하지 못한다.

② 자본주의와 공산주의 사이의 프롤레타리아트 혁명적 독재

자본주의 사회와 공산주의 사회 사이에는 전자로부터 후자로의 혁명적 전환의 시기가 존재한다. 거기에는 또한 정치적 이행기가 상응하는데, 이 시기의 국가는 프롤레타리아트의 혁명적 독재 이외의 그 어떤 다른 것일 수 없다.

③ 프롤레타리아 독재와 공산주의와도 상관없는 『고타강령』

그런데 『고타강령』은 후자[프롤레타리아트의 혁명적 독재]와도, 공산주의 사회의 미래의 국가본질과도 아무런 관계가 없다. 강령의 정치적 요구들은, 온 세상에 잘 알려진 민주주의에 관한 연도(連禱), 즉 보통선거권, 직접 입법, 민권, 민병대, 등등 이외에는 아무것도 포함하고 있지 않다. 그것들은 부르주아적 인민당의, 평화-자유연맹의 단순한 메아리일 뿐이다. 그것들은 순전히, 공상적인 관념 속에서 과장되어 있지 않은 한, 이미 실현되어 있는 요구들일 뿐이다. 다만 그것들이 속해 있는 국가가, 독일제국의 국경의 내부에 있지 않고, 스위스나 합중국 등에 있을 뿐이다. 이러한 종류의 "미래국가"는, 비록 독일제국의 "테두리의" 외부에 존재하고 있지만, 오늘날의 국가이다.

④ 민주공화국에서나 적합한 『고타강령』

그러나 잊고 있는 것이 하나 있다. 독일 노동자당은, 자신이 "오늘날의 국민국가의", 따라서 자신의 국가의, 즉 프로이센-독일제국의 내부에서

마르크스 사상 비판

활동하고 있음을 명시적으로 천명하고 있기 때문에 ―그렇지 않으면 그들의 요구들도 대부분 무의미할 것인바, 왜냐하면 사람들은 아직 자신이 가지지 않은 것만을 요구할 것이기 때문이다― 당은, 주요한 것, 즉 저 모든 어여쁜 장식물들은 이른바 인민주권의 승인에 의거한다는 것, 따라서 그것들은 민주공화국에서만 적합하다는 것을 잊어서는 안 되었다.…

⑤ 민주공화국 내에서 천년왕국을 보고 있는 『고타강령』

민주공화국 속에서 천년왕국을 보고 있는, 그리고 바로 이 부르주아 사회의 최후의 국가형태 속에서야말로 계급투쟁이 결정적으로 끝장을 봐야 한다는 것은 전혀 알지 못하는 속류 민주주의조차 ― 이 속류 민주주의조차, 경찰에 의해서는 허용되는 것들과 논리적으로는 허용되지 않는 것들이라는 한계 내에 있는 이런 류의 민주주의제도보다는 산처럼 높이 솟아 있다.…(『고타강령비판』)

[평가1] 프롤레타리아 독재 사회주의의 출현

프롤레타리아 독재의 사회주의 이념이 이렇게 생겨나게 되었다. 만일 자본주의 국가에서 공산주의의 이념 하에 정권을 창출하였다면, 이 사회주의 정권은 강력한 독재를 실행해서 기존의 자본주의를 파괴하어야 한다.

다. 독일 노동자당의 국가를 향한 요구에 대한 반박

라살레는 국가를 부정하지는 않았다. 그래서 『고타강령』을 통해 국가에게 노동자 복지를 위해서 여섯 가지를 요구한다. 국가를 원천적으로 부정하는 마르크스는 이것을 신랄하게 비판한다. 『고타강령』 Ⅳ부B에서 다음과 같이 말한다.

『고타강령』 Ⅳ부B. 독일 노동자당은 국가의 정신적 그리고 도덕적인 토대로서 다음과 같은 것들을 요구한다:
(1) 국가에 의한 전반적·평등한 인민교육. 전반적인 취학의무. 무료 교육. (2) 표준노동일, (3) 여성노동의 제한과 아동노동의 금지, (4) 공장, 작

업장 및 가내공업에 대한 국가의 감독, (5) 감옥노동의 규제, (6) 유효한 배상

이에 대해 마르크스는 다음과 같이 비판한다. 『고타강령비판』의 내용만 수록하고자 한다.

① 평등한 인민교육?
평등한 인민교육? 이 말로 무엇을 상상하고 있는가? 오늘날의 사회(그리고 오직 오늘날의 사회만이 문제이다)에서 교육이 모든 계급에 대해서 평등할 수 있다고 믿는 것인가? 아니면, 노동자들뿐 아니라 농민들의 경제적 처지와도 유일하게 적합한 쥐꼬리만 한 교육—인민학교 교육—으로 상류계급들도 강제로 제한되어야 한다고 요구하는 것인가?
② 전반적 취학의무. 무료교육.
"전반적 취학의무. 무료교육." 첫 번째의 것은 독일에조차 존재하고 있고, 두 번째의 것은 인민학교에 대해서는 스위스[와] 합중국에 존재하고 있다. 합중국의 몇몇 주들에서는 "고등" 교육시설들도 "무료"인데, 그것은 사실상 상류계급들에게 그들의 교육비를 일반 국고에서 지불하고 있다는 것을 의미할 뿐이다. 아울러 말하자면, 똑같은 것은 A. 5에서 요구하고 있는 "무료 재판"에도 해당된다. 형사재판은 어디에서나 무료로 받는다. 민사재판은 거의 다 소유권 다툼만이 문제이고, 따라서 거의 유산계급들과만 관계가 있다. 인민의 지갑에서 나오는 비용으로 그들이 소송을 해야 한단 말인가?
학교에 관한 항목에서는 적어도 인민학교와 결합된 기술교육들(이론적·실천적)을 요구했어야 할 것이다.
③ 국가에 의한 인민교육
"국가에 의한 인민교육"은 전적으로 배격되어야 한다. 일반적인 법률에 의해서 인민학교의 재원, 교원의 자격, 수업 분야 등을 규정하는 것, 그리고 합중국에서 하고 있는 것처럼, 국가감독관들을 통해서 이러한 법률

적 규정들의 이행을 감독하는 것은 국가를 인민의 교육자로 임명하는 것과는 전적으로 다르다! 오히려 정부와 교회는 한결같이 학교에 대한 어떤 영향에서도 배제되어야 한다. 하물며 프로이센-독일제국에서는 (그리고 "미래국가"에 관해서 말하고 있다는 어설픈 핑계는 소용이 없다; 그 미래 사회가 어떤 상태인가는 우리가 이미 본 대로이다) 거꾸로 국가가 인민에 의해서 매서운 교육을 받을 필요가 있다.

④ 『고타강령』에 가득한 민주주의라는 공문구들

그런데도 강령 전체는, 연속적으로 울리는 민주주의라는 공문구들에도 불구하고, 국가에 대한 라살레파의 노예적 신앙에 의해서, 혹은, 더 나을 것 없지만, 민주주의의 기적신앙에 의해서 철두철미 오염되어 있다. 아니, 오히려 그것은, 사회주의와는 똑같이 거리가 먼, 이들 두 종류의 기적신앙들 사이의 절충이다.

⑤ 학문의 자유

"학문의 자유"는 프로이센 헌법의 한 항목에 쓰여 있다. 그런데 왜 여기에도?

⑥ 양심의 자유

"양심의 자유"! 만일 이 시대의 문화투쟁에서 자유주의가 그것의 옛 표어들을 상기하기를 바란다면, 그것은 실로 오직 이러한 형태로만 가능할 것이다: 누구나, 경찰이 그 코를 쑤셔 박지 않고, 자신의 종교적 그리고 자신의 육체적 볼일을 볼 수 있지 않으면 안 된다. 그러나 노동자당은 어쨌든 이 기회에, 부르주아적 "양심의 자유"란 가능한 모든 종류의 종교적 양심의 자유를 용인하는 것 이외의 아무것도 아니라는 것, 그리고 당은 오히려 종교적 유령으로부터 양심을 해방하려고 노력한다는 것에 관한 자신의 의식을 표명하지 않으면 안 되었다. 그러나 "부르주아적" 수준을 넘지 않기를 원하고 있다.

이제 나는 마지막에 도달했는데, 왜냐하면 강령 중에 다음에 이어지는 부록은 이 강령의 어떤 특징적인 구성부분도 이루고 있지 않기 때문이다. 따라서 이제 아주 간단히만 언급해둔다.

⑦ 표준노동일."
다른 어떤 나라의 노동자당도 결코 이러한 막연한 요구에 자신을 제한하고 있지 않으며, 주어진 상황 하에서 표준적이라고 간주되는 노동일의 길이를 언제나 확정하고 있다.
⑧ 여성노동의 제한과 아동노동의 금지
노동일의 표준화는, 그것이 노동일의 길이, 휴식 등과 관련된 한에서는, 이미 여성노동의 제한을 포함하고 있지 않으면 안 된다. 그렇지 않으면, 그것은 단지 여성의 신체에 건강상 특히 유해한 노동부문들, 혹은 여성에게 도덕적으로 유해한 노동부문들에서 여성노동을 제외하는 것을 의미할 수 있을 뿐이다. 만일 그러한 것을 염두에 두고 있었다면, 그렇게 말했어야 했다.
"아동노동의 금지"! 여기에서는 연령의 한계를 명시하는 것이 절대적으로 필요했다. 아동노동의 전반적인 금지는 대공업의 존재와 양립할 수 없으며, 따라서 공허하고 순진한 소망이다. 그것을 실시하는 것 – 설령 가능하다 하더라도 – 은 반동적일 터인데, 왜냐하면, 다양한 연령층에 따른 노동시간의 엄격한 규제와 아동 보호를 위한 기타 예방조치들이 수반된다면, 생산적 노동과 수업을 조기에 결합하는 것은 오늘날의 사회를 변혁하는 가장 강력한 수단들 중 하나이기 때문이다.
⑨ 공장, 작업장 및 가내공업에 대한 국가의 감독
프로이센-독일 국가에 대해서, 감독관들은 재판에 의해서만 해임할 수 있다는 것; 어느 노동자나 감독관들을 직무유기로 법원에 고발할 수 있다는 것; 감독관들은 의사 신분에 속해야 한다는 것을 단호하게 요구했어야 했다.
⑩ 감옥노동의 규제
일반적인 노동자 강령에서는 사소한 요구이다. 어쨌든, 경쟁자에 대한 질투 때문에 일반 범죄자들이 마소처럼 취급받기를 바라는 것이 아니라는 것과, 그들로부터 특히 그들에게 유일한 교화수단인 생산적 노동을 박탈하려는 것이 아니라는 것을 명확히 표명하지 않으면 안 되었다. 그것은

마르크스 사상 비판

분명 사회주의자들에게 기대할 수 있는 최소한의 것이었다.

⑪ 유효한 배상책임법

"유효한" 배상책임법이란 것으로 무엇을 의미하는가를 말해야 했다. 이 김에 말해 두지만, 표준노동일에서는, 위생조치들이나 위험 방지수단들 등과 관련된 공장입법 부분을 간과했다. 배상책임법은, 이들 규정들이 위반될 때에야 비로소 효력이 발생하는 것이다.

〈요컨대, 이 부록 역시 헐렁한 편집이 두드러진다.〉 나는 말했고, 나의 영혼을 구했다. (『고타강령비판』)

[결론] 사회주의 : 프롤레타리아 독재

마르크스에 의하면, 자본주의는 그 태생적인 한계로 인하여 사회주의로 이행하고, 그 사회주의가 고도화 단계에 이르렀을 때, 공산주의가 펼쳐진다고 말한다. 그런데 그 사회주의는 어떠한가? 자본주의 세계에서 사회주의자들은 복지국가를 말한다. 그런데 이것은 자본주의에 못지않은 공산주의자들의 적이다. 이것은 자본주의의 토대위에 성립된 것이기 때문이다. 자연과 기업의 각종 생산수단 사회화를 위한 프롤레타리아 독재가 진행되어야 한다.

초급단계의 사회주의

마르크스는 자본주의에 기반을 둔 각종 노동운동, 더 나아가 복지운동을 초급단계의 사회주의라고 말한다. 그러나 이것은 자본주의에 기반을 둔 것으로서 자본주의를 방어하기 위한 하나의 수단이다. 따라서 이들은 공산주의자들의 또 다른 반대해야 할 세력이다. 마르크스의 『고타강령비판』은 이들을 향한 비판의 글이다. 공산주의, 곧 노동해방을 찾는 사람들은 속히 여기에서 벗어나서 국가체제 전복으로 나아가야 한다.

프롤레타리아 독재의 사회주의

7장 『고타강령 비판』 - 사회주의

체제전복이 이루고 프롤레타리아 독재가 펼쳐질 때, 비로소 사회주의에 진입을 한다. 이때에는 독재가 이루어져야 한다. 이 프롤레타리아 독재를 통해 사회주의를 실현하고, 그 다음 단계인 고급단계의 사회주의로 나아가야 한다.

이 강력한 독재이론이 소련에 적용되고, 중국에 적용되며, 모든 사회주의를 실현하고자 하는 국가에 적용된다. 소련의 스탈린은 2,200만명의 국민을 희생시키면서 독재를 실행하였고, 중국의 모택동은 그의 평생에 걸쳐 4천-7천만명이 죽음에 이르게 하였다. 다른 국가도 마찬가지이다. 그들은 이러한 희생을 통해 노동해방의 공산주의가 실현된다고 말한다.

사회주의 혁명가들은 아예 이러한 희생을 하나의 노동해방을 위한 정책처럼 생각하고 있다. 그래서 사회주의 혁명가들은 이러한 희생을 일으키고도 그것이 마치 의로운 일인양 생각한다.

고급단계의 사회주의

사회주의자들의 꿈은 "능력에 따라 일하고, 필요에 따라 공급하는" 고급단계의 사회주의에 이르는 것이다. 그런데, 이것을 이루기 위해서는 이제 생산력을 극대화하여야 한다.

중국의 시진핑은 이 고급단계의 사회주의에 이르기 위해서 제조 2025를 외치며, 공동부유를 외치고, 중국의 과학기술의 첨단화를 위해 전력투구하고 있다. 그런데, 중국경제가 나라는 부자가 될지언정 국민들은 가난하다. 모든 토지가 국유화되어 있으며, 인민들은 급여수준은 형편이 없다. 2021년 리커창이 발표한 바에 의하면, 월 20만원 이하의 노동자가 6억명이고, 월 40만원 이하의 노동자가 9억명이다. 이렇게 토지가 국유화되어 있고, 자유시장경제로 나아가지 않으면, 인민은 끝없이 가난하다. 여기에서 경제성장은 생산력의 고도화는 이루어지지 않는다.

중국은 인민들의 낮은 급여를 기반으로 하여 전세계 제조업의 40%를 공급하고 있다. 이때 달러가 들어오는데 중국 정부는 화폐를 발행하여 이 달러를 태환하여 주고, 중국정부는 달러를 보유한다. 어마어마한 부가 중국정부에 쌓이는 것이다. 그리고 중국의 모든 주요 산업은 국유기업이 차지한다. 그래서 정부와 공산당만 배부르게 되어 있다. 이 자금으로 중국정부는 세계 각국의 공산주의자들을 지원하며, 각국의 공산화에 박차를 가하고 있다. 중국의 사회주의는 세계경제의 재앙으로 떠오르고 있다.

권력장악의 수단으로서의 사회주의, 국가자본주의

오늘날 자본주의 내에 있는 사회주의는 그 나라의 대기업을 장악하여 국가로 귀속시키는 것을 국가자본주의라고 한다. 오늘날 새롭게 등장한 새로운 형태의 사회주의이다. 이것을 가장 성공적으로 한 인물이 러시아의 푸틴이다.

이 국가자본주의는 한 나라의 대기업을 사회주의자들이 장악하는 방편으로 이용되고 있다. 그들에게 노동해방의 공산주의는 하나의 구호에 불과하다. 그 세계가 열리지 않는다는 것을 그들도 잘 알고 있다. 다만, 그 사회주의 이론을 견지하면, 자신들이 정권을 찬탈하였을 때 국가의 대기업들의 경영에 참여할 수 있다는 꿈을 가지고 있다. 그 욕심이 사회주의자들의 에너지원인 것이다.

오늘날 대한민국이 이러한 국가자본주의의 위협을 받고 있다. 국민연금과 그 국민연금이 지원하는 사모펀드, 그리고 중국펀드를 이용하여 4대기업의 지배구조를 해체한 후 국가가 대기업을 장악하는 것이다.

결론적으로

오늘날 사회주의의 이념은 하나의 정권찬탈을 위한 선전구호이고, 실질적인 목표는 대기업 찬탈이다. 사회주의자들의 재벌해체 구호는 바로 이것을 위해서인 것이다. 이렇게 재벌구호의 이슈 하에 대기업이 국가에 종속되면, 그 나라의 경제는 곧 종국에 이르게 된다.

최 환 열 (崔 煥 烈)

〈학력 · 약력〉
한양대학교 졸업(학사), 아세아연합 신학대학원 M.A. in Missiology 수료, 횃불 트리니티 신학대학원 목회학 석사, 백석대학교 신학대학원 구약학 박사
현) 공인회계사, 현) 한국금융시장연구원 대표

〈저 서〉
(신학)『아브라함의 언약』, 『모세오경의 언약』, 『예수 그리스도의 새 언약』, 『창세기 원역사 해설』, (철학)『생철학과 현상학』, 『실존주의 철학』, 『언어-구조주의 철학』, 『심리-구조주의 철학』, 『신화-구조주의 철학』, 『초기 분석철학과 논리실증주의』, 『중기 분석철학』, 『후기 분석철학』, (경제)『국민연금과 사모펀드의 반란』, 『자유민주주의와 사회주의의 이론과 실제 : 러시아경제사와 대한민국 경제사』, (역사)『박정희의 산업화 유신』

『마르크스 사상 비판』
초판 1쇄 발행 2025년 8월 15일
저 자_ 최 환 열
펴 낸 이_ 김 동 명
펴 낸 곳_ 도서출판 창조와지식
인 쇄 처_ (주)북모아
출판등록번호_ 제2018-000027호
주 소- 서울시 강북구 덕릉로 144
전 화- 1644-1814
팩 스- 02-2275-8577
메 일_ gvmart@hanmail.net
I S B N 979-11-6003-923-8 (93100)
가 격 17,000원
발행형태 무선제본

이 책은 저작권법에 따라 보호받는 저작물이므로 무단 전제와 무단 복제를 금지하며, 이 책 내용을 이용하려면 반드시 저작권자와 도서출판 창조와지식의 서면동의를 받아야 합니다. 잘못된 책은 구입처나 본사에서 바꾸어 드립니다.